# 生产系统建模与仿真

李军祥 ◎ 主　编

何建佳
刘　磊　◎ 副主编

清华大学出版社
北京

## 内 容 简 介

"生产系统建模与仿真"是工业工程专业的一门主干课程,既涉及较深的数学理论知识,又涉及其在生产运作领域的应用问题。全书的结构安排为:第 1 章是绪论,介绍系统及其建模的基本知识和方法步骤,进一步阐释了生产系统建模过程中遇到的一些主要问题;第 2 章是生产系统的概率分析,介绍了生产系统建模与仿真中需要的一些概率方面的知识及其应用;第 3 章是排队系统分析,给出了排队中的一些理论、方法和多种排队模型的特征分析;第 4 章是生产系统建模,具体给出了生产系统的建模实例,通过这些实例了解并学习一些建模方法;第 5 章是面向生产系统的仿真软件,重点讲解了 ProModel 软件在生产系统建模和仿真方面的应用;第 6 章是 MATLAB 软件简介,以 MATLAB 软件为基础介绍了 MATLAB 软件的使用方法;第 7 章是系统建模与 MATLAB 实现,以 MATLAB 软件为仿真工具对连续和离散系统进行编程讲解;第 8 章生产系统优化问题的 MATLAB 实现;第 9 章至第 11 章分别介绍了蚁群算法、遗传算法、粒子群算法等仿生优化算法,并从旅行商问题入手,求解车间作业调度、车间布局、车辆路径等问题,阐述了其在生产系统建模和仿真优化等方面的具体应用;最后附录部分是各种仿生算法在生产系统模型实现的 MATLAB 程序。

本书可以作为工业工程专业研究生和本科生的教学用书,也可以作为管理学科相关专业的教材,并给企业生产管理人员提供参考。

**图书在版编目(CIP)数据**

生产系统建模与仿真/李军祥主编.—北京:清华大学出版社,2023.2
ISBN 978-7-302-62133-1

Ⅰ. ①生… Ⅱ. ①李… Ⅲ. ①生产管理－系统建模 ②生产管理－系统仿真 Ⅳ. ①F273-39

中国版本图书馆 CIP 数据核字(2022)第 202931 号

责任编辑:陆浥晨
封面设计:汉风唐韵
责任校对:宋玉莲
责任印制:刘海龙

出版发行:清华大学出版社
  网  址:http://www.tup.com.cn,http://www.wqbook.com
  地  址:北京清华大学学研大厦 A 座  邮  编:100084
  社 总 机:010-83470000  邮  购:010-62786544
  投稿与读者服务:010-62776969,c-service@tup.tsinghua.edu.cn
  质量反馈:010-62772015,zhiliang@tup.tsinghua.edu.cn
印 装 者:三河市天利华印刷装订有限公司
经  销:全国新华书店
开  本:185mm×260mm  印  张:13  字  数:315 千字
版  次:2023 年 2 月第 1 版  印  次:2023 年 2 月第 1 次印刷
定  价:49.00 元

产品编号:086457-01

CONTENTS

# 绪　　论

## 1.1　系统建模与仿真的基本概念

### 1.1.1　系统

对于系统,从不同的视角有不同的定义。一般系统论的开创者路德维希·冯·贝塔朗菲(L. Von Bertalanffy)定义系统为相互作用的诸要素的集合体。日本工业标准(Japanese Industrial Standards,JIS)定义"系统"为:系统是许多组成要素保持有机的秩序向同一目的行动的集合体。而美国著名学者罗素. L.阿柯夫(R. L. Ackoff)认为系统是由两个或两个以上相互联系的任何种类的要素构成的集合。我国著名科学家钱学森教授对系统的定义是:系统是相互作用和相互依赖的若干组成部分结合的具有特定功能的有机整体,这个有机整体又是它从属的更大系统的组成部分。由此可知,系统是相互联系又相互作用着的对象的有机结合。从广义上讲,大到无限的宇宙世界,小到分子原子,都可以称为系统。因此,系统的概念是非常广阔的。

系统定义的数学描述。如果对象集 $S$ 满足以下两个条件:①$S$ 中至少包含两个不同元素;②$S$ 中的元素按照一定方式存在相互联系,那么则称 $S$ 为一个系统,$S$ 的元素为系统的组成部分。

系统根据其物理特征可以分为非工程系统和工程系统。非工程系统是指社会和自然在发展过程中形成的被人们在长期的生产劳动和社会实践中逐渐认识的系统,如经济系统、社会系统、交通系统、管理系统和生物系统等。工程系统是指人们为实现某个预定的功能或满足某种需要利用某种手段构造而成的系统,如电气系统、机械系统、化工系统、动力系统和武器系统等。

系统按照形成和运行的特征可以分为人工系统、自然系统和复合系统。人工系统的产生以设计为基础,并且是依据设计的规则协调运行的。产品组件系统、计算机系统、自动控制系统等属于人工系统。而自然系统是高度自治并通过自组织的方式协调运行的。生命机体系统、人脑、生态平衡系统和天体系统等都属于自然系统。复合系统既具有鲜明的自组织特征,又具有一定的设计特征。人工系统和自然系统的组合就是一个复合系统,社会系统、生产系统也都是复合系统。

系统按照事物发展的连续性又可分为连续系统和离散系统。连续系统是指状态变量随时间连续变化的系统,如图 1-1 所示;离散系统则是指状态变量只是在某个离散的时间点集合上发生变化的系统,如图 1-2 所示。

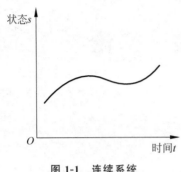

图 1-1 连续系统

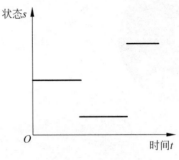

图 1-2 离散系统

系统的特点可以归纳如下。

(1) 系统是在不断地发展、运动和变化的。组成系统实体之间的相互作用而引起实体属性的变化,使得在不同时刻系统中的实体和实体属性都可能会有所不同,通常用状态的概念来描述这种变化。在任意给定时刻,系统中实体、属性和活动信息的总和称为系统在该时刻的状态;用于表示系统状态的变量称为状态变量。

(2) 系统不是孤立存在的,具有相关性。自然界中的一切事物都存在相互影响和相互联系的现象,所以,任何一个系统都会经常由于系统外出现的变化而受到影响,这种对系统的活动结果产生影响的外界因素称为系统的环境。在对一个系统进行分析时,必须考虑系统所处的环境,而首要的便是划分系统与其所处环境之间的边界。系统边界包括系统中的所有实体。

(3) 系统边界的划分在很大程度上取决于系统研究的目的。例如,在商品销售系统中,如果仅考虑商品仓库库存量的变化情况,那么系统只需包括采购部门、仓库以及销售部门即可。但若要研究商品进货与销售关系,系统还包括市场调查部门,因为商品销售状况及对进货的影响的职能是由该部门完成的。

(4) 系统是整体的。系统内的所有元素构成了一个复杂而又统一的整体。

(5) 系统的组成元素是有差异的、多样的。系统是差异性和多样性的统一体。

(6) 系统在某些条件下是可以分解的。也就是说,构成系统的某个实体本身也可以看成一个单独的系统来进行分析研究,这个系统称为原系统的一个子系统或分系统。

只要是系统,都存在实体、属性和活动这三个要素。

(1) 实体是指组成系统的具体对象。系统中的实体既具有一定的相对独立性,又互相联系构成一个整体。例如,在商品销售系统中的实体有经理、商品、部门、货币和仓库等。

(2) 属性是指实体所具有的每一项有效特性。例如,商品的属性有生产日期、销售日期、进货价格和售价等。

(3) 活动是指随着时间的推移,在系统内部由于各种原因而发生变化的过程。例如,零售商品价格的增长等。

研究系统需要明确系统的组成要素、结构、功能或者目的性,包括系统分析、综合和预测等方面,需要描述清楚所研究系统的实体、属性、活动及其环境。因为系统的概念不仅与实体有关,而且与研究者的目的有关,只有对实体、属性、活动、环境明确描述之后,系统才是确定的。

## 1.1.2　模型

模型定义为"用于研究目的的系统表示",是对现实世界的事物、过程、现象或系统的简化描述,或其部分属性的模仿,是对现实世界的一种抽象。从定义上看,模型既然是系统的简化,就需要被要求得足够详细,才能得出对真实系统有效的结论。模型具有三个特征,分别是:①描述了现实世界中实际系统的某些主要特点或属性;②表明了有关因素间的相互联系;③由与分析问题有关的因素构成。

模型的意义在于可通过视觉了解实物的形象。随着科学技术的进步,人们将研究对象看成一个系统,从整体的行为上对它进行研究。

按照表现形式,模型可以分为物理模型、数学模型、结构模型和仿真模型。物理模型也称实体模型,又可分为实物模型和类比模型。实物模型是指已有的零件实物或样件,依靠物质的基本形态所做的模仿。制造企业通常借鉴已有产品的实物对象对其进行创造性修改,以获得更为先进或更能满足特定需求的产品新设计。实物模型按照其来源不同分为自然模型和人造模型两类。自然模型是指人从自然界已有的事物中选择出来代替原型作为实验对象的事物。人造模型是指人工制造出来代替原型进行实验的某种装置。类比模型是指在不同的物理学(力学、热学、电学、流体力学等)领域的系统中各自的变量有时服从相同的规律,根据这个共同规律能够制造出物理意义完全不同的类推和比拟的模型。数学模型是用数学语言描述的一类模型,它描述的是系统的特征和行为,而不是系统的实际结构。结构模型是主要反映系统的因果关系和结构特点的模型,是研究复杂系统的有效手段。图模型是结构模型中的一类重要模型,它是由点和线组成的用以描述系统的图形,可用于描述人类社会和自然界中的大量事物与事物之间的关系,在建模中采用图模型可利用图论作为工具。仿真模型是通过模拟计算机、数字计算机或混合计算机上运行的程序表达的模型。采用适当的仿真程序或语言,物理模型、数学模型和结构模型一般能转变为仿真模型。仿真模型按照状态变量是否随时间变化分为静态模型和动态模型,按照状态变量是否连续又可分为离散模型和连续模型,按照状态变量是否确定还可以分为随机模型和确定模型,如图 1-3 所示。

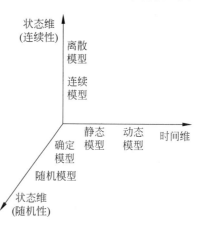

图 1-3　仿真模型的分类

开发模型的目的是对原物进行假设、探究、定义、预测、理解、设计,或与原物的一部分进行信息交流。为了有效地实现和描述一个系统需要进行试验,通常的试验方法可以分为两类:一类是对真实系统直接进行操作;另一类是通过模型模拟真实系统,对模型进行试验来代替或部分代替复杂真实的系统。随着科技的发展,需要描述的系统越来越复杂,人们更倾向于使用第二类方法来实现真实系统,其主要原因在于:

(1)对于一些复杂构造的系统,若在真实的基础上进行试验,可能会破坏系统、引发故障;

(2)当前的系统处于设计阶段,真实的系统有待建立,要想更加精确了解未来系统的性能,只能通过试验来了解模型;

（3）进行一次试验费用昂贵或试验时间太长；

（4）有些系统的建立并不能一次性完成，而是需要进行多次试验，因为无法保证每次试验的条件均相同，从而无法判断试验的好坏；

（5）试验后，系统难以恢复原状。

综上，用模型代替试验具有多方面优势，是进行工程试验和科学研究不可缺少的手段，人们越来越倾向于用模型来进行试验。

## 1.1.3　仿真

"仿真"的含义就是"模仿实体"。当给出一个系统的数学模型后，有时用分析的手段就可以直接求解有关系统的信息，但也会遇到不能用系统分析方法的时候，这时，就需要应用仿真的方法来求解。Oren 在 1984 年给出了仿真的基本概念框架"建模—试验—分析"，并在此基础上提出了仿真的定义：仿真是一种基于模型的活动。这是现代仿真技术中的一个重要概念。

系统、模型和仿真三者之间有密切关系。系统是研究的对象，模型是系统特性的描述，仿真通过对建立的模型进行试验以达到研究系统的目的。

现代仿真技术的发展离不开计算机。开始时没有计算机，只有物理仿真；计算机问世后，伴随着计算机的飞速发展，数学仿真得到了广阔的发展空间。从 20 世纪 40 年代末的模拟计算机仿真开始，逐渐发展到采用数字计算机、混合计算机和全数字并行处理机的仿真。现如今数字计算机已成为系统仿真的主要工具，多数情况下对系统进行仿真是计算机仿真，尤其是数字计算机仿真。

计算机仿真包括三个要素，即系统、模型和计算机。将这三个要素联系在一起的基本活动是系统建模、仿真建模和仿真试验。图 1-4 为计算机仿真要素及其关系。

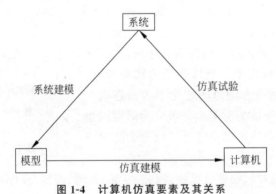

**图 1-4　计算机仿真要素及其关系**

从本质上讲，计算机仿真就是通过用相应的概率分布随机产生发生在该系统中的各类事件（如排队系统中的到达与服务完成事件）模仿该系统的运作。然而，与其说计算机真实地模仿了一个现实系统，还不如说计算机只是记录了仿真事件的发生以及被仿真系统记录的相应表现。生产系统的仿真就是用计算机构建出现实系统的计算机模型，由计算机按照模型设定的概率分布有规律地随机产生发生在现实生产系统中的各种事件来模仿系统运作，并由计算机自动记录整个仿真过程中所产生的事件、时间以及由此产生的系统结果等，以便能分析、评估，并做出相应的生产决策。

从 20 世纪 60 年代开始,仿真在生产决策领域中仅得到一些应用。由于当时没有现成的仿真软件,构建一个模型需要编写上千条仿真程序,编程、调试都需要大量的时间、费用、人力,通常都需 1 年以上或更多的时间。同时,当时大型计算机性能还没有现在的个人计算机强,所以仿真程序要在昂贵的大型计算机上才能运行,然而占用计算机运行时间费用却是非常昂贵的,需要付出相当多的费用,才能从仿真中得到结果。并且受当时各种条件的限制,尤其是计算机技术发展的限制,能做仿真的人也非常少,需要做仿真的企业也仅限于一些大型的企业,以致在当时仿真并没有得到广泛应用。

然而仅在近 20 年,仿真作为一个评估决策工具在制造业和服务业就得到广泛的应用。现在对于许多国外公司来说,当做出一项生产决策,如设计一个新的生产方案和对生产系统进行一些改进变化时,仿真就成为决策过程中的一项标准程序。由于计算机运行速度极快,能够准确仿真生产系统,并能记录下仿真过程中发生的各种事件及其结果,因此,能够为以后的生产决策提供可靠的支持。这样,人们就可以在实施方案前预见或评估出各种方案下的系统运作情况与绩效,并做出科学的生产决策。因此,仿真是一种强有力的生产决策评估工具。

仿真在生产运作管理中的应用主要集中在生产决策上,其主要应用领域仍旧是设计、改进生产系统(包括仓储和物流系统)。同时,其在一些经营过程系统化与标准化的领域也得到了大量的应用,如订货、发货等领域。作为一个主要的生产决策支持工具,仿真重点应用在包括制造业和服务业在内的许多生产经营领域中。利用仿真,可对企业生产的战略决策、控制决策、运营决策等提供强有力的支持。仿真的典型应用可归纳为以下几个方面:作业流程设计、产能设计、生产线平衡、人力与资源配置、生产周期缩减、瓶颈分析、作业排序、成本降低、质量改进、生产布局分析、库存减少、生产率提高、产出分析、批量优化、生产调度、维护调度、控制系统设计。运行仿真的目的不能仅仅是要获得一个决策,还应与决策者进行良好的交流,并把成果可视化地展示出来,为决策者进行科学决策提供更佳的决策支持。现在的仿真软件都集成有动画的可视化展示,这样会增强对模型中关键点的把握,以及能更有效地对复杂系统的动态性进行交流与沟通。对于一个新系统设计的建议方案,如果采用仿真技术,就会如真实一般地展示出它是如何运作的,这就必然使该方案更易被采纳。

作为企业三大主要职能之一的生产比另外两个职能(营销、财务)受到业界的重视程度低,但这并没有减弱生产在企业中的重要地位。生产决策能力是企业保持竞争优势的关键因素之一。为了保持企业强有力的竞争,必须通过寻找最优方案对生产系统不断地创新和变革,从而尽可能地给企业带来最大收益。

一个复杂的生产系统往往包含许多因素且相互影响,传统方法进行评估决策不能准确地预测到生产系统的绩效,只能通过试错法(trial-and-error)在实体系统上进行验证,成本大、风险高、费力、费时、费钱,还常常破坏实体系统,而仿真能准确预测出生产系统的绩效,可以有效地分析复杂的系统。在原有的系统外,利用仿真的方法构建一个复制品进行试验,可以试验各种生产方案(如资源分配、作业安排、生产程序等),并且能方便地预测出各种方案的系统绩效,这是仿真方法的独特之处。另外,通过仿真可测试出许多设计缺陷,减少因重新设计或返工造成的损失。用计算机进行仿真,速度快,能自动记录、汇总出系统各项性能指标,不仅生产决策速度加快了,而且决策的成功率也提高了。相对于传统的试错法,运用仿真方法,系统设计者可以自由、无风险地进行方案试验。由于在仿真过程中细致考虑了整个系统操作过程的细节,在计划或设计时很少发生直到执行阶段才发现的错误,这对于决策者来说相当重要。

### 1.1.4　仿真应用成功的案例

在生产决策中,仿真不仅可提高方案实施的成功率,同时也因降低决策失误而减少企业的损失和决策风险,提高企业的竞争优势和生产效率。现列举一些仿真成功案例。

(1) 一家大型生产公司在全世界各地都有压模工厂,主要根据用户的要求生产模压铝、铜部件。每一工厂有 $30\sim70$ 台模压机,但利用率为 $15\%\sim75\%$ 。该公司为了找出能提高产能的方法进行了模型仿真研究,结果机器的利用率从平均约 $42\%$ 提高到 $73\%$ 。

(2) GE 核能公司没有投入巨资,仅利用仿真技术,通过一系列的模型仿真,在前一模型仿真的基础上提出了每一个模型要解决的问题,从而找到了一种提高生产率的方法,使高精度反应堆部件的产量提高了 $80\%$ ,且每一个部件的生产周期也平均降低了 $50\%$ 。

(3) 一家全球 500 强的公司要设计一个关于生产和存放组件的工厂,需要确定存放这些组件的集装箱数量。起初打算购进 4000 个集装箱,但通过仿真研究发现,当容器数从 3200 增加到 4000 时,对产品的产量影响不大。最后购买了 3200 个集装箱,而不是 4000 个,在第一年就节省约 63 万美元的费用。此后,由于少了 800 个集装箱,仅节省的库存和存放空间费用预计每年也有 30 万美元之多。

在这些例子中,公司都没有进行较大的扩充性投资,但生产率却得到了显著的改进。这种改进是把提高效率和现有资源利用率的操作方法应用仿真进行验证后实施所取得的。

## 1.2　系统建模与仿真的一般步骤与方法

### 1.2.1　系统建模与仿真的一般步骤

**1. 说明问题**

每项研究都应先对问题进行说明,问题是由熟悉问题的分析者或决策者提供。一般通过调研,仿真者应对研究的系统有深入全面的了解,再将问题进行抽象和分离,将错综复杂的问题分离出能够反映问题特征的研究对象后对系统进行详尽的描述。

**2. 设置仿真目标和项目计划**

一般来说,仿真目标不同,所建立的模型不同,为建立模型所需要采集的数据和研究计划也不同,所以需要根据所设定的仿真目标以及完成项目的计划来定义。仿真目标表示仿真要回答的问题、明确系统的范围与环境、系统方案的说明等。项目计划应包括研究费用、人数以及各阶段工作所需的时间。该阶段的研究者可进行尝试建模,即根据研究的问题建立模型,模型的数据可以假设,目的是所建立的模型可以用于分析问题,明确研究目标和所要收集的数据资料。

**3. 收集数据**

根据设置的仿真目标选择和整理系统,收集数据。注意考虑系统运行的循环周期,要对完整的循环周期收集数据。在很大程度上,仿真目标和环境决定了收集的数据类型。如在医院门诊系统中,系统实体有门诊医生、对应每个医生的就诊排队等。仿真环境就是病人进入或离开系统,是医院门诊的外部区域。若要了解医生人数的改变对病人等待队列长度的历史分布,可收集历史数据用于检验所建仿真模型的符合程度。

### 4. 构建模型

模型的构建需要对现实系统进行抽象和简化。为保证所建模型符合实际,建模后应聘请有关人员和专家检查模型并不断修改。模型和实际系统无须完全对应,只需对实际系统的关键特征及影响该特征的因素进行描述即可。应先从简单的模型开始,再建立逐渐趋于复杂的模型。模型的复杂程度务必和建模要达到的目标一致,否则将增加计算和建模的费用。此过程要确定系统的几个结构:系统的"实体";抽象出系统实体的关键属性;明确获取各种属性数值的方法;定义各种事件或活动;描述活动与实体之间的关系。

### 5. 编程和验证

建模可采用通用语言(如 C、C++、Java、MATLAB 等)或专用仿真语言(如 ProModel、Arena 等)编制程序。离散事件系统的仿真语言有 GPSS、SIMULA、SIMAN、SLUM、Witness 等。采用通用语言编程通常需要较长的开发时间,但在计算机上执行时比专用语言更快。采用专用语言编程容易、速度快,故使用专用语言编程的人较多。在编程的过程中需要验证执行的计算机程序是否正确。若模型的逻辑结构表达和输入程序的参数正确,则模型验证完成。

### 6. 确认

这里的确认是指确认模型是否精确地代表系统。它是通过多次比较模型和实际系统特性的差异,不断对模型进行校正的迭代过程。比如在看医生就诊排队的例子中,在当前的条件下收集与等待队列长度有关的数据,重现该实际系统的等待队列长度就是确认仿真模型的标志。

### 7. 试验设计

通过试验设计确定仿真的方案所涉及的初始化周期的长度、每次运行的重复次数以及仿真运行的长度等。

### 8. 分析

仿真的结果通常用于评估被仿真系统设计的性能测度并分析仿真系统所产生的数据以便设计一个系统的性能,或比较两个或多个不同系统设计的性能,再根据分析确定是否需要继续运行。

### 9. 输出文件清单和报表结果

输出的文件清单中应给出必要的程序文件说明,让使用模型的用户了解程序是如何运行的。所有分析结果应画出简要清晰的输出报表,为决策者评价所选方案的最优模式提供某种实证的工具来提高模型建立的可信度。

### 10. 实现

成功的实现取决于以上每一步都正确,尤其是步骤 6(确认)最关键,因为一个无效的模型将导致很高的代价或错误的结果。

图 1-5 为上述系统仿真建模步骤的框架图,用以指导建模并进行完整细致的仿真研究。

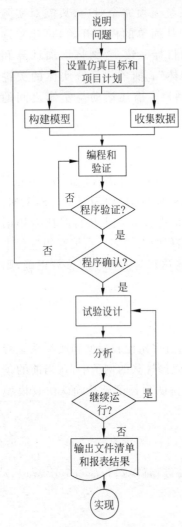

**图 1-5 系统仿真建模步骤的框架图**

## 1.2.2 系统建模的方法

### 1. 模型准备

首先要明确目的和要求,了解问题的实际背景,然后收集各种必要的信息资料。

### 2. 模型假设

在明确建模目的并掌握必要的资料后,通过分析与计算这些资料,找出起主导作用的因素。经过必要的简化精练,提出若干符合实际的假设,忽略问题的次要方面,使问题的主要特征凸显出来。一般地,一个实际问题不经过假设简化,很难转换成数学问题,但假设不合理或过于简单则会导致模型的失效,而假设过分详细又将提升建模的复杂度,使建模和求解都变得很难进行。故模型假设需要权衡可行和简化,以便在正确求解的前提下尽量简化模型、高效求解。

### 3. 模型构成

根据事物之间的联系和所做的假设,选择适当的数学工具去描述各变量之间的关系,建立相应的数学结构,从而把问题转化成数学问题。

### 4. 模型求解

通过已知的数学方法求解该数学问题,必要时还要继续假设或简化。在难以解析时,通过迭代搜索的方式并借助计算机求出数值解。

### 5. 模型分析

分析模型解答有时要根据其结果给出数学上的预报,有时要根据问题的性质分析变量间的稳定状况或依赖关系,有时还要给出数学上的最优控制或决策。不论是哪种情况,往往都需要分析误差和模型对数据的灵敏性或稳定性等。

**6. 模型检验**

分析所得结果的实际意义并与实际情况进行比较以确定是否符合实际,不符合就要补充假设、修改模型甚至重新建模。有些模型需要反复修改多次才能逐渐完善。

**7. 模型应用**

所建模型必须应用于实际才能产生效益并不断得到验证、改进和完善,应用的方式取决于建模的目的和问题的性质。

# 1.3 生产系统及其建模与仿真分析

## 1.3.1 生产系统基本概念

传统的生产系统定义为"把生产过程中各要素转化为有用的产品的系统"。这个系统体现为一个有序的把各种生产要素的投入转换为产品产出的过程。在激烈的市场竞争下,企业必须重视人的因素并且不断缩短生产时间才能赢得顾客和市场。如何提高市场适应能力并加快对市场需求的响应速度是企业增强竞争的关键。因此,国际生产工程科学院(the International Academy for Production Engineering,CIRP)将生产系统重新定义为"生产系统是生产产品的制造企业的一种组织体,它具有销售、设计、加工、交货等综合功能,并有提供服务的研究开发功能"。

(1)投入(或输入)。它主要指加工对象以及其他生产要素,如资金、生产原料和设备等。

(2)生产过程(或转换过程)。例如,制造作业的生产过程是指如何在实体上进行生产;运输作业的转换过程是指如何进行方位上的转换;而服务作业的转换过程则指如何进行服务。

(3)产出(或输出)。它指系统通过生产过程并产出的最终产品和服务。

现代生产系统的整个生产过程可分为三个阶段。

(1)决策控制阶段。由工厂最高决策层根据技术知识、生产动机、市场情况以及经验,对所生产的产品数量、类型等做出决定,同时对生产过程进行控制与指挥。

(2)产品设计和开发阶段。

(3)产品制造阶段。在此阶段必须从外部输入必要的物质(如材料等)和能源。

经过上述三个阶段的生产活动,系统最后输出所生产的产品。产品输出后,应及时将产品在市场上的质量评价、竞争能力和用户的改进要求等信息反馈到决策机构,以使其及时对生产做出新的决策。整个系统由物料流、信息流和能量流联合起来。物料流主要指原材料从加工、装配到成品的过程,包括检验、包装、油漆、储存和运输等环节;信息流主要指计划、调度、设计和工艺等方面的信息;能量流主要指动力能源系统。根据企业生产过程经营活动各方面的活动内容和具体目标,生产系统一般又可划分为供应保障子系统、加工制造子系统和计划与控制子系统等。生产系统的基本框如图 1-6 所示,方框内外分别表示一个生产系统和其所处的外界环境。

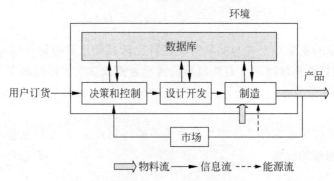

图 1-6   生产系统的基本框架

## 1.3.2   生产系统的分类

按生产系统的组织形式,可以将生产系统分为作业车间系统(job shop system)、流水车间系统(flow shop system)、生产线(production line)三大类。

**1. 作业车间系统**

作业车间系统是没有固定流程和专业化产品生产目的的通用加工系统,运作过程以作业任务为对象。一般的普通加工车间就是典型的作业车间系统,可以描述为:有 $i$ 个待加工工件,每个工件的加工任务由若干个相互关联的工序组成,将这些工序分配到 $m$ 类 $n$ 台设备进行加工,并在满足工序之间的复杂关联约束的前提下使作业系统效率最大。

**2. 流水车间系统**

流水车间系统主要用于处理流程化、标准化、连续的物流,一般是专用制造系统。作业工具和人员面对每批生产任务生产固定的产品并进行同样的操作。流水车间一般是具有连续生产布局的车间或大批量生产车间,车间布局以标准化生产流程为依据。流程标准化的工业如喷涂、装配和化工生产等都是流水车间系统的典型例子。

**3. 生产线**

生产线是以生产零部件或固定产品为目标,并围绕目标而组织形成的专业人员和固定的设备。生产线的种类较多:按范围大小分为零部件生产线和产品生产线;按节奏快慢分为非流水生产线和流水生产线;按自动化程度分为非自动化生产线和自动化生产线。与流水车间相比,生产线具有更明确的产品生产特征和更高的专业化程度。

相比较而言,作业车间系统具有更显著的关联复杂性和约束松散性,而流水车间系统和生产线都可以看作特殊约束条件下的作业系统。

## 1.3.3   生产系统的特性分析

生产系统作为一类复杂而特殊的社会系统,具有如下几个基本特性。

(1) 集合性。生产系统由多个可以相互区别的要素(或子系统)组成。

（2）相关性。生产系统内的各要素都是相互联系的，构成生产系统的各要素（或子系统）通过这种联系形成了生产系统相对稳定的结构。

（3）多目标性。任何一个实际的生产都是为了完成特定生产目标而存在的，它要实现一个或多个既定目标。生产系统是多目标的，如调度性能目标、交货期目标、生产成本目标等，这些目标之间可能发生冲突。

（4）环境适应性。一个具体的生产系统必须具有对周围环境变化的适应性。生产系统应是具有动态适应性的系统，表现为以最少的时间延迟去适应不断发展变化的环境。①生产系统总是处于生产要素（如能量、原材料和信息等）的不断输入和产品的不断输出这一动态过程中；②生产系统的各构成要素或子系统及其内部结构也处于不断的动态变化发展中；③特别是在激烈的市场竞争中，生产系统总是处于不断更新、发展、完善的过程以适应生存环境。

（5）反馈性。生产系统在运行过程中的输出状态，如生产资源和质量信息的利用状况等，总是要不断地反馈到生产过程的各个环节中去，以实现产品生命周期的不断改进、调节和优化。

（6）动态随机性。生产系统中很多偶然性的因素（如产品市场需求的波动等）使生产系统表现出随机性的特性，为解决生产控制等问题带来极大的困难。

# 1.4　当前生产系统面临的主要问题

当前，随着市场竞争的日趋激烈与经济全球化，企业生产系统也逐渐呈现出柔性化、集成化、自动化、市场导向化及智能化的发展趋势。在生产系统，尤其是大型复杂的生产系统中，其运行管理和规划设计正面临诸多问题，如系统适应性差、由于系统本身的复杂性而难以评估设计风险和系统运行过程中生产调度困难等。引发这些问题的原因主要在于几点。

（1）在新的生产系统设计的过程中，业务流程缺乏有效的验证分析手段与辅助设计，系统内部各部门和物流、设计、销售等部门之间的关系以及各种决策过程对整个生产系统的影响缺乏定量与定性分析。

（2）在制造单元设计的过程中，对于初步设计方案缺少一个分析、验证与比较的工具，如关键设备的数量、设备故障对整个制造系统的影响、生产周期和生产能力的测度、物流情况的合理性分析、各种资源的利用率与分配的计算等都需要做一些事前的比较分析。

（3）在生产系统的运行过程中，调度和决策人员根据自身的经验进行决策而缺乏足够的科学性，生产计划和调度缺乏合理的验证手段。这较为突出地反映在生产调度和库存管理等问题上。

为更好地解决上述问题，人们长期以来在生产管理的过程中利用运筹学和数学的方法对生产系统中各种问题进行建模、抽象和分析，取得了比较有代表性的一些成果，如马尔代夫模型、Petri 网模型、排队模型和存储模型等。但这些成果通常仅局限于具体问题，无法完成对整个生产系统的总体比较和分析,不能真实地反映实际系统的诸多特性。另外,随着生产自动化水平的不断提高和生产节奏的加快,越来越复杂的生产系统导致数学模型十分抽象和复杂,一般的生产管理人员难以掌握和理解。

计算机仿真作为一种实验分析和系统建模方法,能够把产品工艺路线、生产资源、管理和库存等信息动态结合,以系统活动过程的"生动再现"代替以前数学方法的抽象描述。表达形式易于理解,能全面反映生产系统动态特征和过程,为生产系统的方案验证、设计和运行过程中的管理提供比较理想的分析工具与手段。

## 1.5　生产系统建模与仿真的主要内容

### 1. 生产系统的规划设计

一个新生产系统的建立通常要评价其设计方案。除了其他的评价方法和一些系统设计外,最常用的方法是仿真。仿真可以动态执行新系统建立的模型,以帮助人们寻求一个较优的方案或发现系统中存在的问题。

### 2. 物料管理

企业在生产运营中消耗大量物料的仓储管理和供应等问题是整个生产系统要解决的重要问题之一。策略不同,效果就不同。得当的策略可保证物料适量适时的供应,保障均衡的系统生产;反之,可能造成生产物流的失调,或积压浪费、供料不足等问题。各种物料管理策略的建模仿真与分析可以帮助人们确定出最适合的物料管理方案。

### 3. 生产计划仿真

企业在制订计划时通常都要采用定量分析的方法来预测计划下达后的效果以便评价分析制订的计划,而仿真是应用最广泛的一种定量分析方法。

### 4. 生产系统协调

在多设备多工序的复杂生产线中,不协调的加工工序和生产节奏会影响生产系统的整体效率。人们借助计算机仿真技术可以快速找到生产过程中的瓶颈环节,并通过采取相应措施来消除瓶颈以协调生产节拍,充分发挥现有人力资源和生产设备的潜力,实现系统的高效生产。

### 5. 生产成本分析

仿真可以分析生产的动态过程,得到相关的生产成本统计数据。而且改变有关参数以及多次执行仿真过程能够帮助人们寻求提高生产效率、降低成本的较优方案。此外,仿真还可以用于产品市场的预测、生产系统需求和可靠性分析等。表1-1为计算机仿真在生产系统中的应用实例。

表 1-1   计算机仿真在生产系统中的应用实例

| 生产类型 | 生产中提出的问题 | 仿真目标 | 仿真后的改进建议 | 改进后的效果 |
|---|---|---|---|---|
| 汽车配件生产 | 设计规划与生产线相配套的旋转实验台 | 优化实验台的工位数 | 每个旋转实验台设15个工位 | 在满足生产要求的同时,比原设计减少了2个实验台 |
| 空调器生产 | 设计规划装配生产线 | 优化自动导引车数量 | 在提供不同利率(50%～90%)的情况下设置不同的自动引导车数量 | 避免了浪费,生产线投资有的放矢 |
| 家用电器生产 | 生产规模的扩大增加了托盘和设备,常出现堵塞通道和托盘积压的现象 | 优化托盘数量 | 将原来的38个托盘减少到30个 | 保证生产线的畅通,减少投资280万美元 |
| 电子产品生产 | 有两种产品同时生产,经常出现生产不平衡现象 | 达到均衡生产 | 给出两种产品投入数量的适当比例 | 减少了加班保持了生产均衡降低了37%的成本 |
| 印制电路板装配与检测线 | 每周更换一次产品品种,经常需要周末加班突击才能完成本周任务 | 合理分配每日工作量,制定日产量规划 | 制订出切合实际的日产量规划 | 减少了在制品数均衡了日生产负荷,增加了生产透明度 |
| 生产类型 | 生产中提出的问题 | 仿真目标 | 仿真后的改进建议 | 改进后的效果 |
| 半导体生产 | 在制品加工周期长、种类多,经常由于紧急用户而终止原生产过程 | 缩短加工周期 | 通过对全过程的分析,给每台设备定出在制品数的上下限 | 缩短了30%的加工周期,减少了投资,生产始终顺畅,由于紧急用户中断生产的现象显著减少 |
| 电话机生产 | 总装配各道工序不协调的生产时间影响总装 | 减少在制品数,协调各工序的生产节奏 | 优先加工那些加工周期最短的工件 | 减少了在制品数缩短了制造周期增加了产量 |

# 本 章 小 结

    本章首先介绍了系统建模与仿真的基本概念、一般步骤与方法,给出仿真步骤的框架图以指导建模并进行细致而完整的仿真研究;然后对生产系统的基本定义、分类、特征分析进行了阐述;最后通过应用案例刻画了生产系统建模与仿真的主要内容:生产系统的规划设计、物料管理、生产计划仿真、生产系统协调、生产成本分析。

# 复习思考题

1. 名词解释：

(1) 系统；

(2) 连续系统；

(3) 离散事件系统；

(4) 系统仿真过程。

2. 什么是系统建模与仿真技术？

3. 画图说明计算机仿真的三要素及三个基本活动。

# 生产系统的概率分析

生产系统属于工业工程范畴。工业工程是对人、物料、设备、能源和信息等所组成的集成系统进行设计、改善和实施的一门学科。它综合运用数学、管理、物理和社会科学等知识并结合工程设计与分析方法对系统进行预测、确认和评价。其核心目标是优化配置资源、提高效率。在优化的过程中常常有许多不确定性因素存在,用概率分析的方法处理是一种有效手段。概率分析能预测风险、降低成本、优化配置资源,发现异常和一些潜在的问题。例如,在生产加工过程中,若发现某台机器加工的工件残缺率非常高,就需要停下来检查该机器是否需要维修、是否存在缺陷、操作工人的技术是否存在问题等。

## 2.1 离散型随机变量和连续型随机变量

一些不确定性的活动常常发生在人们的生活和生产过程中,如抛掷硬币是正面向上还是反面向上等。这些不确定性的活动事先无法预知变化结果,在同等条件下反复试验多次,每次结果未必相同。即使知道过去的结果,但在同等条件下却无法事先确定未来的发展,这类活动称为随机活动。随机活动的不同结果可以用不同的数值来对应,用来描述随机活动的变量被称为随机变量。随机活动按一定的概率取某个结果可以用随机变量按一定的概率取某个值进行对应。随机变量有离散型和连续型之分。离散型随机变量是只取有限个数值或可列无穷个数值的随机变量,即

若一个随机变量 $X$ 的一切可能取值为 $x_1,x_2,\cdots$,并且 $X$ 取值 $x_i$ 的概率为 $P_i$,则 $X$ 为一个离散型随机变量,$\{P_1,P_2,\cdots\}$ 称为 $X$ 的概率函数。其中 $P_i$ 满足:

(1) 非负性: $P_i \geqslant 0, i=1,2,\cdots$;

(2) 规范性: $\sum_{i=1}^{+\infty} P_i = 1$。

离散型随机变量 $X$ 小于或等于某个给定值 $x$ 时的概率函数 $F(x)$ 称为 $X$ 的累积分布函数。设随机变量 $X$ 可能取值 $x_1,x_2,\cdots$,则 $X$ 的累积分布函数为

$$F(x) = \sum_{x_i < +\infty} P(X = x_i) = \sum_{x_i < +\infty} P_i$$

其中,$P_i$ 为 $X$ 取值 $x_i$ 的概率。显然,$0 \leqslant F(x) \leqslant 1$ 且 $F(x)$ 是单增函数。

连续型随机变量是可以取值于某个区间中的任一数的随机变量,即若存在非负函数 $f(x)$ 使得随机变量 $X$ 取值于任一区间 $(a,b)$ 的概率为

$$P(a,b) = \int_a^b f(x)\mathrm{d}x$$

则称 $X$ 为连续型随机变量,称 $f(x)$ 为 $X$ 的密度函数,且 $f(x)$ 具有如下性质:

(1) 非负性: $f(x) \geqslant 0, \forall x \in (-\infty, +\infty)$;

(2) 规范性: $\int_{-\infty}^{+\infty} f(x)\mathrm{d}x = 1$。

连续型随机变量的累积分布函数 $F(x)$ 定义为随机变量小于或等于 $x$ 的概率,即

$$F(x) = \int_{-\infty}^x f(x)\mathrm{d}x$$

同样, $0 \leqslant F(x) \leqslant 1$, 且 $F(x)$ 是单增函数。若 $f(x)$ 在 $x$ 处连续,则导数 $F'(x) = f(x)$。

## 2.2　随机变量的特征

在一些理论和实际问题中,人们常常关心反映随机变量某些方面特征的一些常数,如期望、方差等。

### 2.2.1　期望

离散型随机变量的期望是试验中每次可能结果的概率乘以其结果的总和,即设 $X$ 为离散型随机变量, $P\{X = x_i\} = P_i, P_i \geqslant 0, i = 1, 2, \cdots, \sum_{i=1}^{+\infty} P_i = 1$, 则称

$$E(X) = \sum_{i=1}^{+\infty} x_i P_i$$

为 $X$ 的期望值。期望值是用随机试验在同样的机会下重复多次的结果计算出的等同"期望"的平均值,是一个随机试验的可能结果的平均值,并非任一试验结果。

设 $X$ 为连续型随机变量, $f(x)$ 为 $X$ 的密度函数,则连续型随机变量 $X$ 的期望值为

$$E(X) = \int_{-\infty}^{+\infty} x f(x)\mathrm{d}x$$

### 2.2.2　方差

方差是用来度量随机变量和其数学期望之间的偏离程度的,是各个数据与平均值之差的平方的平均数,用 $D(X)$ 表示,即

$$D(X) = E(X - E(X))^2$$

为方便计算,我们可以采用 $D(X) = E(X^2) - [E(X)]^2$ 进行计算,因为:

(1) 对于离散型随机变量:

$$D(X) = E(X - E(X))^2 = \sum_{i=1}^{+\infty} (x_i - E(X))^2 P_i$$

$$= \sum_{i=1}^{+\infty} x_i^2 P_i - [E(X)]^2 = E(X^2) - [E(X)]^2$$

（2）对于连续型随机变量：

$$D(X) = E(X - E(X))^2 = \int_{-\infty}^{+\infty} (x - E(X))^2 f(x) \mathrm{d}x$$

$$= \int_{-\infty}^{+\infty} x^2 f(x) \mathrm{d}x - [E(X)]^2 = E(X^2) - [E(X)]^2$$

通常称 $\sqrt{D(X)}$ 为 $X$ 的标准差。

## 2.2.3　离散系数

大的随机变量并不意味着它的分散程度大。因此，为了更好地描述随机变量的分散程度，需要用离散系数 $\xi$ 来表示。离散系数是随机变量的标准差与期望值的比值，即

$$\xi = \frac{\sqrt{D(X)}}{E(X)}$$

因为离散系数是用随机变量的相对值表示的，所以分散程度不受所用数据的量纲影响。在对比情况下，离散系数较大的随机变量的分布情况差异也大。

## 2.2.4　离差

离差也叫差量，是单项数值与平均值之间的差。设 $X$ 是一个随机变量，令

$$\eta = X - E(X)$$

则称 $\eta$ 为 $X$ 的离差。它反映了 $X$ 与其数学期望 $E(X)$ 的偏离程度。由于

$$E(\eta) = E(X - E(X)) = E(X) - E(X) = 0$$

即随机变量的离差的数学期望恒为零。这是由于 $\eta$ 的取值有正有负相互抵消的原因，故它不能在总体上描述随机变量 $\eta$ 的取值在其数学期望周围的分散程度。一般计算离差平方和来表示数据分布的集中程度，反映真实值偏离平均值的差距。可能出现结果与平均预期的偏离程度，代表风险程度的大小。

# 2.3　均 匀 分 布

均匀分布的随机数：随机数就是随机变量的取样值。均匀分布就是随机变量在其可能取值范围中的任一区间出现的概率正比于此区间的大小与可能值范围的比值。许多仿真都需要随机数，最基本的是区间 $(0,1)$ 上的均匀分布随机数，其他分布的随机数可以由它变换和计算产生。

（1）$(0,1)$ 均匀分布随机变量 $x$ 的概率密度函数为

$$f(x) = \begin{cases} 1, & 0 \leqslant x \leqslant 1 \\ 0, & \text{其他} \end{cases}$$

累积分布函数为

$$F(x) = \begin{cases} 0, & x \leqslant 0 \\ x, & 0 < x \leqslant 1 \\ 1, & x > 1 \end{cases}$$

用计算机程序通过计算产生的随机数都是伪随机数,它是按照定性的算法计算出的具有类似于均匀分布随机变量的独立取样值性质的数,会有一定的周期性,这是产生随机数的最常用、最方便的方法。这些产生的随机数一般要求产生的数值样本具有分布的均匀性、试验的独立性、抽样的随机性和前后的一致性;产生的随机性要有足够长的周期以满足真正的实际需要;产生随机数的速度要快、占用的内存空间要小等。

(2) $(a,b)$ 均匀的离散分布。给定 $N$ 个连续整数 $x_1,x_2,\cdots,x_N$,满足 $x_1=a$,$x_N=b$,每次取样值为

$$x_k=Ny_k+x_1,\quad k=2,3,\cdots,N-1$$

式中,$y_k$ 是一个 $(0,1)$ 均匀分布的随机数。这种以相等的概率选出每一个数产生的数列就是一个离散型均匀分布的随机数样本。

# 2.4　非均匀分布

## 2.4.1　非均匀的离散分布

给定 $N$ 个连续整数 $x_1,x_2,\cdots,x_N$,以一特定的概率 $P_1,P_2,\cdots,P_N$ 满足 $\sum_{i=1}^{N}P_i=1$,并从中选出一个数进行输出。这样重复下去所产生的数列就是一个离散型非均匀分布的随机数样本。比如,设累积分布函数 $F_0=0$,$F_k=\sum_{i=1}^{k}P_i,k=1,2,\cdots,N$,$y_k$ 是一个 $(0,1)$ 均匀分布的随机数。考察 $y_i$,若 $F_{k-1}\leqslant y_i<F_k$,则把相应的 $x_k$ 选出作为此次取样的输出值所构成的数列就是一个非均匀分布的离散随机数样本。采用这种方法能够产生贝努利二项分布的随机数和泊松分布的随机数。

### 1. 贝努利二项分布

对随机试验中某事件是否发生,试验的可能结果只有相互独立的两个,这种只有两个可能结果的试验就称为贝努利试验。它具有对立性和独立性的特点。对立性就是指每次试验的结果只能是对立事件中之一:要么出现 A,要么出现非 A。而独立性是指每次试验的结果互不影响,且各次试验中事件 A 出现的概率都相等,设为 $P$,则非 A 事件出现的概率为 $Q=1-P$。重复进行 $n$ 次贝努利试验就形成了一个贝努利过程(Bernoulli process),也称 $n$ 重贝努利试验。在由 $n$ 次独立试验组成的贝努利分布中,事件 A 发生的次数 $\xi$ 是一个随机变量。它取值 $k(k=1,2,\cdots,n)$ 的概率是

$$P_k=P(\xi=k)=C_n^k P^k Q^{n-k}$$

我们把进行 $\xi$ 次 $n$ 重贝努利试验时,某一结果在一次 $n$ 重贝努利试验中出现的次数所形成的概率分布称为二项分布,可以利用 $(0,1)$ 均匀分布随机数样本产生贝努利的二项分布。任取 $(0,1)$ 均匀分布随机数 $x_n$,若 $x_n\leqslant P$,就认为任务事件 A 出现;相反,若 $x_n>P$,则认为非事件 A 出现。当 $P$ 较大而计算精度又要求较高时,可以在计算机上用 $n$ 重贝努利试验产生二项分布的随机数,即首先产生 $n$ 个 $(0,1)$ 均匀分布随机数 $x_1,x_2,\cdots,x_n$,然后统计其中使 $x_i>P(i=1,2,\cdots,n)$ 的个数 $m$,$m$ 就是所要产生的随机数。根据二项分布定义

可知,现实中的多数情况都服从二项分布,如某季节雨天的总数、某时段超市的顾客总数等。

**2. 泊松分布**

若满足:① 平稳性,即在区间$(a,a+t)$内事件 A 发生 $k$ 次的概率与 $a$ 无关,而只与 $t$、$k$ 有关;②无后效性,即不相交区间内事件 A 发生次数是相互独立的;③普遍性,即在同一个系统中不存在两个事件 A 同时发生的情形;④有限性,即任意有限区间内事件 A 发生的概率之和为 1,则称这种分布为泊松分布。若在时间 $t$ 内事件 A 发生 $k$ 次的概率 $V_k(t)$ 遵从泊松分布,则

$$V_k(t)=\frac{(\lambda t)^k}{k!}e^{-\lambda t},\quad k=0,1,\cdots,\lambda>0$$

若进行 $n$ 次独立试验,在每次试验中事件 A 发生的概率为 $P_n$,则在 $n$ 次试验中事件 A 发生 $k$ 次的概率$(P_n\to0,nP_n=\lambda,n\to\infty)$趋于 $P(k,\lambda)=\frac{\lambda^k}{k!}e^{-\lambda}$。我们称这种分布为具有参数 $\lambda$ 的泊松分布。

为了产生这种随机数,可以选取足够大的 $n$,使 $P_n=\frac{\lambda}{n}$ 相当小(如 $P_n\leqslant0.1$),然后做 $n$ 次独立试验,使每次试验中事件 A 发生的概率为 $P_n$。如果用 $m$ 表示在 $n$ 次试验中事件 A 实际发生的次数,则 $m$ 近似服从泊松分布,而且 $n$ 越大越准确。

## 2.4.2 非均匀的连续分布

**1. 指数分布**

指数(exponent)分布又称负指数分布。它的概率密度函数是

$$f(x)=\begin{cases}\lambda e^{-\lambda x},&x>0\\0,&x\leqslant0\end{cases}$$

其累积分布函数为

$$F(x)=\int_0^x\lambda e^{-\lambda u}du=1-e^{-\lambda x}$$

在生产系统仿真中,指数分布是一种常用的分布,如生产对象到达生产工位的间隔时间就可以看作指数分布。指数分布的随机数可以采用反函数法产生。令 $y=F(x)$,则 $y=1-e^{-\lambda x}$,所以 $x=F^{-1}(y)=-\frac{1}{\lambda}\ln(1-y)$。当 $y$ 是$(0,1)$均匀分布随机数时,$z=1-y$ 也是$(0,1)$均匀分布随机数,所以 $x=-\frac{1}{\lambda}\ln z$。

**2. 正态分布**

正态(normal)分布最早是从求二项分布的渐近公式中得到的,是二项分布的极限分布。其概率密度函数为

$$f(x)=\frac{1}{\sqrt{2\pi}\sigma}e^{-\frac{(x-\mu)^2}{2\sigma^2}},\quad-\infty<x<+\infty$$

其中，$\mu$ 为正态分布的期望值，决定了分布的位置；$\sigma$ 为其标准差，决定了分布的幅度。

这种正态分布常记作 $X \sim N(\mu, \sigma^2)$，其概率分布函数为

$$F(x) = P(X \leqslant x) = \int_{-\infty}^{x} \frac{1}{\sqrt{2\pi}\sigma} e^{-\frac{(x-\mu)^2}{2\sigma^2}} \mathrm{d}x$$

把 $\mu = 0, \sigma = 1$ 的正态分布称为标准正态分布，即 $N(0,1)$ 的概率密度函数为

$$f(x) = \frac{1}{\sqrt{2\pi}} e^{-\frac{x^2}{2}}, \quad -\infty < x < +\infty$$

$N(\mu, \sigma^2)$ 的概率密度函数曲线 $f(x)$ 具有如下特征：关于直线 $x = \mu$ 对称；在 $x = \mu$ 处达到最大值；在 $x = \mu \pm \sigma$ 处有拐点；$x \to \infty$ 时曲线以 $x$ 轴为渐近线；固定 $\sigma$，改变 $\mu$ 时，图形沿 $x$ 轴平移而不改变其形状；固定 $\mu$，改变 $\sigma$ 时，当 $\sigma$ 很小，曲线的形状与尖塔相似，而当 $\sigma$ 增大，曲线将趋于平坦等。在精度要求不很高时，可近似用以下公式产生正态分布的随机数：

$$x = \left[ \sum_{i=1}^{12} u_i - 6 \right] \sigma + 2$$

其中，$u_i$ 是 $(0,1)$ 均匀分布随机数。

### 3. 对数正态分布

设 $y$ 是具有平均值 $\mu$ 和方差 $\sigma^2$ 的正态分布的随机变量，则 $x = e^y$ 为具有对数正态分布的随机变量，其概率密度函数为

$$f(x) = \begin{cases} \dfrac{1}{\sqrt{2\pi}\sigma x} e^{-\frac{(\ln x - \mu)^2}{2\sigma^2}}, & 0 \leqslant x < +\infty \\ 0, & \text{其他} \end{cases}$$

该分布在经济学中应用广泛。其随机数产生按照如下步骤：①判断 $\sigma > 0$，否则出错；②由标准正态分布 $N(0,1)$ 取值 $Y'$；③计算 $Y = \mu + \sigma Y'$；④计算 $X = e^Y$，即为一次对数正态分布的 $X$ 取值。

### 4. 三角形分布

三角形分布是一种近似的分布形式，常用于对生产作业时间分布的近似描述。其概率密度函数为

$$f(x) = \begin{cases} \dfrac{2(x-a)}{(b-a)(c-a)}, & a \leqslant x \leqslant b \\ \dfrac{2(c-x)}{(c-a)(c-b)}, & b < x \leqslant c \\ 0, & \text{其他} \end{cases}$$

分布函数为

$$F(x) = \begin{cases} \dfrac{(x-a)^2}{(b-a)(c-a)}, & a \leqslant x \leqslant b \\ 1 - \dfrac{(c-x)^2}{(c-a)(c-b)}, & b < x \leqslant c \end{cases}$$

由于三角形分布求取方便,需要收集的数据较少,又不失仿真的精度,因此,在生产系统仿真研究中经常用到。产生三角形分布的随机数可采用反函数法求逆函数解决,其逆函数为

$$X = \begin{cases} a + \sqrt{(b-a)(c-a)u}, & 0 \leqslant u \leqslant \dfrac{b-a}{c-a} \\ c - \sqrt{(c-b)(c-a)(1-u)}, & \dfrac{b-a}{c-a} < u \leqslant 1 \end{cases}$$

其中,$u$ 为 $(0,1)$ 均匀分布随机数。

### 5. 埃尔朗分布

埃尔朗(Erlang)分布是一种介于指数分布与正态分布之间过渡形式的一种分布形式,它的适用面广,在生产系统仿真中常用。设 $\nu_1, \nu_2, \cdots, \nu_k$ 是 $k$ 个相互独立的随机变量,服从相同参数 $k\lambda$ 的负指数分布,那么 $T = \nu_1 + \nu_2 + \cdots + \nu_k$ 的概率密度函数为

$$f(t) = \frac{(k\lambda)^k t^{k-1}}{(k-1)!} e^{-k\lambda t}$$

称 $T$ 服从 $k$ 级埃尔朗分布。其数学期望和方差为

$$E(T) = \frac{1}{\lambda}, \quad D(T) = \frac{1}{k\lambda^2}$$

埃尔朗分布比负指数分布具有更大的适应性,当 $k=1$ 时,埃尔朗分布就是负指数分布;随着 $k$ 增大,埃尔朗分布图形逐渐变得对称,变化系数减小,这时用埃尔朗分布曲线族表示的数据要比指数分布表示的曲线更接近平均值;当 $k>30$ 时,埃尔朗分布近似于正态分布;而当 $k\to\infty$ 时,$D(T)\to0$。故埃尔朗分布可以看作随机于完全确定的中间型,它能对现实世界提供更广泛的适应性。

要产生一个平均值为 $\overline{T}$ 的 $k$ 级埃尔朗分布的随机数,可使用以下公式获得:

$$x = -\frac{\overline{T}}{k} \ln \prod_{i=1}^{k} z_i$$

其中,$z_i$ 是 $(0,1)$ 均匀分布随机数。

## 2.5　中心极限定理

中心极限定理是概率论中用来描述满足一定条件的一系列随机变量的和的概率分布极限的定理。其表述为如果一个随机变量是很多个随机变量之和,而其中每一个对总和值产生不大的影响,那么这一总和在自变量范围内近似地服从正态分布。

这一定理是数理统计学和误差分析的理论基础,指出了大量随机变量近似服从正态分布的条件。在自然界与生产中,一些现象受到许多相互独立的随机因素的影响,如果每个因素所产生的影响都很微小,总的影响可以看作近似服从正态分布。

**例 2-1**　某工厂有 200 台同类型的机器,每台机器工作时需要的电功率为 $Q$ 千瓦,由于工艺等原因,每台机器的实际工作时间只占全部工作的 $75\%$,各台机器工作是相互独立的,求:

(1) 任一时刻有 $144 \sim 160$ 台机器正在工作的概率;

(2) 需要供应多少电功率才可以保证所有机器正常工作的概率不少于 $0.99$。

**解**    该问题可以转化为 $n=200$ 的贝努利试验,服从 $P=0.75$ 的二项分布 $B(200,0.75)$,从而近似服从正态分布。设随机变量 $X$ 表示 200 台任一时刻正在工作的机器台数,则 $X\sim B(200,0.75)\simeq N(\mu,\sigma^2)$,其中期望值 $\mu=np=200\times0.75=150$,方差 $\sigma^2=np(1-p)=200\times0.75\times(1-0.75)=37.5$。

(1) 任一时刻有 144~160 台机器正在工作的概率:

$$P(144\leqslant X\leqslant160)\approx\Phi\left(\frac{160-150}{\sqrt{37.5}}\right)-\Phi\left(\frac{144-150}{\sqrt{37.5}}\right)$$

$$=\Phi(1.63)-\Phi(-0.98)=\Phi(1.63)+\Phi(0.98)-1$$

$$=0.94845+0.83650-1=0.78495$$

(2) 设任一时刻正在工作的机器的台数不超过 $m$,则

$$P(0\leqslant X\leqslant m)\geqslant0.99$$

$$\Phi\left(\frac{m-150}{\sqrt{37.5}}\right)-\Phi\left(\frac{0-150}{\sqrt{37.5}}\right)\geqslant0.99$$

因 $\Phi\left(\dfrac{-150}{\sqrt{37.5}}\right)=\Phi(-24.5)\approx0$,   $\Phi\left(\dfrac{m-150}{\sqrt{37.5}}\right)\geqslant0.99$

查标准正态函数分布表,得

$$\Phi(2.33)=0.9901$$

故 $\dfrac{m-150}{\sqrt{37.5}}\geqslant2.33$,从而 $m\geqslant164.3$,所以 $m=165$。

需要供应 $165Q$ 千瓦的电功率才可以保证所有机器正常工作的概率不少于 0.99。

# 本 章 小 结

本章对生产系统的概率分析进行了讲解,首先对随机变量的概念进行了介绍,然后分析了随机变量某些方面的特征,对期望、方差、离散系数、离差等基本常数进行了公式推导。其次对两种概率(均匀与非均匀)分布展开描述。非均匀分布中的连续分布是本章重点,其中包括指数分布、正态分布、对数正态分布、三角形分布、埃尔朗分布。指数分布、正态分布与对数正态分布在学术研究中是比较常见的;三角形分布常用于对生产作业时间分布的近似描述;埃尔朗分布常用于排队系统的描述。最后,介绍了概率分布中的中心极限定理,并给出了应用案例。

# 复习思考题

1. 共有 5000 个同龄人参加人寿保险,设死亡率为 0.1%。参加保险的人在年初应交纳保险费 10 元,死亡时家属可领 2000 元。求保险公司一年内从这些保险的人中,获利不少于 30000 元的概率。

2. 一工厂有某种设备 80 台,配备了 3 个维修工。假设每台设备的维修只需要一个维修工,设备发生故障是相互独立的,且每台设备发生故障的概率都是 0.01。求设备发生故障而不能及时维修的概率。

3. 为监测饮用水的污染情况,现检验某社区每毫升饮用水中细菌数,共得 400 个记录,如表 2-1 所示。

表 2-1 每毫升水中细菌数检验结果

| 每毫升水中细菌数/个 | 0 | 1 | 2 | ≥3 | 合计 |
|---|---|---|---|---|---|
| 次数 $f$ | 243 | 120 | 31 | 6 | 400 |

试分析饮用水中细菌数的分布是否服从泊松分布。若服从,按泊松分布计算每毫升水中细菌数的概率及理论次数并将频率分布与泊松分布做直观比较。

# 排队系统分析

排队是生产系统的一种常见现象,也是日常生活中的常见现象。当某时刻要求服务的对象数量超过服务机构接受服务的能力时,一般就会出现排队等待服务的现象。显然,人和物都可作为服务对象。比如理发店等待理发的人、车间等待加工的工件等。服务对象到达的随机性和接受服务时间的不确定性都可能导致排队现象的发生。排队过长势必增加服务对象的等待时间,导致服务机构的服务质量下降。增加服务设施或人力设备能减少排队队长,甚至消除排队现象,但增加了投资或产生空闲的浪费。因此,管理人员必须权衡服务质量和成本,以期在保证服务质量的同时尽可能地降低成本。

## 3.1 排队系统的基本概念

排队系统一般由到达模式、服务机构和排队规则三个基本部分组成。到达模式是指服务请求按照某种统计规律到达排队系统的过程,它描述了服务请求到达系统的统计特征。请求总体数量可以有限,也可以无限,服务请求有单个到达的,也有成批到达的,其相继到达的时间间隔也是有自身的概率分布规律的。服务机构是指在排队系统中需要关注同一时刻有多少服务台按照怎样的队列特征从事服务,是单个服务还是成批服务,从事服务的时间是如何分布的,是负指数分布、定长分布还是埃尔朗分布等。排队规则是指对下一个服务需求的选择原则,如先进先出、后进先出、优先服务还是随机服务等。

由于服务机构的服务台的限制以及服务需要花费时间,所以刚到达的服务需求在所有服务台处于繁忙状态时势必排队,等待服务台完成当前的服务后继续进行下一个服务。由于无论是到达时间、服务时间还是排队长度都是随机的,因此,反映到服务台进行服务的"忙"和"闲"也都是随机的。故通过已知的到达模式和服务时间的概率分布来研究排队系统的平均队长以及服务的繁忙程度(服务效率)是仿真所需要解决的问题。

排队系统按照队列和服务特征可以分为单队单台等服务时间队列、单队单台随机服务时间队列、单队多台等服务时间队列、单队多台随机服务时间队列、多队多台等服务时间队列和多队多台随机服务时间队列等类型。

等服务时间队列是服务台对每个请求的服务时间(近似)相等,如相同工件在同一台机器上的加工时间。此时,

队列长度期望值 = 同时汇报服务的期望值 — 在岗人数或服务设备数

任务等待时间期望值 = 队列长度期望值 × 单位服务时间

服务空闲率＝服务人员或服务设备空闲数期望值／服务人员或服务设备总数

服务利用率＝1－服务空闲率

随机服务时间队列就是对不同的请求,其服务时间也不同的服务队列。如不同工序加工的工件,像工件的铣床、磨床等工序不同,服务的时间也不同。进入联络中心进行服务的任务队列,任务不同,服务时间也是有差异的。还有银行服务队列和超市收银服务队列等。

下面介绍一些常用的基本概念。

**1. 到达因素**

(1) 平均到达间隔时间 $T_0$：$T_0 = \dfrac{T}{n}$,这里 $T$ 表示待考虑的系统的总时间,$n$ 表示服务需求的数量。

(2) 平均到达速度 $\lambda$：$\lambda = \dfrac{1}{T_0} = \dfrac{n}{T}$。

(3) 到达间隔时间的分布函数 $A_0(t)$ 指到达间隔时间大于 $t$ 的概率：$A_0(t) = 1 - F(t)$。这里 $F(t)$ 是指到达间隔时间的累积分布函数,是到达间隔时间小于 $t$ 的概率。

(4) 到达时间变化系数 $\eta$ 指到达间隔时间的标准差 $S_0$ 与平均到达间隔时间 $T_0$ 的比值,即 $\eta = \dfrac{S_0}{T_0}$。它是一个无量纲值,描述了数据围绕平均值的分散程度。如果 $\eta \approx 1$,则采用指数分布拟合这些服务队列数据;当 $\eta \ll 1$ 时,常采用埃尔朗分布来拟合这些数据。

**2. 服务因素**

(1) 平均服务时间 $T_s$ 指考虑模型的总时间 $T$ 与服务需求个数 $n_s$ 的比值,即 $T_s = \dfrac{T}{n_s}$。

(2) 平均服务速度 $\mu$ 指单位时间内服务需求的数量,是平均服务时间 $T_s$ 的倒数,即

$$\mu = \frac{1}{T_s} = \frac{n}{T}$$

(3) 服务时间的分布函数 $A_s(t)$ 指服务时间大于 $t$ 的概率：$A_s(t) = 1 - F_s(t)$。这里 $F_s(t)$ 是指到达间隔时间的累积分布函数,是到达间隔时间小于 $t$ 的概率。

(4) 服务时间变化系数 $\eta_s$ 指到达间隔时间的标准差 $S_s$ 与平均服务时间 $T_s$ 的比值,即

$$\eta_s = \frac{S_s}{T_s}$$

(5) 业务量强度：$u = \dfrac{\lambda}{\mu}$。进而有 $u = \dfrac{\dfrac{1}{T_0}}{\dfrac{1}{T}} = \dfrac{\dfrac{n}{T}}{\dfrac{n_s}{T}} = \dfrac{n}{n_s}$。$n > n_s$ 时,$u > 1$,到达系统的服务需求并非都能得到服务,因此,给出实际业务强度 $u'$：$= \dfrac{\lambda'}{\mu}$,这里 $d$ 为服务需求实际到达的速度,$\mu$ 依然是得到服务的到达速度。这样,$u'$ 永远小于或等于 1。

(6) 设备利用率 $\rho$ 为得到服务的服务需求的到达速度与服务速度之比,即 $\rho = \dfrac{\lambda'}{\mu}$。

服务机构按机构形式可以没有服务台,也可以有一个或多个服务台。在有多个服务台

时，它们可以平行排列（并联），也可以前后排列（串联）或混合排列（既有并联，又有串联）。

在多服务设备系统的 $n$ 台设备并联服务的环节中，设每天设备的平均服务速度为 $\mu$，则 $\rho = \dfrac{\lambda'}{n\mu}$。

显然，在多设备服务系统中，服务设备越少，其利用率越高。而利用率越高，服务需求排队等待时间越长。而且只有 $\rho < 1$ 时，每个服务需求才能有希望得到服务。因此，设计系统的利用率是一个权衡设备利用率与服务排队队长的过程，可以通过多次仿真实验解决。

**3. 排队模型的表示方法**

肯德尔（D. G. Kendall）针对并列服务设备的情形提出一个排队模型的表示方法：$X/Y/Z$，其中，$X$ 表示服务需求相继到达系统间隔时间的分布；$Y$ 表示服务时间的分布；$Z$ 表示并列的服务设备数量。具体典型的符号有：$M$ 表示负指数分布［具有马尔可夫（Markov）性］，$D$ 表示确定性（deterministic），$E_k$ 表示 $k$ 阶埃尔朗分布，GI 表示一般相互独立（general independent）的随机分布；$G$ 表示一般（general）随机分布。如 GI/M/2 表示一般相互独立的随机到达间隔时间，服务时间为负指数分布，两台并行服务设备（但顾客是一队）的模型。

# 3.2　排队系统的两个重要的分布函数

## 3.2.1　负指数分布

负指数分布又称指数分布。泊松事件流的等待时间（相继两次出现之间的间隔）服从指数分布。

令第 $i$ 个服务需求到达的时刻为 $\tau_i (i=1,2,\cdots)$，$\tau_0 = 0$，并令 $t_i = \tau_i - \tau_{i-1}$，$i=1,2,\cdots$，则服务需求相继发生的间隔时间 $t_i$ 是相互独立同分布的，其分布函数为负指数分布

$$A_0(t) = P(T \geqslant t) = \begin{cases} \mathrm{e}^{-\lambda t}, & t > 0 \\ 1, & t \leqslant 0 \end{cases}$$

式中，$\lambda = \dfrac{1}{T_a}$。$T_a$ 的数学期望和方差是

$$E(T_a) = \frac{1}{\lambda}, \quad \sigma^2(T_a) = \frac{1}{\lambda^2}$$

当服务时间完全随机时，也可用上面的指数分布函数表示，其分布函数为

$$S_0(t) = P(T_s \geqslant t) = \begin{cases} \mathrm{e}^{-\mu t}, & t > 0 \\ 1, & t \leqslant 0 \end{cases}$$

式中，$\mu = \dfrac{1}{T_s}$。

## 3.2.2　埃尔朗分布

串列的 $k$ 个服务台，每台服务时间相互独立，服从相同的负指数分布（参数 $k\mu$），那么以服务需求走完这 $k$ 个服务台总共需要的服务时间服从 $k$ 阶埃尔朗分布。埃尔朗到达分布为

$$A_0(t) = \mathrm{e}^{-k\lambda t} \sum_{n=0}^{k-1} \frac{(k\lambda t)^n}{n!}, \quad k = 1,2,\cdots$$

# 3.3　排队系统特征分析

对于一个随机排队系统,在给定的到达和服务条件下,假设系统在 $t$ 时刻有 $n$ 个服务需求的概率为 $P_n(t)$。

## 3.3.1　单服务台 M/M/1 模型

M/M/1 模型指服务需求单个到达、相互独立,一定时间的到达数服从泊松分布,队长无限制,先到先服务,单服务台,服务时间相互独立,且服从相同的指数分布,到达间隔时间也相互独立。现假设到达模式服从参数为 $\lambda$ 的泊松分布,服务时间服从参数为 $\mu$ 的指数分布。设 $\rho = \dfrac{\lambda}{\mu} < 1$(否则队列将排到无限远),则:

(1)系统中有 $n(\geqslant 1)$ 项服务需求的概率为

$$P_n = (1-\rho)\rho^n$$

(2)在系统中的平均服务需求数(系统的期望值)

$$L_s = \sum_{n=1}^{\infty} nP_n = \sum_{n=1}^{\infty} n(1-\rho)\rho^n = \frac{\rho}{1-\rho} = \frac{\lambda}{\mu-\lambda}$$

(3)在队列中等待的平均服务需求数(队长的期望值)

$$L_q = \sum_{n=1}^{\infty} (n-1)P_n = \frac{\rho\lambda}{\mu-\lambda} = \rho L_s$$

(4)由于在 M/M/1 情形下,逗留时间服从参数为 $\mu-\lambda$ 的负指数分布,故在系统中服务需求逗留时间的期望值

$$W_s = E(W) = \frac{1}{\mu-\lambda}$$

(5)服务需求在队列中的等待时间的期望值

$$W_q = W_s - \frac{1}{\mu} = \frac{\rho}{\mu-\lambda}$$

## 3.3.2　多服务台 M/M/c 模型

假设 $c$ 个服务台工作相互独立,平均服务速度相同,且 $\rho_c = \dfrac{\lambda}{c\mu} < 1$(否则队列将无限长),此时的 $\rho_c$ 称为系统的服务强度或服务台的平均利用率。

(1)系统中有 $n(\geqslant 1)$ 项服务需求的概率为

$$P_n^c = \begin{cases} \dfrac{1}{n!}\left(\dfrac{\lambda}{\mu}\right)^n P_0^c & n < c \\[3mm] \dfrac{1}{c!\,c^{n-c}}\left(\dfrac{\lambda}{\mu}\right)^n P_0^c & n \geqslant c \end{cases}$$

这里,$P_0^c = \left[\displaystyle\sum_{k=0}^{c-1} \frac{1}{k!}\left(\frac{\lambda}{\mu}\right)^k + \frac{1}{c!}\frac{1}{1-\rho_c}\left(\frac{\lambda}{\mu}\right)^c\right]^{-1}$。

（2）在队列中等待的平均服务需求数（队长的期望值）

$$L_q^c = \sum_{n=c+1}^{\infty} (n-c) P_n^c = \frac{(c\rho_c)^c \rho_c}{c!(1-\rho_c)^2} P_0^c$$

（3）在系统中的平均服务需求数（系统的期望值）

$$L_s^c = L_q^c + c\rho_c$$

（4）服务需求在队列中的等待时间的期望值

$$W_q^c = \frac{L_q^c}{\lambda} = \frac{(c\rho_c)^c \rho_c}{c!(1-\rho_c)^2 \lambda} P_0^c$$

（5）在系统中服务需求逗留时间的期望值

$$W_s^c = W_q^c + \frac{1}{\mu} = \frac{L_q^c}{\lambda} + \frac{1}{\mu} = \frac{L_q^c + c\left(\frac{\lambda}{c\mu}\right)}{\lambda} = \frac{L_s^c}{\lambda}$$

**例 3-1**　某超市为客户提供收银服务，现开启一个服务台，客户平均到达速度为 1.2 位/分钟，完成每项服务的平均时间为 0.8 分钟。试分析该系统的性能指标。

**解**

基本因素：$\lambda = 1.2$，$\mu = \dfrac{1}{0.8} = 1.25$。

（1）设备利用率：$\rho = \dfrac{\lambda}{\mu} = \dfrac{1.2}{1.25} = 0.96$。

（2）系统期望值：$L_s = \dfrac{1.2}{1.25-1.2} = 24$。

（3）队列长度的期望值：$L_q = \rho L_s = 0.96 \times 24 = 23.04$。

（4）客户等待时间的期望值：$W_q = \dfrac{0.96}{1.25-1.2} = 19.2$。

（5）客户在系统中的逗留时间的期望值：$W_s = W_q + \dfrac{1}{\mu} = 19.2 + 0.8 = 20$。

# 本 章 小 结

本章首先对排队系统的基本定义进行了介绍，然后给出了几个排队系统的基本概念，包括到达模式、服务机构、排队规则、排队模型的表述方法。其次对排队系统所要用到的两种重要分布进行了仔细的描述，包括负指数分布和埃尔朗分布。最后根据排队系统的特征对排队系统进行了分类（单服务台 M/M/1 模型与多服务台 M/M/c 模型），对两种模型中的基本参数的定义以及公式进行了详细的介绍。

# 复习思考题

1. 试述队长和排队长，等待时间和逗留时间，忙期和闲期等概念及它们之间的联系与区别。

2. 某店有一个修理工人，顾客到达过程为泊松流，平均每小时 3 人，修理时间服从负指

数分布,平均需 19 分钟,求:

  (1)店内空闲的时间;

  (2)有 4 个顾客的概率;

  (3)至少有 1 个顾客的概率;

  (4)店内顾客的平均数;

  (5)等待服务的顾客数;

  (6)平均等待修理的时间。

  3. 某车站售票口,已知顾客到达率为每小时 200 人,售票员服务率为每小时 40 人,求:

  (1)工时利用率平均不能低于 60%;

  (2)若要顾客等待平均时间不超过 2 分钟,设几个窗口合适?

# 生产系统建模

系统建模就是对现实世界中的某一特定系统，根据问题的求解目标和约束条件，抽象出可以通过数学或软件方法求解的仿真与优化模型。系统建模首先需要分析和设计实际系统，接下来需要预测或预报实际系统的某些状态的未来发展趋势，最后再对系统实行最优控制。建模一般都需要经过对模型的准备、假设、构成、求解、分析、检验以及应用几个过程，通过抽象设计变量、构造目标函数（objective function）和约束条件以及设计求解方法等步骤。生产系统建立的模型有整数规划模型、线性规划模型、多目标模型、析取图模型等几类。

## 4.1 整数规划模型

整数规划问题是指其决策变量（decision variables）全部取整数值的规划问题，是一种组合优化问题，通常是一些离散性的事件所抽象的问题，是运筹学的一个分支。它通过数学方法去寻找离散事件的最优编排、分组、次序或筛选等，涉及信息技术、工业工程、通信网络、经济管理和交通运输等许多方面。其数学模型是

$$\min f(x)$$
$$\text{s. t.} \quad g(x) \geqslant 0$$
$$h(x) = 0$$
$$x \in D \text{ 且 } x \text{ 为整数}$$

这里，$D$ 是有限点集，是决策变量 $x$ 的定义域。0-1 整数规划是整数规划的特殊情形，它要求模型中的决策变量只能取值为 0 或 1。典型的背包问题或填充问题就是 0-1 整数规划问题。整数规划问题分为线性整数规划问题和非线性整数规划问题。目标函数和约束函数全部是线性时为线性规划问题；目标函数和约束函数至少有 1 个是非线性时为非线性规划问题。

**例 4-1** 0-1 背包问题（0-1 knapsack problem）

选择 $n$ 个不同价值和体积的物品装入容积为 $b$ 的背包，其中，第 $i$ 个物品单位体积为 $a_i$，单位价值为 $c_i$。问：如何选装可以使装入背包中的价值最大？

**解** 设 $x_i (i=1,2,\cdots,n)$ 表示第 $i$ 个物品是否被选装的决策变量，$x_i=0$ 表示第 $i$ 个物品不被选装，$x_i=1$ 表示第 $i$ 个物品被选装，则目标函数为 $\sum\limits_{i=1}^{n} c_i x_i$；受背包容积的约束，即

$\sum\limits_{i=1}^{n} a_i x_i \leqslant b$，故其数学模型为

$$\max_{x_i} \sum_{i=1}^{n} c_i x_i$$

$$\text{s. t.} \quad \sum_{i=1}^{n} a_i x_i \leqslant b$$

$$x_i \in \{0,1\}, \quad i = 1, 2, \cdots, n$$

求解该模型得到 $x_i, i = 1, 2, \cdots, n$ 就可得到选装方案。显然，这里的有限点集 $D = \{0,1\}^n$ 是决策变量 $x_i, i = 1, 2, \cdots, n$ 的定义域。

**例 4-2**　装箱问题（bin packing problem）或填充问题

有若干个尺寸为 1 的箱子，怎样用最少的箱子装下 $n$ 个尺寸不超过 1 的物品，这些物品尺寸的集合为 $\{a_1, a_2, \cdots, a_n\}$。

**解**　设 $M$ 为装下全部物品需要的箱子的个数，$x_{ij} = \begin{cases} 1, & \text{第 } i \text{ 个物品装在第 } j \text{ 个箱子} \\ 0, & \text{第 } i \text{ 个物品不装在第 } j \text{ 个箱子} \end{cases}$

为决策变量，$i = 1, 2, \cdots, n; \; j = 1, 2, \cdots, M$，则可建立如下模型：

$$\min_{x_{ij}} M$$

$$\text{s. t.} \quad \sum_{j=1}^{M} x_{ij} = 1, \quad i = 1, 2, \cdots, n$$

$$\sum_{i=1}^{n} a_i x_{ij} \leqslant 1, \quad j = 1, 2, \cdots, M$$

$$x_{ij} \in \{0,1\}, \quad i = 1, 2, \cdots, n; \; j = 1, 2, \cdots, M$$

这里，第一个约束表示每个物品必须装到某个箱子里，第二个约束表示每个箱子装入的物品尺寸之和不能超过箱子的尺寸 1。

**例 4-3**　指派问题

有 $n$ 项任务，由 $n$ 个人来完成，每个人只能做一件，第 $i$ 个人完成第 $j$ 项任务要 $c_{ij}$ 个小时，如何合理安排时间才能使总用时最少？

**解**　设状态变量为 $x_{ij}$，其值为 1 表示派第 $i$ 个人完成第 $j$ 项任务，为 0 表示不派第 $i$ 个人完成第 $j$ 项任务，则总用时为 $f = \sum\limits_{i=1}^{n} \sum\limits_{j=1}^{n} c_{ij} x_{ij}$。可得到指派问题的规划模型为

$$\min_{x_{ij}} f = \sum_{i=1}^{n} \sum_{j=1}^{n} c_{ij} x_{ij}$$

$$\text{s. t.} \quad \sum_{i=1}^{n} x_{ij} = 1, \quad j = 1, 2, \cdots, n$$

$$\sum_{j=1}^{n} x_{ij} = 1, \quad i = 1, 2, \cdots, n$$

$$x_{ij} \in \{0,1\}, \quad i, j = 1, 2, \cdots, n$$

这里的第一个约束条件指每项任务只指派给某个人去做，第二个约束条件指每个人只做一项任务。

**例 4-4　配置问题**

某车间每天可获得 50 个毛坯,车间里有两类加工设备,甲、乙分别可将毛坯加工成零件 $A_1$、$A_2$,以 1 个毛坯为原料,甲耗 12 小时加工 3 个 $A_1$,每个利润 24 元;乙耗 8 小时加工 4 个 $A_2$,每个利润 16 元。所有工人每天总工作时间为 480 小时,设备甲每天加工总数限制为 $A_1 \leqslant 100$。问:如何制订生产计划,使每天利润最大。

**解**　设每天有 $x_1$ 个毛坯生产 $A_1$,$x_2$ 个毛坯生产 $A_2$。依题意,甲每小时获利 6 元,每个毛坯获利 72 元;乙每小时获利 8 元,每个毛坯获利 64 元,则每天获利 $72x_1 + 64x_2$。考虑要受到毛坯总数、总工作时间以及设备甲加工总数的限制,可建立模型为

$$\max_{x_1, x_2} z = 72x_1 + 64x_2$$

$$\text{s.t.} \quad x_1 + x_2 \leqslant 50$$

$$12x_1 + 8x_2 \leqslant 480$$

$$3x_1 \leqslant 100$$

$$x_1 \geqslant 0, x_2 \geqslant 0, \quad \text{且为整数}$$

**例 4-5**　某汽车厂生产小、中、大三类汽车,各类汽车的制造资源消耗与每月制造资源供给量如表 4-1 所示,试制订每月的生产计划使利润最大。

表 4-1　汽车制造资源状况

| 项　　目 | 小　型 | 中　型 | 大　型 | 月　供　给 |
|---|---|---|---|---|
| 钢材/(吨/台) | 1.5 | 3 | 5 | 600 |
| 劳动时间/(小时/台) | 280 | 250 | 400 | 60000 |
| 利润/(万元/台) | 2 | 3 | 4 | |

**解**　设每月大、中、小型汽车的生产计划分别为 $x_1, x_2, x_3$ 辆。依题意,建立数学模型为

$$\max_{x_1, x_2, x_3} z = 2x_1 + 3x_2 + 4x_3$$

$$\text{s.t.} \quad 1.5x_1 + 3x_2 + 5x_3 \leqslant 600$$

$$280x_1 + 250x_2 + 400x_3 \leqslant 60000$$

$$x_1, x_2, x_3 \geqslant 0, \quad \text{且为整数}$$

**例 4-6　资源分配问题**

生产炊事用具需要两种资源——劳动力和原材料,某公司制订生产计划,生产 A、B、C 三种不同的产品,生产管理部门提供的数据如表 4-2 所示。

表 4-2　资源分配数据

| 项　　目 | A | B | C |
|---|---|---|---|
| 劳动力/(小时/件) | 7 | 3 | 6 |
| 原材料/(千克/件) | 4 | 4 | 5 |
| 利润/(元/件) | 4 | 2 | 3 |

每日可使用的劳动力为 150 小时,每日供应原材料 200 千克,试建立线性规划模型,使总收益最大。

**解**　用 $x_1$、$x_2$、$x_3$ 分别表示 A、B、C 三种产品的日产量,建立模型为

$$\max_{x_i,1\leqslant i\leqslant 3} z=4x_1+2x_2+3x_3$$

$$\text{s. t.}\quad 7x_1+3x_2+6x_3\leqslant 150$$

$$4x_1+4x_2+5x_3\leqslant 200$$

$$x_i\geqslant 0,\quad \text{且为整数}$$

**例 4-7**　一家广告公司想在电视、广播上做广告,其目的是尽可能多地招徕顾客,表 4-3 是调查结果。

**表 4-3　广告公司调查数据**

| 项　　目 | 电视 | | 广播 | 杂志 |
|---|---|---|---|---|
| | 白天 | 最佳时间 | | |
| 一次广告费用/千元 | 40 | 75 | 30 | 15 |
| 受每次广告影响的顾客数/千人 | 400 | 900 | 500 | 200 |
| 受每次广告影响的女顾客数/千人 | 300 | 400 | 200 | 100 |

这家公司希望广告费用不超过 800 千元,还要求:①至少要有 200 万名妇女收看广告;②电视广告费用不超过 500 千元;③电视广告白天至少播出 3 次,最佳时间至少播出 2 次;④通过广播、杂志做的广告要重复 5~10 次。试建立数学模型使招揽的顾客数最多。

**解**　令 $x_1$、$x_2$、$x_3$ 和 $x_4$ 分别表示白天的电视、最佳时间的电视、广播和杂志的广告次数,则

$$\max_{x_i,1\leqslant i\leqslant 4} z=400x_1+900x_2+500x_3+200x_4$$

$$\text{s. t.}\quad 40x_1+75x_2+30x_3+15x_4\leqslant 800$$

$$300x_1+400x_2+200x_3+100x_4\geqslant 2000$$

$$40x_1+75x_2\leqslant 500$$

$$x_1\geqslant 3,x_2\geqslant 2,5\leqslant x_3\leqslant 10,5\leqslant x_4\leqslant 10$$

$$x_i \text{ 为整数},\quad i=1,2,3,4$$

**例 4-8**　分配问题

某钢厂两个炼钢炉同时各用一种方法炼钢。第一种方法每炉用 $a$ 小时,第二种用 $b$ 小时(包括清炉时间)。假定这两种炼法每炉出钢都是 $k$ 千克,而炼 1 千克钢的平均燃料费第一种方法为 $m$ 元,第二种方法为 $n$ 元。若要求在 $c$ 小时内炼钢千克数不少于 $d$,试列出燃料费最省的两种方法的分配方案的数学模型。

**解**　设用第一种炼法炼钢 $x_1$ 炉,第二种炼法炼钢 $x_2$ 炉,则建立数学模型为

$$\min_{x_1,x_2} z=k(mx_1+nx_2)$$

$$\text{s. t.}\quad ax_1\leqslant c$$

$$bx_2\leqslant c$$

$$k(x_1+x_2)\geqslant d$$

$$x_1,x_2\geqslant 0,\text{且为整数}$$

**例 4-9** 排班问题

某个中型的百货商场要求售货人员每周工作 5 天,连续休息 2 天,工资 200 元/周,已知对售货人员的需求经过统计分析如表 4-4 所示,问如何安排可使配备销售人员的总费用最少?

表 4-4　售货人员需求

| 时间 | 星期一 | 星期二 | 星期三 | 星期四 | 星期五 | 星期六 | 星期日 |
|---|---|---|---|---|---|---|---|
| 所需售货员人数 | 18 | 15 | 12 | 16 | 19 | 14 | 12 |
| 开始休息的人数 | $x_1$ | $x_2$ | $x_3$ | $x_4$ | $x_5$ | $x_6$ | $x_7$ |

**解**　排班问题中使配备销售人员的总费用最低的方法是安排尽可能少的人员休息,以便充分利用人力。设决策变量如表 4-4 所示,可建立如下数学模型。

$$\min_{x_i,1\leqslant i\leqslant 7} Z = 200\sum_{i=1}^{7} x_i$$

$$\text{s.t.}\begin{cases}
x_2 + x_3 + x_4 + x_5 + x_6 \geqslant 18 \\
x_3 + x_4 + x_5 + x_6 + x_7 \geqslant 15 \\
x_4 + x_5 + x_6 + x_7 + x_1 \geqslant 12 \\
x_5 + x_6 + x_7 + x_1 + x_2 \geqslant 16 \\
x_6 + x_7 + x_1 + x_2 + x_3 \geqslant 19 \\
x_7 + x_1 + x_2 + x_3 + x_4 \geqslant 14 \\
x_1 + x_2 + x_3 + x_4 + x_5 \geqslant 12 \\
x_i \geqslant 0 \text{ 为整数}, \quad 1\leqslant i\leqslant 7
\end{cases}$$

**例 4-10**　设某工厂有甲乙丙丁四个车间,生产 A、B、C、D、E、F 六种产品。根据机床性能和以前的生产情况,得知每单位产品所需车间的工作小时数、每个车间在一个季度工作小时的上限以及单位产品的利润如表 4-5 所示(例如,生产一个单位的 A 产品需要甲乙丙三个车间分别工作 1 小时、2 小时和 4 小时)。问:每种产品每季度各应该生产多少才能使这个工厂利润达到最大?

表 4-5　车间的工作小时数、上限及利润

| 车间＼产品 | A | B | C | D | E | F | 每个车间一个季度工作小时的上限 |
|---|---|---|---|---|---|---|---|
| 甲 | 1 | 1 | 1 | 3 | 2 | 3 | 500 |
| 乙 | 2 | | 5 | 5 | | | 500 |
| 丙 | 4 | 2 | | | 5 | | 500 |
| 丁 | | 3 | 4 | 2 | 1 | 4 | 500 |
| 利润/百元 | 4.0 | 2.4 | 5.5 | 5.0 | 4.5 | 8.5 | |

**解**　设每季度生产 A、B、C、D、E、F 六种产品分别为 $x_j$ 个单位,$j=1,2,\cdots,6$,则其数学模型为

$$\max_{x} z = c^{\mathrm{T}}x = \sum_{j=1}^{6} c_j x_j$$

$$\text{s.t.}\quad \sum_{j=1}^{6} a_{ij}x_j \leqslant b_i, \quad i=1,2,3,4$$

$$0 \leqslant x_j \leqslant \frac{b_i}{\max\limits_{1 \leqslant i \leqslant 4} a_{ij}}, \quad 且为整数, j = 1, 2, \cdots, 6$$

这里 $c = (c_j)_{6 \times 1} = [4.0 \quad 2.4 \quad 5.5 \quad 5.0 \quad 4.5 \quad 8.5]^T$，$A = (a_{ij})_{4 \times 6} =$

$\begin{bmatrix} 1 & 1 & 1 & 3 & 2 & 3 \\ 2 & 0 & 5 & 5 & 0 & 0 \\ 4 & 2 & 0 & 0 & 5 & 0 \\ 0 & 3 & 4 & 2 & 1 & 4 \end{bmatrix}$，$b = (b_i)_{4 \times 1} = [500 \quad 500 \quad 500 \quad 500]^T$。第二个约束表示每种产品生

产的数量不能超过单位消耗时间最长的车间生产量。

**例 4-11**　某工厂在计划期内要安排生产 Ⅰ 和 Ⅱ 两种产品，已知生产单位产品所需的设备台时及 A、B 两种原材料的消耗，如表 4-6 所示。

**表 4-6　生产单位产品所需的设备台时及 A、B 两种原材料的消耗**

| 项　　目 | Ⅰ | Ⅱ | 最大消耗 |
|---|---|---|---|
| 设备/台时 | 1 | 2 | 8 |
| 原材料 A/千克 | 4 | 0 | 16 |
| 原材料 B/千克 | 0 | 4 | 12 |

该工厂每生产一件产品 Ⅰ 可获利 2 元，每生产一件产品 Ⅱ 可获利 3 元。问：应如何安排计划使该工厂获利最多？

**解**　设生产产品 Ⅰ 和 Ⅱ 分别为 $x_1$、$x_2$ 件，则可建立模型为

$$\max_{x_1, x_2} z = 2x_1 + 3x_2$$

$$\text{s. t.} \quad x_1 + 2x_2 \leqslant 8$$
$$4x_1 \leqslant 16$$
$$4x_2 \leqslant 12$$
$$x_1, x_2 \geqslant 0, \quad 且为整数$$

# 4.2　线性规划模型

线性规划问题是目标函数和约束条件均为线性函数的问题，目前已经广泛应用于军事、经济、工业、农业、教育、商业和社会科学等许多方面。其数学模型是

$$\min_{x \in D} f(x)$$

$$\text{s. t.} \quad g(x) \geqslant 0$$
$$h(x) = 0$$

这里，$f(x)$、$g(x)$ 和 $h(x)$ 均是线性函数，$x$ 是决策变量，$D$ 是 $x$ 的定义域。

**例 4-12**　生产计划的最优化问题

某工厂生产 A 和 B 两种产品，它们需要经过三种设备的加工，其工时如表 4-7 所示。设备一、二、三每天可使用的时间分别不超过 12、10、8 小时。产品 A 和 B 的利润随市场的需求有所波动。如果预测未来某个时期内 A 和 B 的利润分别为 4 千元/吨与 3 千元/吨，问：在该时期内，每天应安排产品 A、B 各多少吨，才能使工厂获利最大？

表 4-7　生产产品工时

| 产　品 | 设备一 | 设备二 | 设备三 |
|---|---|---|---|
| A/(小时/吨) | 3 | 3 | 4 |
| B/(小时/吨) | 4 | 3 | 2 |
| 设备每天最多可工作时数/小时 | 12 | 10 | 8 |

**解**　设每天应安排生产产品 A 和 B 分别为 $x_1$、$x_2$ 吨，由题意建立下面的数学模型：

$$\max_{x_1,x_2 \geqslant 0} z = 4x_1 + 3x_2$$

$$\text{s. t.}\quad 3x_1 + 4x_2 \leqslant 12$$
$$3x_1 + 3x_2 \leqslant 10$$
$$4x_1 + 2x_2 \leqslant 8$$

**例 4-13**　分配问题

有甲、乙、丙、丁四个居民区，A、B、C 三个水库。各居民区的基本用水量（单位：吨）为 30、70、10、10，这些必须得到保证。A、B、C 每天固定供水量（单位：吨）为 50、60、50。除基本供水量外，四个居民区最多可额外申请用量（单位：吨）为 50、70、20、40。各水库与居民区之间的运输成本如表 4-8 所示。

表 4-8　各水库与居民区之间的运输成本　　　　　　　　　　　　　元/吨

| 水　　库 | 甲 | 乙 | 丙 | 丁 |
|---|---|---|---|---|
| A | 160 | 130 | 220 | 170 |
| B | 140 | 130 | 190 | 150 |
| C | 190 | 200 | 230 | — |

问：怎样设计方案使供水获利最大？

**解**　由于水的成本是相同的，不同的是运输成本，因此，可将获利最大的问题转换成运输成本最小的问题。设 $x_{ij}$ 表示第 $i$ 个水库向 $j$ 居民区的送水量，则其数学模型为

$$\min_{x_{ij} \geqslant 0} z = 160x_{11} + 130x_{12} + 220x_{13} + 170x_{14} + 140x_{21} + 130x_{22} +$$

$$190x_{23} + 150x_{24} + 190x_{31} + 200x_{32} + 230x_{33}$$

$$\text{s. t.}\quad x_{11} + x_{12} + x_{13} + x_{14} = 50$$
$$x_{21} + x_{22} + x_{23} + x_{24} = 60$$
$$x_{31} + x_{32} + x_{33} = 50$$
$$30 \leqslant x_{11} + x_{21} + x_{31} \leqslant 80$$
$$70 \leqslant x_{12} + x_{22} + x_{32} \leqslant 140$$
$$10 \leqslant x_{13} + x_{23} + x_{33} \leqslant 30$$
$$10 \leqslant x_{14} + x_{24} \leqslant 50$$

**例 4-14**　装载问题

货运飞机有前舱、中舱、后舱，装载四类可任意形状包装的粉末状货物，为保持飞行平衡，货舱装入货物的分配必须与容量限重成正比，如表 4-9 所示。各类货物的总质量、密度及单位利润如表 4-10 所示。

表 4-9　货舱质量配比与容积

| 项　　目 | 前　　舱 | 中　　舱 | 后　　舱 |
|---|---|---|---|
| 限重/吨 | 10 | 16 | 8 |
| 容积/立方米 | 6800 | 8700 | 5300 |

表 4-10　货物属性

| 货物类别 | 总质量/吨 | 密度/(立方米/吨) | 单位利润/(元/吨) |
|---|---|---|---|
| $A_1$ | 18 | 480 | 3100 |
| $A_2$ | 15 | 650 | 3800 |
| $A_3$ | 23 | 580 | 3500 |
| $A_4$ | 12 | 390 | 2850 |

问：如何设计装载方案，能使获利最大？

**解**　设 $x_{ij}$ 表示第 $i$ 种货物装入第 $j$ 舱的质量 $i=1,2,3,4$；$j=1,2,3$。装载获得最大利润，则

$$\max_{x_{ij}\geqslant 0} z = 3100(x_{11}+x_{12}+x_{13}) + 3800(x_{21}+x_{22}+x_{23}) +$$

$$3500(x_{31}+x_{32}+x_{33}) + 2850(x_{41}+x_{42}+x_{43})$$

另外，装载受货重的限制，故有约束

$$x_{11}+x_{12}+x_{13} \leqslant 18$$

$$x_{21}+x_{22}+x_{23} \leqslant 15$$

$$x_{31}+x_{32}+x_{33} \leqslant 23$$

$$x_{41}+x_{42}+x_{43} \leqslant 12$$

还要受到货舱容量的约束

$$x_{11}+x_{21}+x_{31}+x_{41} \leqslant 10$$

$$x_{12}+x_{22}+x_{32}+x_{42} \leqslant 16$$

$$x_{13}+x_{23}+x_{33}+x_{43} \leqslant 8$$

以及货舱容积的约束

$$480x_{11}+650x_{21}+580x_{31}+390x_{41} \leqslant 6800$$

$$480x_{12}+650x_{22}+580x_{32}+390x_{42} \leqslant 8700$$

$$480x_{13}+650x_{23}+580x_{33}+390x_{43} \leqslant 5300$$

最后，飞机还要保持平衡，故

$$\frac{x_{11}+x_{21}+x_{31}+x_{41}}{10} = \frac{x_{12}+x_{22}+x_{32}+x_{42}}{16} = \frac{x_{13}+x_{23}+x_{33}+x_{43}}{8}$$

以上目标函数和约束条件的组合就是所要建立的完整的数学模型。

**例 4-15**　投资问题

某单位有一批资金用于四个工程项目的投资，用于各工程项目时所得到的净收益（投入资金的百分比）如表 4-11 所示。

表 4-11　工程项目收益（投入资金的百分比）

| 工程项目 | A | B | C | D |
|---|---|---|---|---|
| 收益/% | 15 | 10 | 8 | 12 |

由于某种原因，决定用于项目 A 的投资不大于其他各项投资之和；而用于项目 B 和 C 的投资要大于项目 D 的投资。试确定使该单位收益最大的投资分配方案。

**解**　用 $x_1$、$x_2$、$x_3$ 和 $x_4$ 分别代表用于项目 A、B、C 和 D 的投资百分数，由于各项目的投资百分数之和必须等于 100%，所以

$$x_1 + x_2 + x_3 + x_4 = 1$$

据题意，可以建立下面的数学模型：

$$\max_{x_i \geqslant 0, 1 \leqslant i \leqslant 4} z = 0.15x_1 + 0.1x_2 + 0.08x_3 + 0.12x_4$$

$$\text{s. t.} \quad x_1 - x_2 - x_3 - x_4 \leqslant 0$$
$$x_2 + x_3 - x_4 \geqslant 0$$
$$x_1 + x_2 + x_3 + x_4 = 1$$

**例 4-16**　分配问题

某豆腐店用黄豆制作两种不同口感的豆腐出售。制作口感较嫩滑的豆腐每千克需要 0.3 千克一级黄豆及 0.5 千克二级黄豆，售价 10 元；制作口感较厚实的豆腐每千克需要 0.4 千克一级黄豆及 0.2 千克二级黄豆，售价 5 元。现该豆腐店购入 9 千克一级黄豆和 8 千克二级黄豆。问：应如何安排制作计划才能获得最大收益？

**解**　设制作口感较嫩滑和较厚实的豆腐分别为 $x_1$、$x_2$ 千克，则该问题的数学模型为

$$\max_{x_1, x_2 \geqslant 0} z = 10x_1 + 5x_2$$

$$\text{s. t.} \quad 0.3x_1 + 0.4x_2 \leqslant 9$$
$$0.5x_1 + 0.2x_2 \leqslant 8$$

**例 4-17**　运输问题

要从甲城调出蔬菜 2000 吨，从乙城调出蔬菜 2500 吨，从丙调出蔬菜 3000 吨，分别供应 A 地 2000 吨，B 地 2300 吨，C 地 1800 吨，D 地 1400 吨，已知每吨运费如表 4-12 所示。

表 4-12　每 吨 运 费

| 地　区 | A | B | C | D |
|---|---|---|---|---|
| 甲 | 21 | 27 | 13 | 40 |
| 乙 | 45 | 51 | 37 | 20 |
| 丙 | 32 | 35 | 20 | 30 |

问：如何调拨才能使运费最省？

**解**　设 $x_{ij}$ 表示从 $i$ 城调出蔬菜供应 $j$ 地的数量（吨），$i=1,2,3$；$j=1,2,3,4$，$a_{ij}$ 表示从 $i$ 城调出的蔬菜供应 $j$ 地的每吨运费，$b_i$ 表示从 $i$ 城调出的蔬菜吨数，$c_j$ 表示供应 $j$ 地的蔬菜吨数，则建立的数学模型为

$$\min_{x_{ij}} z = \sum_{i=1}^{3} \sum_{j=1}^{4} a_{ij} x_{ij}$$

$$\text{s. t.} \quad \sum_{j=1}^{4} x_{ij} = b_i, \quad i = 1, 2, 3$$

$$\sum_{i=1}^{3} x_{ij} = c_j, \quad j = 1, 2, 3, 4$$

$$x_{ij} \geqslant 0, \quad i = 1, 2, 3; \ j = 1, 2, 3, 4$$

$$x_{ij} \leqslant \min(b_i, c_j), \quad i = 1, 2, 3; \ j = 1, 2, 3, 4$$

# 4.3　多目标模型

现实中,许多问题的优化目标并非一个,这样的同时需要满足多个优化目标的问题就称为多目标问题。

**例 4-18**　某工厂生产两种产品 A 和 B,每件产品 A 需制造工时与装配工时分别是 1 小时和 1.25 小时,每件产品 B 需制造工时与装配工时分别为 1 小时和 0.75 小时,每月制造车间和装配车间能够提供的最多工时均为 200 小时。另外,每月市场对产品 A 需求量很大,而对产品 B 的最大需求量为 150 件,产品 A 与产品 B 的售价分别为 4 元和 5 元,问如何安排每月的生产才能最大限度地满足市场需求并产值最大。

**解**　令产品 A 和 B 的件数分别为 $x_1$ 和 $x_2$,则数学模型为

$$\max_{x} f_1(x) = 4x_1 + 5x_2$$

$$\max_{x} f_2(x) = x_1$$

$$\text{s. t.} \quad 200 - x_1 - x_2 \geqslant 0$$

$$200 - 1.25x_1 - 0.75x_2 \geqslant 0$$

$$150 - x_2 \geqslant 0$$

$$x_1, x_2 \geqslant 0, \quad \text{且为整数}$$

**例 4-19**　投资问题

某公司在一段时间内有 $a$ 亿元的资金可用于建厂投资。若可供选择的项目有 $m$ 个,而且一旦对第 $i$ 个项目投资就用去 $a_i$ 亿元;而这段时间内可得收益 $c_i$ 亿元。问如何确定最佳的投资方案。

**解**　求解最佳的投资方案就是寻求投资最少但收益最大的项目。为此,令 $x_i$ 表示是否要对第 $i$ 个项目投资,是为 1,否为 0,故所建立的数学模型为

$$\min_{x_i, 1 \leqslant i \leqslant m} f_1 = \sum_{i=1}^{m} a_i x_i \quad （投资最少）$$

$$\max_{x_i, 1 \leqslant i \leqslant m} f_2 = \sum_{i=1}^{m} c_i x_i \quad （收益最大）$$

$$\text{s. t.} \quad \sum_{i=1}^{m} a_i x_i \leqslant a$$

$$x_i(1 - x_i) = 0, \quad i = 1, 2, \cdots, m$$

**注意**：第二个约束条件等价于 $x_i = 1$ 或 $0, i = 1, 2, \cdots, m$。

**例 4-20**　裁切问题

某钢管厂进货原料钢管长度均为 19 米，现有一客户需要 50 根 4 米钢管、20 根 6 米钢管，15 根 8 米钢管。问：如何下料最省？

**解**　列出所有切割模式，如表 4-13 所示。

表 4-13　所有切割模式　　　　　　　　　　　　　　　　　根

| 模　式 | 4 米钢管 | 6 米钢管 | 8 米钢管 | 余　料 |
|:---:|:---:|:---:|:---:|:---:|
| 1 | 4 | 0 | 0 | 3 |
| 2 | 3 | 1 | 0 | 1 |
| 3 | 2 | 0 | 1 | 3 |
| 4 | 1 | 2 | 0 | 3 |
| 5 | 1 | 1 | 1 | 1 |
| 6 | 0 | 3 | 0 | 1 |
| 7 | 0 | 0 | 2 | 3 |

设决策变量 $x_i$ 为按第 $i$ 种模式切割的根数。可以分别按以下两个目标来决定决策目标。

目标 1：使余料最少，即 $\min\limits_{x_i, 1 \leqslant i \leqslant 7} z_1 = 3x_1 + x_2 + 3x_3 + 3x_4 + x_5 + x_6 + 3x_7$。

目标 2：使用原材料根数最少，即 $\min\limits_{x_i, 1 \leqslant i \leqslant 7} z_2 = x_1 + x_2 + x_3 + x_4 + x_5 + x_6 + x_7$。

约束条件为

$$4x_1 + 3x_2 + 2x_3 + x_4 + x_5 \geqslant 50$$
$$x_2 + 2x_4 + x_5 + 3x_6 \geqslant 20$$
$$x_3 + x_5 + 2x_7 \geqslant 15$$
$$x_i \geqslant 0, \quad 且为整数, i = 1, 2, \cdots, 7$$

# 4.4　析取图模型

求解作业车间调度问题（job-shop scheduling problem，JSP）时，除了可以建成常用的整数规划、线性或非线性规划模型外，还可以建成析取图模型。析取图是一个有向图，图的节点分为两类，一类由工件的工序组成，另一类虚拟节点包括虚头节点以及虚尾节点，这两个虚拟节点代表的虚拟工序的加工时间为 0。析取图的边分为三类：第一类是由同一工件上相邻的两个工序节点构成的连接边，由先加工的工序指向后加工的工序，边的长度为先加工工序的加工时间长度；第二类是由同一台机器上的工序节点形成的析取边，这些节点两两构成一对析取边，分别由一个工序节点指向另一个工序节点，边的长度为边的出发点的加工时间长度；第三类是连接虚拟节点和工序节点的虚拟边。根据上述描述，对于 $n$ 个工件、$m$ 台机器（共 $N$ 个操作）（$n \times m$）的 JSP，析取图一般定义为 $G = (V, A, E)$，其中，$V$ 为节点集合，表示由图的节点构成的集合，是所有操作构成的顶点集，包括 0 和 $N+1$ 两个虚拟操作

（表示加工的开始和结束）；A 为合取弧，表示由工件上相邻的工序构成的连接边的集合，为 $n$ 条子边构成的边集，子边（实线单向箭头）表示某工件按约束条件在所有机器上从开始到结束的加工路径，是同一工件的加工顺行方向；E 为析取弧，表示由机器上的工序构成的析取边的集合，是 $m$ 条子边构成的弧集，子弧（虚线双向箭头）表示同一台机器上的加工各操作的连接。G 中每个边的权值为其所对应起点操作的加工时间。

图 4-1 给出了一个 3 个工件在 3 台机器上加工，共有 8 个工序的实例。集合 $V=\{0,1,2,3,4,5,6,7,8,9\}$ 中的节点表示工序序列，其中 0 节点和 9 节点是虚拟工序，表示作业的开始和结束；集合 $A=\{(1,2),(2,3),(4,5),(6,7),(7,8)\}$ 中单连弧表示工件的工序加工顺序约束，工件 1 的加工顺序为 $(1,2,3)$，工件 2 的加工顺序为 $(4,5)$，工件 3 的加工顺序为 $(6,7,8)$；集合 $E=\{(1,5),(1,7),(5,7),(2,4),(2,6),(4,6),(3,8)\}$ 中双向弧表示同一台机器的工序加工约束，它们之间并没有加工顺序约束。集合可按每台机器分解成 $E=E_1\cup E_2\cup\cdots\cup E_m$，子集 $E_1=\{(1,5),(1,7),(5,7)\}$ 中双向析取弧表示在机器上进行加工的工序，其他类似。图中节点对应工序，有向边对应工件中的工序约束条件，边上的数字为加工时间。

析取图是描述 JSP 的常用工具，用析取图表示 JSP 时，最后一道完成的工序的结束时间与有向图的最长路径的长度相同。因此，JSP 的求解目标就转换为寻求一个完全选择路径 S，使该完全选择确定的有向图的关键路径长度最短，即确定集合 E 中每个无向弧的一个方向使最终得到的图为非循环图，使连接开始节点和终点节点弧的权重之和的最大值达到最小，即加工时间最少。图 4-2 就是一个以有向图表示的可行调度，在图中三台机器上加工顺序为 $\{(1,5,7),(2,6,4),(8,3)\}$。

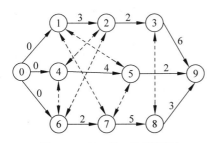

图 4-1　3×3 的 JSP 析取图

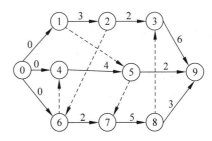

图 4-2　3×3 的 JSP 析取图的可行调度

# 本 章 小 结

本章通过大量的案例对生产系统的几种模型进行了详细的介绍，其中包括整数规划模型、线性规划模型、多目标模型以及析取图模型。整数规划模型中给出了几个经典案例，如装箱问题、指派问题、配置问题等。线性规划问题在我们生活中处处可见，常见的有最优化问题和成本问题。多目标模型是最贴近实际情况的，因为有许多问题的优化目标并非一个，常见的有裁切问题与投资问题。而析取图模型不同于其他三个模型，它不需要建立数学模型，常用于作业车间调度问题。

# 复习思考题

1. 某糖果厂要用三种原料 A、B、C 混合调配出三种不同牌号的糖果产品甲、乙、丙，数据如表 4-14 所示。问：该如何安排生产，使利润收入为最大。

表 4-14　糖果生产情况表

| 产　品 | 甲 | 乙 | 丙 | 原料成本/(元/千克) | 每天限制量/千克 |
|---|---|---|---|---|---|
| A | 57% | 32% | — | 65 | 100 |
| B | 18% | 46% | — | 25 | 100 |
| C | — | — | — | 35 | 60 |
| 售价/(元/千克) | 50 | 35 | 25 | — | — |

2. 某投资公司在第 1 年年初有 100 万元资金，每年都有如下的投资方案：第 1 年（今年）年初投入一笔资金，第 2 年（明年）年初又继续投入此资金的 50%，那么到第 3 年（后年）年初就可回收第 1 年年初投入资金的两倍。问：该投资公司如何确定投资策略才能使公司在第 6 年年初所拥有的资金最多？

3. 某公司在今后 5 年内考虑给下列项目投资，已知：

项目 A：从第 1 年到第 4 年每年年初需要投资，并于次年回收本利 115%，但要求第一年投资最低金额为 4 万元，第 2、3、4 年不限。

项目 B：第 3 年初需要投资，到第 5 年末能回收本利 128%，但规定最低投资金额为 3 万元，最高金额为 5 万元。

项目 C：第 2 年初需要投资，到第 5 年末能回收本利 140%，但规定其投资额或为 2 万元，或为 4 万元，或为 6 万元，或为 8 万元。

项目 D：5 年内每年年初可购买公债，于当年归还，并加利息 6%，此项投资金额不限。

该部门现有资金 10 万元，问：它应如何确定给这些项目每年投资额，使到第五年末拥有的资金本利总额为最大？

# 面向生产系统的仿真软件

## 5.1 仿真语言与仿真软件的发展

系统仿真语言与仿真软件的发展，可以概括为六个阶段。

**1. 探索阶段（1955—1960 年）**

这一时期的仿真一般由 FORTRAN 或其他通用编程语言来实现，缺乏专业仿真程序的支持。为促进仿真技术的发展，人们在探索统一概念和开发可重用历程等方面付出了巨大的努力。

**2. 仿真语言出现阶段（1961—1965 年）**

这一时期出现了大量仿真编程语言，如基于 FORTRAN 的软件包（如 SIMSCRIPT 和 GASP）、由 ALGOL 派生的 SIMULA 以及 GPSS 等。

**3. 仿真语言形成阶段（1966—1970 年）**

许多仿真编程语言在这一时期变得日益成熟和完善，并且得到了更加广泛的应用。例如，伴随着硬件的飞速发展和用户需求的不断变化，GPSS 经历了重要的修订；SIMSCRIPT Ⅱ 的出现，代表了仿真编程语言的重要发展；SIMULA 增加了类和继承的概念，成为现代面向对象编程语言的先驱等。

**4. 仿真语言发展阶段（1971—1978 年）**

在这一时期，GPSS 得到了进一步的发展，相继推出了 GPSS/NORDEN 和 GPSS/H 等新的版本。前者提供了一个交互式、可视化的在线环境；而后者增加了包括交互式调试器等在内的新特性后，成为目前应用的 GPSS 标准版本。此后推出的 GASP Ⅳ，在事件调度策略之外增加了对活动扫描策略的支持。在发展仿真语言的同时，人们还努力简化仿真建模的过程。例如通过 SIMULA，人们开始尝试从高级用户的视角来进行系统定义的开发，以便能够将其自动翻译成一个可执行的模型。

**5. 仿真语言巩固和改进阶段（1979—1986 年）**

在这一时期，一些比较有影响力的仿真编程语言在保持自身基本结构的情况下扩展到可在许多计算机和微处理器上实现。由 GASP 派生的 SLAM Ⅱ（simulation language for alternative modeling Ⅱ）和 SIMAN 则是第一种可以在计算机及 MS DOS 系统下运行的主流仿真语言。它采用时间调度法，基于 FORTRAN 语言提供了一个 FORTRAN 子程序集，既具有通用的建模能力，又具有在某些方面类似于 SLAM 和 GPSS 的块图组件。

### 6. 仿真集成环境阶段（1987 年至今）

在这一时期，仿真编程语言在个人计算机上得到了迅速的发展，并出现了具有输入数据分析器和输出结果分析器等模块以及图形化用户界面与动画等多种可视化工具的仿真集成环境。一些软件还试图通过使用进程流或块图等来简化建模的过程。此外，智能化建模技术、基于 Web 的仿真、智能化结果分析与优化技术等也成为仿真软件发展的一个重要趋势。许多仿真软件还提供了二次开发工具及开放性程序接口以增强软件的适用性。

综合来说，可以将用于仿真模型开发的软件概括为三大类型：第一类是通用编程语言，如 C、C++ 和 Java 等；第二类是仿真语言，如 GPSS/H 和 SIMAN V 和 SLAM Ⅱ 等；第三类是仿真环境。

## 5.2　常用生产系统仿真软件介绍

近年来，计算机仿真作为一种生产决策工具已经在很多国内外企业得到了大量的应用。同时，由于信息技术的高速发展，市场上出现了一些专门用于仿真生产系统的商业仿真软件，在功能和易用性方面有了很大的提高与完善，从而也推动了计算机仿真在生产决策中的广泛应用。人们用软件仿真生产系统的目的一般是提升生产系统的资源利用率、提高系统产能、降低库存、消除瓶颈、缩短生产周期以及其他系统指标的改善。

当前，应用较为广泛的商业仿真软件主要有英国 Lanner 公司开发的 Witness、美国 Systems Modeling 公司开发的 Arena、美国 FlexSim Software Products 公司开发的 FlexSim、美国 Brooks Automation 公司开发的 AutoMod、美国 Imagine That 公司开发的 ExtendSim、美国 ProModel 公司开发的 ProModel，以色列 Tecnomatix 公司开发的 eM-Plant（SIMPLE++）等。下面将对几种常用仿真软件做一概要性的介绍。

### 1. Witness

Witness 是由英国 Lanner 公司开发的一款功能强大的仿真软件系统，既可以应用于离散事件系统的仿真，又可以应用于连续流体（如液压、化工和水力等）系统的仿真，应用领域包括汽车工业、化学工业、运输业、电子、食品、造纸、财务、银行、航空及政府部门等。Witness 软件的主要特点如下。

1）面向对象的交互式建模机制

Witness 提供了大量的模型元素和逻辑控制元素。前者如加工中心、传送设备和缓冲存储装置等；后者如流程的倒班机制以及事件发生的时间序列等。用户可以很方便地通过使用这些模型元素和逻辑控制元素建立起工业系统运行的逻辑描述。在整个建模与仿真过程中，用户可以根据不同阶段的仿真结果随时对仿真模型进行修改，如添加和删除必要的模型元素，在修改完毕后仿真模型将继续运行，不需要重新返回到仿真的初始时刻。

2）直观、可视化的现实仿真和仿真结果输出

Witness 提供了非常直观的动画展示，在仿真模型运行的过程中，可以实时地用动画显示出仿真系统的运行过程，并以报表、曲线图和直方图等形式将仿真结果实时地输出，以辅助建模和系统分析。

3）灵活的输入/输出方式

Witness 提供了与其他系统相集成的功能，如直接读写 Excel 表，与 ODBC（开放数据库互连）数据库驱动相连接以及输入描述建模元素外观的 CAD（计算机辅助设计）图形文件等，可方便地实现与其他软件系统的数据共享。

4）强大的建模功能和灵活的执行策略

Witness 提供了 30 多种系统建模元素以及丰富的模型运行规则和属性描述函数库，允许用户定制自己领域中的一些独特的建模元素并能够通过交互式界面定义各种系统执行的策略，如排队优先级和物料发送规则等。目前，Witness 代表最新一代仿真软件的水平。

### 2．Arena

Arena 是由美国 Systems Modeling 公司于 1993 年研制开发并推出的基于仿真语言 SIMAN 及可视化环境 CINEMA 的可视化及交互集成式的商业化仿真软件，目前属于美国 Rockwell Software 公司。Arena 在仿真领域具有较高的声誉，其应用范围十分广泛，覆盖了包括生产制造过程、物流系统及服务系统等在内的几乎所有领域。Arena 软件的主要特点如下。

1）可视化柔性建模

Arena 将仿真编程语言和仿真机器的优点有机地整合起来，采用面向对象技术，并具有完整的层次化体系结构，保证了其易于使用和建模灵活的特点。在 Arena 中，对象是构成仿真模型的最基本元素。由于对象具有封装和继承的特点，仿真模型具有模块化特征和层次化的结构。

2）输入/输出分析器技术

Arena 提供了专门的输入/输出分析器来辅助用户进行数据输入和输出处理的预加工，有助于保证仿真质量和效果。输入分析器能够根据输入数据来拟合概率分布函数，进行参数估计，并评估拟合的程度，以便从中选择最为合适的分布函数。输出分析器提供了方便易用的用户界面，以帮助用户简便、快捷地查看和分析输出数据。

3）定制与集成

Arena 与 Windows 系统完全兼容，通过采用对象连接与嵌入（OLE）技术，Arena 可以使用 Windows 系统下的相关应用程序的文件和函数。例如，将 Word 文档或 AutoCAD 图形文件加载到 Arena 模型中，对 Arena 对象进行标记以便作为 Visual Basic for Application（VBA）中的标志等。此外，Arena 还提供了与通用编程语言的接口，用户可以使用 C++、Visual Basic 或 Java 等编程语言，或者通过 Arena 内嵌的 VBA 编写代码来灵活地定制个性化的仿真环境。

### 3. FlexSim

FlexSim 的前身是 TAYLOR，是由美国 FlexSim Software Products 公司推出的一款

主要用于对生产制造、物料处理、物流、交通和管理等离散事件系统进行仿真的软件产品。该软件提供了输入数据拟合与建模、图形化的模型构建、虚拟现实显示、仿真结果优化以及生成 3D 动画影像文件等功能，并提供了衔接其他工具软件的接口。FlexSim 软件采用面向对象编程和 Open GL 技术，具有如下几个突出的特点。

1）使用对象来构建真实世界的仿真模型

用户利用鼠标的拖放操作就能够确定对象在模型窗口中的位置，根据模型的逻辑关系进行连接，然后设定不同对象的属性。同时，用户还可以根据自己行业和领域的特点对系统提供的对象进行扩展来构建自己的对象库。

2）突出自己的 3D 图形显示功能

用户可以在 FlexSim 中直接导入 3D Studio、VRML、DFX 以及 STL 等图形类型，根据内置的虚拟现实浏览窗口来添加光源、雾以及虚拟和现实立体技术等。借助 Open GL 技术，FlexSim 还提供了对 ADS、WRL、DXF 和 STL 等文件格式的支持，帮助用户建立逼真的仿真模型，从而有助于仿真模型直观上的认识和仿真模型的验证。此外，FlexSim 还提供 AVI（音频视频交错格式）录制器来快速生成 AVI 文件。

3）开放性好、扩张性强

FlexSim 提供了与外部软件的接口，用户可以通过 ODBC 与外部数据库相连，通过 Socket 接口与外部硬件设备相连等，并且可以与 Microsoft Excel 和 Visio 等软件配合使用。除此之外，用户还可以通过建立定制对象，利用 C++ 语言创建、定制和修改对象，控制对象的行为活动，甚至可以完全将其当作一个 C++ 语言的开发平台来开发特定的仿真应用程序。

### 4．AutoMod

AutoMod 是由美国 Brooks Automation 公司推出的一款主要应用于离散事件系统 3D 的比较成熟的软件，它由仿真包 AutoMod，用于试验和分析的 AutoStat 模块，用于制作内置 3D（三维）动画的 AutoView 模块以及一些辅助模块组成。AutoMod 适用于大规模复杂系统的计划、决策及控制实验，主要面向各类制造和物料储运系统的建模与仿真，并可借助其 Tanks 和 Pipes 等模块，提供对液体和散装材料流等连续系统建模与仿真的支持。AutoMod 软件的主要特点如下。

1）采用内置的模板技术

AutoMod 提供了物流及制造系统中常用的多种建模元素，如各类运载工具、传送带、堆垛机、仓库和自动化仓储系统（AS/RS）等，用来快速地构建各类生产系统的仿真模型。

2）具有强大的统计分析工具

在用户定义测量和实验标准的基础上，AutoStat 模块能够自动对 AutoMod 仿真模型进行统计分析，得到诸如生产成本和设备利用率等各类数据及相关图表。

3）提供了灵活的动态场景显示方式

用户通过 AutoView 模块可以实现对场景的定义和摄影机的移动，产生高质量的 AVI 格式动画文件，并且还可以对视图进行缩放或者平移等操作，或使用摄影机对某一个物体（如叉车或托盘）的移动进行跟踪等。

### 5. ExtendSim

ExtendSim 是 Extend 的升级版本,是由美国 Imagine That 公司开发的一款通用仿真平台。它基于 Windows 操作系统,采用 C 语言开发,可用于对离散事件系统和连续系统的仿真。它包含当代仿真软件必须包含的特色:可以重复使用的建模模块、终端用户界面开发工具、灵活的自定义报告图表生成机制和与其他应用系统集成的方法。此外,它还包含一个基于消息传递的仿真引擎,提供一种迅速的模型运行机制和灵活的建模机制。ExtendSim 的模块可以很容易地搭建并组合在一起,这一点使该软件在众多行业得到广泛认可,主要的应用领域包括半导体电子行业、计算机和通信行业、工业系统、汽车和航空运输、零售业、石油化工和医药、咨询业以及学校和科研机构等。其形象的动画、有效的调试工具和建模的透明性能够帮助我们校验、确认模型。采用该软件建模的透明性可以使建模者非常容易地看到模型是怎样运行的。这里包括:交互式的模型运行方法,能够显示模块和其他模块之间相互关系的交互式调试工具。开放的源程序能够使建模者看到模型运行的每一个细节,包括事件触发、资源分配,甚至还可以更细微到每个事件的时间分配是如何解决的,这些工具缩短了确认模型所需的时间。建模者通过拖拉的方法可以非常容易地创建完全交互式的界面模块,这些模块被保存到自己创建的模块库中,在将来任何建模的过程中都可以重复使用。ExtendSim 提供了 1000 多个系统函数,可以实现和数据库、Excel 和其他数据源的集成,充分利用 Windows 操作系统的资源,可以和 Delphi、C++ Builder、Visual Basic、Visual C++代码链接。

ExtendSim 具有许多独特的特点和功能,这些特点包括交互性、重复使用性、规模性、可视性、连接性、可扩展性等,并得到了第三方开发的支持,这使建模者能够把精力集中在建模的过程中,并且迅速地建立起容易理解和沟通的模型。

### 6. ProModel

ProModel 仿真软件系统是美国 ProModel 公司开发的一款用于仿真各种生产系统的离散事件仿真软件系统,是美国和欧洲使用最广泛的仿真系统软件之一,它可以构造多种生产、物流和服务系统模型。ProModel 软件基于 Windows 操作系统,使用标准的 Windows 图形用户界面(GUI)、具有 Windows 系统的所有特征,如标准用户界面、多任务内嵌打印驱动和鼠标操作等。ProModel 兼容多种图片格式,如 BMP(位图)、PCX(PC Painbrush Exchange)、WMF(Windows Metafile)和 GIF(图形交换格式)等格式。这些格式的图片都可导入作为模型的背景图案,为用户提供图形化交互界面。ProModel 和电子表格中的数据可无缝连接,能从电子表格中直接读入数据,并且能同步得到更新,可以把模型的输入数据存为一个文本文件。使用不同方案的输入文件就可以对同一模型进行不同方案的试验,当然,模型的其他数据也可存为文本文件。

ProModel 采用基于规则的决策逻辑,能够准确地建立系统配置和运行过程模型对系统的动态及随机特性进行分析,采用图形化用户界面,并向用户提供人性化的操作环境,提供二维和三维建模及动态仿真环境场景。用户根据需求,利用键盘或鼠标选择所需的建模元素就可以建立仿真模型。在定义系统的输入输出、作业流程和运行逻辑时,该软件提供了多种手段,既可以借助参数或利用条件变量进行弹性调整,也可以利用程序语言实现控制,从而改变系统的设置和运行逻辑,对制造和物流系统的人员、机器、物料、夹具、机器手、输送带等动态建模元素设定速度、加速度、容量、运作顺序、方向等属性。

此外,ProModel 软件还提供 SimRunner 模块。SimRunner 具有基于进化算法(evolutionary algorithm)的优化功能,用户可以利用 ProModel 提供的宏指令输入元素和目标函数。SimRunner 根据输入元素及其边界条件寻求目标函数的最大值或最小值或实现用户指定的目标值,优化输出报告包括目标函数的均值、置信区间以及输入变量的取值等。采用 ProModel 软件进行仿真时,SimRunner 主要用于描述系统运作的各个方面——何时、何地、如何、做什么、怎么做的任务等,用于解答管理者关于需要多少工具和操作工、生产线的生产能力是多少、生产中的瓶颈是什么、工作流程的平衡度如何、工作站的最佳布局是怎样的等管理方案问题。ProModel 的功能主要用于仿真离散事件系统,其时间分辨率可达到0.01 小时到 0.0001 秒这个范围,这样极大地提升了仿真的精度。ProModel 主要应用于仿真各种制造系统,如制造系统资源利用率评估、车间生产能力规划、库存控制、系统瓶颈分析、加工车间、传输设备、输送线、大规模制造系统、组装线、柔性制造系统、吊装系统、准时制造系统、看板系统、车间布局规划、产品生产周期分析、生产排程分析、精益制造方案验证、6$\sigma$项目等。ProModel 也能仿真各种服务系统,如医院、联络中心、存储系统、交通系统、货仓操作、运输系统、百货公司、食品杂货店、信息系统、客户服务管理系统、供应链和库存优化、持续改进、新产品介绍、流程培训以及其他经营和服务系统等。

ProModel 是一个功能非常强大的生产决策工具,在各种生产想法、方案实施前以及在还没有投入资金、设备或其他资料前就能用它来给这些方案建立仿真模型,以便能对各方案的生产策略和方法进行比较与选择。其主要原因是 ProModel 能仿真原有系统并准确预测出优化系统的绩效,对各种方案进行 what-if 分析后选择出这些方案中的最优方案。ProModel 软件的主要特点是易于使用、界面直观,使用逼真的动画显示、各种分析报表以及优化功能,帮助用户更快地找到最佳的运作方案。

### 7. Em-Plant(SIMPLE++)

Em-Plant(SIMPLE++)是由以色列 Tecnomatix 公司开发的一款大型的商业化制造系统建模与仿真软件,它基于面向对象的思想,提供了与生产系统相关的大量模型库和丰富的仿真控制策略。在 Em-Plant(SIMPLE++)环境下,用户可以实现对生产系统的各项性能指标的分析和优化,如生产率、在制品水平、设备利用率、工人负荷情况和物流顺畅程度等。Em-Plant(SIMPLE++)软件的主要特点有:面向对象的技术;建模和仿真的图形化和集成的用户环境;面向应用的库包括基本对象和应用对象等。表 5-1 是对以上几个软件在易学性、过程适应性、连续处理、图形处理以及价格等方面的比较,以期软件使用者参考。在表 5-1 中,用 A、B、C、D 分别表示由高到低的等级。

表 5-1　各种仿真工具的比较

| 仿真软件 | 易学性 | 过程适应性 | 连续处理 | 图形处理 | 价格 |
| --- | --- | --- | --- | --- | --- |
| Witness | C | A | C | B | D |
| Arena | D | A | C | A | C |
| FlexSim | B | C | D | B | B |

续表

| 仿 真 软 件 | 易学性 | 过程适应性 | 连续处理 | 图形处理 | 价格 |
| --- | --- | --- | --- | --- | --- |
| AutoMod | C | A | C | A | D |
| ProModel | B | B | D | B | D |
| ExtendSim | B | B | A | B | A |
| Em-Plant | C | C | D | C | E |

除上述产品之外,在生产系统中常用的其他仿真软件还有 NetLogo、Simul8、Quest 以及 Matlab/Simulink 等。在实际的应用中,需要结合建模与仿真分析的目的、仿真运行的环境要求、供应商支持和产品文档等具体情况,并考虑各类仿真软件的自身特点与功能来进行合适的选择。

# 5.3    ProModel 软件在生产系统中的仿真应用

## 5.3.1    ProModel 的基本仿真元素

ProModel 的基本要素有四个: Entities(实体)、Locations(场所)、Arrivals(到达)、Processing/Routing(加工/选路)。其他还有 path network(路径)、Resources(资源)等十几个元素。

### 1. Entities(实体)

模型要加工处理的任何事物都称为"实体",不同的实体具有独特的特性,如成本、外形、优先权、质量、条件等,实体可以是人类或生命体,医院里就诊的病人,银行或商店里的客户等;也可以是无生命体,如工厂中的原材料、产品等。

### 2. Locations(场所)

"场所"是指对实体进行处理、停留、存储或进行决策等活动的系统中某个固定地方。有时候我们需要一个场所去放置原材料、半成品、成品等,有时候我们需要场所对材料或半成品进行处理,这就需要在模型中创建一个 Location,即"场所"。

### 3. Arrivals(到达)

"到达"是用来定义实体如何进入模型的机制。实体可以成批进入,也可以单个进入模型,每一次进行的实体数量称为批量,用 Qty Each 来表述,相邻两次实体进入系统的时间称为间隔时间,用 Frequency 来表述,进入模型的实体总数,用 Occurrences 来表述,第一次进入系统的时间,用 First time 来表述。

### 4. Processing/Routing(加工/选路)

Processing/Routing 描述了在某一场所上对实体进行的加工操作,可定义实体在这一场所上花费的时间,完成处理所需的资源,以及实体如何选择要到达的下一个场所,在

ProModel 中 Processing 的定义是构建模型中最难处理的,也是最关键、最重要的一个环节。

## 5.3.2  ProModel 的建模方法和步骤

ProModel 是集运筹学、生产运作管理、概率统计、系统动力学等理论和方法于一体的一个集成仿真软件包,能为系统的优化提供及时准确的支持决策。但是在支持决策之前必须建立模型,在选择适宜的应用领域和合适的工具及参与的人员后,仿真研究就可以开始了。仿真研究其实也是一个项目,要运用项目管理、系统工程方法的基本原则和方法来指导仿真项目的完成。应用 ProModel 进行仿真研究时,一般应遵循以下步骤。

**1. 仿真计划(planning the study)**

许多不成功的仿真项目之所以失败,大多是因为没有在开始计划好,没有明确的目标、不切实际的期望、缺乏对需求的了解。进行仿真计划时,一定要明确地确定出仿真项目的目标、范围、要求、预算、时间表等,形成一个详尽的仿真计划书。

**2. 定义系统(defining the system)**

通过分析仿真需求,收集和分析、确认各种数据,并做出一些假设,形成一个概念模型。

**3. 构建模型(building the model)**

一旦获得足够的信息,就可以构建系统的仿真模型,把概念模型转换成计算机模型,最后完成模型的确认、校验,形成一个能仿真系统的正确模型。

**4. 运行模型(conducting experiments)**

根据仿真定义,设置重复仿真次数及其他相关运行参数,就可进行模型运行,结果的输出由软件自动完成。

**5. 分析输出(analyzing the output)**

根据对仿真输出的分析,做出方案决策。在这里一定要注意仿真模型的有效性与模型结果的统计显著性之间的平衡,这对于能否成功应用仿真结果非常重要。

**6. 呈报结果(presenting the results)**

根据分析的结果,做出对系统优化的建议,并且与整个仿真的过程合并在一起,形成书面报告送达到决策者手里,为决策者的科学决策提供支持。

ProModel 仿真研究的过程是一个反复修订、反复精练、循环反复的过程,如图 5-1 所示。

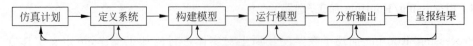

图 5-1  应用 ProModel 进行仿真研究的基本步骤

## 5.3.3　应用案例

A 工厂是中国南方一家专为外商做贴牌生产的工厂,生意做得非常好,但今年公司遇到了非常大的麻烦。虽然今年工厂也接到了国外同样的订单,但现在国外的客户对工厂生产的要求越来越严格。例如要求产品的质量越来越高、交货期也越来越短,而且不能拖延,否则就扣抵押金,最让工厂头疼的是外商不愿工厂成为"血汗工厂"而担受骂名,造成销售出现问题,而要求该工厂工人每周的工作时间由 60 小时减少至 48 小时,不希望工人加班时间过长,但要求的交货期却没有改变。按照工厂的原有生产效率是无法在交货期规定的时间内完成订单的,提高工厂的产能是工厂主迫在眉睫的事情。

工厂主和管理者召开了多次会议来解决这个问题。工厂如果不能找到在原有资源配置的情况下提高产能的办法,将只能面临以下三种选择。

### 1. 取消订单

取消订单可以减少由于订单无法完成而需支付违约金所带来的损失,但会导致工厂资源闲置,工厂也会损失惨重。

### 2. 雇用更多工人,轮班生产

由于现在雇用训练有素的技术工人很难,只能雇用一部分,其他大部分只能是普通工人。这样一部分工人操作不熟练,会使机器损害和产品质量降低而导致整个工厂生产停顿的现象发生的频率增多。同时,雇用 1 倍的工人将会使工厂的运营成本增加约87%,这会使工厂净利润大大降低甚至亏损,而且工人现在也非常难招,其工资也上涨了不少。

### 3. 更新机器

更新工厂一些老旧的机器来提高产能是一个看上去比较好的想法,但工厂主还是犹豫。因为去年就买了一台性能非常好的机器,但并没对产能的提高起到多大的作用,而且由于安装及调试等前期准备工作耽误了很多时间,为此赶工了很长时间。更新一台设备投资非常大,而且外商订单的产品更新非常快,工艺也常有变换,投资一台新设备风险很大,同时还要对新机器操作进行培训、安装、维护等,费用将会增加。

工厂主也很难下定决心如何选择。虽然通过与外商的谈判得到了两个月的过渡期,以便让工人加班来完成这两个月的订单,但是,工厂主也为这两个月日益微薄的利润和日益上涨的成本而发愁,急需找到这三种选择外的第四种方案来解决当前及以后的问题。

工厂的主要问题是无法在外商规定交货期内完成任务,原因主要是不让工人加班时间过长,从每周 60 小时减少到 48 小时,也就是工作时间减少了 12 小时(是 48 小时的25%)。如果在不增加其他资源的情况下,工厂只有每周提高 25% 的产能才能完成订单任务。这也就意味着工厂优化的底线是必须提高产能 25% 以上。同时,与外商谈判取得了两个月的过渡期,即让员工加班完成订单任务到让员工在 48 小时完成订单任务的过渡时间。

从以上分析可知,系统生产率能在不到两个月的时间提高 25% 以上并且所需的费用以及所增加的运营费用不超过全年利润的 25% 是工厂所能接受的底线。因为这样不仅能保证工厂主的利润不比去年低,还能保证工厂继续接受外商的订单,让企业生存发展下去。

公司生产产品的流程由 7 道工序组成,只生产一种类型的产品(多品种也可进行分析),具体如图 5-2 所示。

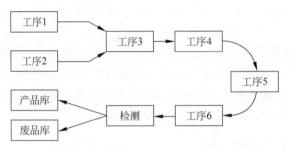

图 5-2　工厂 A 生产产品的流程

通过所获得的资料可知:该工厂用两种原材料来生产产品。每天早上 8:00 以前,这两种原材料分别由两家供应商运送到工厂生产线的原料区 1、原料区 2,运送量各为 50 个(量由工厂确定),并且在下午上班时也会运来一批。原材料 1、原材料 2 分别在工序 1、工序 2 完成加工操作,被分别送到缓冲区 1 和缓冲区 2,所需时间(包括取料、加工、卸料时间)都服从正态分布,分别为 $N(3,2)$、$N(5,0.5)$。工序 3 把缓冲区 1、缓冲区 2 的 1 个原材料 1 和 1 个原材料 2 组装成一个"组件",并把它放到缓冲区 3,所需时间服从一个正态分布 $N(5,0.5)$。组件再经过工序 4、工序 5、工序 6 的加工处理,被送到各自的后续缓冲,各自的加工时间分别服从 $U(3,1.2)$、$U(3.2,1)$、$U(5.5,3)$ 三个均匀分布。最后一道工序是检测,检测工序把由缓冲送来的组件进行检测,所需时间是服从一个 $U(4,1)$ 的均匀分布。根据以往资料的分析与经验,大约有 1% 的废品被检测到,合格产品被送到产品区。工厂 A 各个工序的加工时间如表 5-2 所示。

表 5-2　工厂 A 各个工序的加工时间

| 场所 | 工序 1 | 工序 2 | 工序 3 | 工序 4 | 工序 5 | 工序 6 | 检测 |
|---|---|---|---|---|---|---|---|
| 加工时间 | $N(3,2)$ | $N(5,0.5)$ | $N(5,0.5)$ | $U(3,1.2)$ | $U(3.2,1)$ | $U(5.5,3)$ | $U(4,1)$ |

**解**

**1. 构建仿真模型,分析系统**

(1) 经过细心的筛选、分析,获得构建模型所需的数据,开始用 ProModel 来构建仿真模型。定义设置的工厂 A 的布局图,如图 5-3 所示。

(2) 定义设置 17 个场所,其中定义 4 个接收区(原料区 1、原料区 2、废品区、成品区)、7 道工序和 6 个缓冲区,如图 5-4 所示。

(3) 定义设置 3 个实体:原材料 1、原材料 2、组件,如图 5-5 所示。

(4) 定义设置原材料 1、原材料 2 两个实体的到达,如图 5-6 所示。

(5) 定义设置工厂 A 的加工与选路逻辑,如图 5-7 所示。

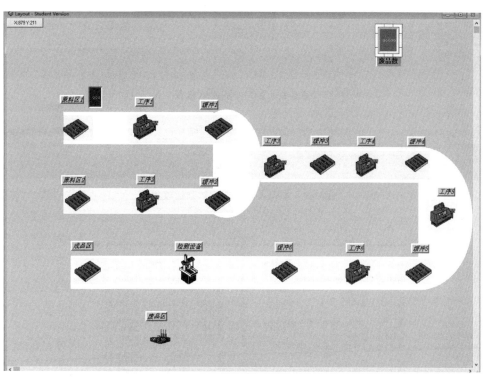

图 5-3　工厂 A 的仿真布局

| Icon | Name | Cap. | Units | DTs... | Stats | Rules... |
|---|---|---|---|---|---|---|
|  | 原料区1 | inf | 1 | None | Time Series | Oldest |
|  | 工序1 | 1 | 1 | None | Time Series | Oldest |
|  | 缓冲1 | inf | 1 | None | Time Series | Oldest |
|  | 工序2 | 1 | 1 | None | Time Series | Oldest |
|  | 原料区2 | inf | 1 | None | Time Series | Oldest |
|  | 缓冲2 | inf | 1 | None | Time Series | Oldest |
|  | 工序3 | 1 | 1 | None | Time Series | Oldest |
|  | 缓冲3 | inf | 1 | None | Time Series | Oldest |
|  | 工序4 | 1 | 1 | None | Time Series | Oldest |
|  | 缓冲4 | inf | 1 | None | Time Series | Oldest |
|  | 工序5 | 1 | 1 | None | Time Series | Oldest |
|  | 缓冲5 | inf | 1 | None | Time Series | Oldest |
|  | 工序6 | 1 | 1 | None | Time Series | Oldest |
|  | 缓冲6 | inf | 1 | None | Time Series | Oldest |
|  | 检测设备 | 1 | 1 | None | Time Series | Oldest |
|  | 成品区 | inf | 1 | None | Time Series | Oldest |
|  | 废品区 | 1 | 1 | None | Time Series | Oldest |
| 00 | Loc1 | INFINITE | 1 | None | Time Series | Oldest |
| 00 | Loc2 | INFINITE | 1 | None | Time Series | Oldest |

图 5-4　工厂 A 的场所设置

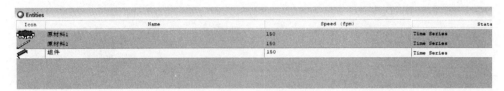

图 5-5　工厂 A 的实体设置

图 5-6　工厂 A 的两个实体到达设置

```
                                    Processing
******************************************************************************

                    Process                    Routing

Entity    Location  Operation       Blk  Output     Destination  Rule        Mov
------    --------  ---------       ---  ------     -----------  ----        ---

原材料2    原料区2                    1    原材料2     工序2        FIRST 1
原材料1    原料区1                    1    原材料1     工序1        FIRST 1
原材料1    工序1     wait N(3,2)      1    原材料1     缓冲1        FIRST 1
原材料2    工序2     wait N(5.5,0.5)  1    原材料2     缓冲2        FIRST 1
原材料1    缓冲1                      1    原材料1     工序3        JOIN 1
原材料2    缓冲2                      1    原材料2     工序3        FIRST 1
原材料2    工序3     join 1 原材料1
                    WAIT N(5,0.5)    1    组件        缓冲3        FIRST 1
组件      缓冲3                      1    组件        工序4        FIRST 1
组件      工序4     WAIT U(3,1.2)    1    组件        缓冲4        FIRST 1
组件      缓冲4                      1    组件        工序5        FIRST 1
组件      工序5     WAIT U(3.2,1)    1    组件        缓冲5        FIRST 1
组件      缓冲5                      1    组件        工序6        FIRST 1
组件      工序6     WAIT U(5.5,3)    1    组件        缓冲6        FIRST 1
组件      缓冲6                      1    组件        检测设备      FIRST 1
组件      检测设备   WAIT U(4,1)      1    组件        废品区        0.020000 1
                                         组件        成品区        0.980000
组件      成品区     IF clock(hr)>>4 then
                    WAIT <
                     inc 产品数
                    >              1    原材料1     EXIT        FIRST 1
组件      废品区     inc 废品数       1    组件        EXIT        FIRST 1
```

图 5-7　工厂 A 的加工与选路逻辑设置

最后,要对仿真模型的正确性、有效性进行校验与确认。由于有现实的工厂生产系统以及以往的生产记录,可以对比模型与现在的具体生产情况,或把生产记录输入模型中来比对以判断模型的正确性和有效性,这样就能比较容易地完成模型的校验与确认。

### 2. 运行仿真模型并分析仿真结果

由于该工厂的生产中断后,并不是从原始状态再开始,而是从中断后的状态出发,因此从仿真的角度,可以把工厂一周或一年的生产看作一个连续的生产过程。通过仿真试验,从仿真运行中产生的 6 道工序的利用率动态图(图 5-8)看出:大约 4 个小时后趋于稳定,因此,模型运行的预热时间(warmup time)应设置为 4 小时或更多。由于工厂 A 要由原来的每周工作 60 小时缩短到每周 48 小时,因此把原有系统仿真模型的运行时间 60 小时设置为新系统仿真模型的运行时间 48 小时,这样只需对比系统的产量就可很好地判断出改进后的新系统绩效是否能达到提高生产率的目标,同时把独立重复仿真试验的次数设置为 18 次,如图 5-9 所示。

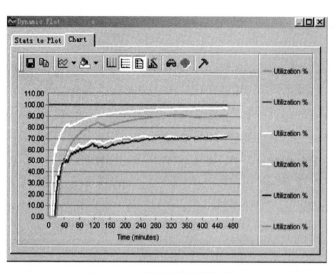

**图 5-8　6 道工序的利用率动态**

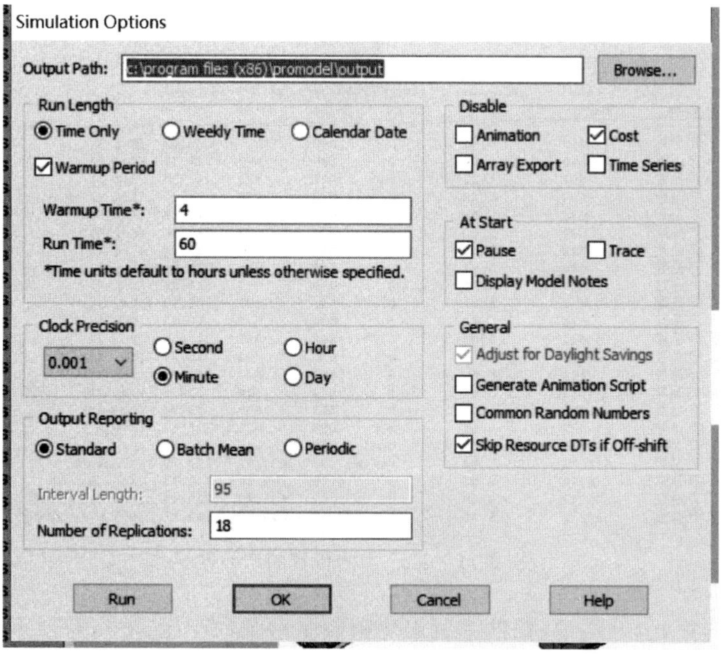

**图 5-9　仿真运行参数设置**

运行仿真,得出仿真结果,如图 5-10 和图 5-11 所示。

由图 5-10 可以看出,经过 18 次的独立重复试验,成品区在 60 小时所加工的平均实体数 (total entries)为 637.78,也就是说工厂在 60 小时内平均加工的实体(产品)数为 637.78 个。 再由图 5-11 可以看出,在模型中定义的变量产品数(系统加工完成的合格产品数)的当前值 (current value)的均值(average)为 637.77,标准差(Std.Dev.)为 4.7,服从一个正态分布且 95%置信区间为(635.43,640.12),这非常符合工厂的实际生产情况。由于工厂有 3 道工序 (工序 2、工序 6、工序 3)的利用率都达 90%以上,且下游缓冲区的库存基本没有,可以将其

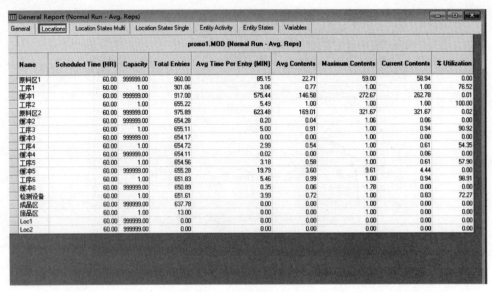

图 5-10　工厂 A 的仿真结果

| Variable Name | Total Changes | Average Minutes Per Change | Minimum Value | Maximum Value | Current Value | Average Value | |
|---|---|---|---|---|---|---|---|
| 产品数 | 640 | 5.61 | 0 | 640 | 640 | 320.02 | (Rep 1) |
| 产品数 | 640 | 5.62 | 0 | 640 | 640 | 318.79 | (Rep 2) |
| 产品数 | 627 | 5.73 | 0 | 627 | 627 | 315.33 | (Rep 3) |
| 产品数 | 638 | 5.63 | 0 | 638 | 638 | 317.75 | (Rep 4) |
| 产品数 | 633 | 5.68 | 0 | 633 | 633 | 316.34 | (Rep 5) |
| 产品数 | 639 | 5.63 | 0 | 639 | 639 | 320.00 | (Rep 6) |
| 产品数 | 648 | 5.55 | 0 | 648 | 648 | 322.82 | (Rep 7) |
| 产品数 | 634 | 5.67 | 0 | 634 | 634 | 314.95 | (Rep 8) |
| 产品数 | 634 | 5.66 | 0 | 634 | 634 | 314.91 | (Rep 9) |
| 产品数 | 637 | 5.65 | 0 | 637 | 637 | 320.28 | (Rep 10) |
| 产品数 | 636 | 5.64 | 0 | 636 | 636 | 316.83 | (Rep 11) |
| 产品数 | 642 | 5.60 | 0 | 642 | 642 | 317.50 | (Rep 12) |
| 产品数 | 634 | 5.67 | 0 | 634 | 634 | 315.47 | (Rep 13) |
| 产品数 | 640 | 5.62 | 0 | 640 | 640 | 318.49 | (Rep 14) |
| 产品数 | 644 | 5.58 | 0 | 644 | 644 | 323.6 | (Rep 15) |
| 产品数 | 635 | 5.66 | 0 | 635 | 635 | 313.34 | (Rep 16) |
| 产品数 | 639 | 5.62 | 0 | 639 | 639 | 316.61 | (Rep 17) |
| 产品数 | 640 | 5.62 | 0 | 640 | 640 | 317.06 | (Rep 18) |
| 产品数 | 637.77 | 5.64 | 0 | 637.77 | 637.77 | 317.78 | (Average) |
| 产品数 | 4.70 | 0.04 | 0 | 4.70 | 4.70 | 2.75 | (Std. Dev.) |
| 产品数 | 635.43 | 5.62 | 0 | 635.43 | 635.43 | 316.41 | (95% C.I. Low) |
| 产品数 | 640.12 | 5.66 | 0 | 640.12 | 640.12 | 319.15 | (95% C.I. High) |

图 5-11　工厂 A 的仿真的产品数

认定为系统的约束,也就是说,是这 3 道工序限制了系统的产出。

### 3. 制定方案

企业管理层通过与专家、中下层管理者、技术人员及相应员工沟通与协商,制定以下提升工厂生产效率的方案。

经过调查和工作研究分析,并查看机器说明资料和实践试验得知:工序 2 如果采用标准的操作程序,加工时间完全可以从平均 5.5 分钟降低到 4.2 分钟,甚至更低可达到 4 分钟,且标准差不变,引起的时间拖延是由于该操作工人未按照标准操作程序工作。工序 3 的机器性能低,可以通过单独给该工序更多的生产时间以满足下一道工序的需求,或可分包给其他工厂,从其他工厂定购该工序无法满足需求的那一部分在制品。工序 6 的机器也是生产效率不高，但由于该机器是刚更新过的新机器，为提高该工序的生产效率，可以启用新旧机器一起工作。

### 4. 构建新模型，验证方案

根据方案，在仿真模型中做出相应的修改：首先，把工序 2 的加工时间从 U(5.5,0.5) 改为 *U*(4.2,0.5)；其次，在工序 3 的下游缓冲中每隔 8 小时放入 18 个(这个数是工序 2 与工序 3 之间 8 小时内生产量的差)到达的组件，即表示可通过外包获得组件数；最后，在工序 6 旁边加入一个机器，设置其加工时间为 *U*(8,2)。具体的设置如图 5-12、图 5-13 和图 5-14 所示。

图 5-12　工厂 A 新仿真布局

Processing

| Entity | Location | Operation | Blk | Output | Destination | Rule | Move Logic |
|---|---|---|---|---|---|---|---|
| | | Process | | | Routing | | |
| 原材料2 | 原料区2 | | 1 | 原材料2 | 工序2 | FIRST 1 | |
| 原材料1 | 原料区1 | | 1 | 原材料1 | 工序1 | FIRST 1 | |
| 原材料1 | 工序1 | wait N(3,2) | 1 | 原材料1 | 缓冲1 | FIRST 1 | |
| 原材料2 | 工序2 | wait N(4.2,0.5) | 1 | 原材料2 | 缓冲2 | FIRST 1 | |
| 原材料1 | 缓冲1 | | 1 | 原材料1 | 工序3 | JOIN 1 | |
| 原材料2 | 缓冲2 | | 1 | 原材料2 | 工序3 | FIRST 1 | |
| 原材料2 | 工序3 | join 1 原材料1<br>WAIT N(5,0.5) | 1 | 组件 | 缓冲3 | FIRST 1 | |
| 组件 | 缓冲3 | | 1 | 组件 | 工序4 | FIRST 1 | |
| 组件 | 工序4 | WAIT U(3,1.2) | 1 | 组件 | 缓冲4 | FIRST 1 | |
| 组件 | 缓冲4 | | 1 | 组件 | 工序5 | FIRST 1 | |
| 组件 | 工序5 | WAIT U(3.2,1) | 1 | 组件 | 缓冲5 | FIRST 1 | |
| 组件 | 缓冲5 | | 1 | 组件 | 工序6 | FIRST 1 | |
| | | | | 组件 | 添加设备 | FIRST | |
| 组件 | 工序6 | WAIT U(5.5,3) | 1 | 组件 | 缓冲6 | FIRST 1 | |
| 组件 | 缓冲6 | | 1 | 组件 | 检测设备 | FIRST 1 | |
| 组件 | 检测设备 | WAIT U(4,1) | 1 | 组件 | 废品区 | 0.020000 1 | |
| | | | | 组件 | 成品区 | 0.980000 | |
| 组件 | 成品区 | IF clock(hr)>4 then<br>inc 产品数 | 1 | 原材料1 | EXIT | FIRST 1 | |
| 组件 | 废品区 | inc 废品数 | 1 | 组件 | EXIT | FIRST 1 | |
| 组件 | 添加设备 | wait U(8,2) | 1 | 组件 | 缓冲6 | FIRST 1 | |

图 5-13　工厂 A 的新加工与选路逻辑设置

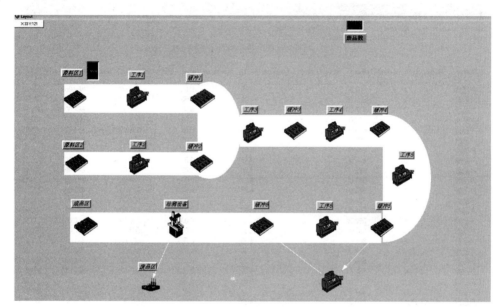

```
**********************************************************************
*                           Arrivals                               *
**********************************************************************

Entity    Location  Qty Each  First Time  Occurrences  Frequency  Logic

原材料1    原料区1    60        0           inf          240min
原材料2    原料区2    60        0           INF          240min
组件       缓冲3      18        0           INF          480
```

图 5-14　工厂 A 的三个实体到达的设置

仿真按照预热时间 4 小时、运行时间 48 小时、运行重复次数 18 次的设置进行模型仿真,仿真结果显示 48 小时生产系统生产的产品数服从一个正态分布 $N(667.67,5.84)$ 且 95％的置信区间为 $(664.76,670.57)$,如图 5-15 所示。

| Name | Replication | Total Changes | Avg Time Per Change [MIN] | Minimum Value | Maximum Value | Current Value | Avg Value |
|------|-------------|---------------|---------------------------|---------------|---------------|---------------|-----------|
| 产品数 | 1 | 662.00 | 4.35 | 0.00 | 662.00 | 662.00 | 330.34 |
| 产品数 | 2 | 669.00 | 4.30 | 0.00 | 669.00 | 669.00 | 332.95 |
| 产品数 | 3 | 667.00 | 4.31 | 0.00 | 667.00 | 667.00 | 333.84 |
| 产品数 | 4 | 668.00 | 4.31 | 0.00 | 668.00 | 668.00 | 333.90 |
| 产品数 | 5 | 664.00 | 4.33 | 0.00 | 664.00 | 664.00 | 329.16 |
| 产品数 | 6 | 659.00 | 4.37 | 0.00 | 659.00 | 659.00 | 328.50 |
| 产品数 | 7 | 674.00 | 4.27 | 0.00 | 674.00 | 674.00 | 334.89 |
| 产品数 | 8 | 675.00 | 4.27 | 0.00 | 675.00 | 675.00 | 333.57 |
| 产品数 | 9 | 669.00 | 4.30 | 0.00 | 669.00 | 669.00 | 334.16 |
| 产品数 | 10 | 681.00 | 4.23 | 0.00 | 681.00 | 681.00 | 338.05 |
| 产品数 | 11 | 673.00 | 4.28 | 0.00 | 673.00 | 673.00 | 333.85 |
| 产品数 | 12 | 672.00 | 4.28 | 0.00 | 672.00 | 672.00 | 333.52 |
| 产品数 | 13 | 664.00 | 4.33 | 0.00 | 664.00 | 664.00 | 332.68 |
| 产品数 | 14 | 668.00 | 4.31 | 0.00 | 668.00 | 668.00 | 333.35 |
| 产品数 | 15 | 667.00 | 4.31 | 0.00 | 667.00 | 667.00 | 330.51 |
| 产品数 | 16 | 661.00 | 4.35 | 0.00 | 661.00 | 661.00 | 328.84 |
| 产品数 | 17 | 659.00 | 4.36 | 0.00 | 659.00 | 659.00 | 332.90 |
| 产品数 | 18 | 666.00 | 4.32 | 0.00 | 666.00 | 666.00 | 332.27 |
| 产品数 | Avg | 667.67 | 4.31 | 0.00 | 667.67 | 667.67 | 332.63 |
| 产品数 | St. Dev. | 5.84 | 0.04 | 0.00 | 5.84 | 5.84 | 2.39 |
| 产品数 | 95% C.I. Low | 664.76 | 4.29 | 0.00 | 664.76 | 664.76 | 331.44 |
| 产品数 | 95% C.I. High | 670.57 | 4.33 | 0.00 | 670.57 | 670.57 | 333.82 |

图 5-15　工厂 A 的模型仿真结果

从上可知,实施方案后,生产系统在 48 小时的加工时间中所加工的平均产品数要远高于原系统 60 小时的加工量,系统完全可以在不增加大额的采购机器投资的条件下达到生产目标。这不仅给工厂带来了生机,使工厂主有信心实施此次方案,顺利完成外商订单,减少工人的劳动时间,而且也为今后工厂的生产决策提供了参考的案例。

## 5.4　NetLogo 软件及其在复杂离散事件的仿真设计

复杂系统是由大量相互作用的主体构成,各主体具有较完备的自主性,可通过感知、聚集、协同、反馈等过程,逐渐使整体涌现出各部分所不具备的集群行为。对复杂系统的离散事件建模仿真就需要借助多主体仿真软件,这是因为这类软件提供了较为完备的面向对象编程仿真环境,直接提供智能主体对象、环境对象、观测对象的程序框架,使仿真人员可以专心于系统性能分析,而不用过多关注软件的工程实施细节。NetLogo 是较为简单易用的轻量级多主体仿真环境,如图 5-16 所示。它是由 Uri Wilensky 在 1999 年发起,由连接学习和计算机建模中心程序员负责持续开发的软件系统。NetLogo 特别适合对随时间演化的复杂系统进行建模。建模人员能够向成百上千的独立运行的"主体"(agent)发出指令,这就使探究微观层面上的个体行为与宏观模式之间的联系成为可能,这些宏观模式是由许多个体之间的交互涌现出来的。如果利用 MATLAB 软件进行多主体建模仿真,将具有较大难度,所以本节以 NetLogo 为例,介绍复杂离散事件系统的仿真应用。

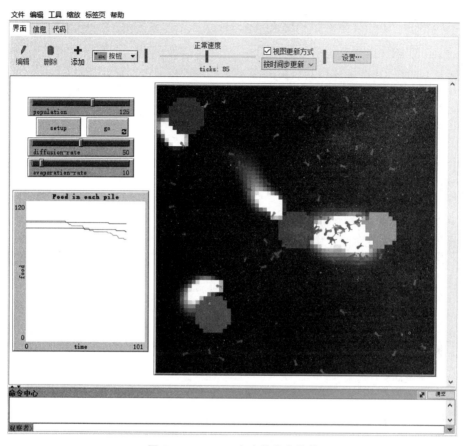

图 5-16　NetLogo 多主体仿真软件

## 5.4.1　NetLogo 多主体仿真软件介绍

NetLogo 是继承了 Logo 语言的一款编程开发平台,但它又改进了 Logo 语言只能控制单一个体的不足,它可以在建模中控制成千上万的个体,因此 NetLogo 建模能很好地模拟微观层面多主体的人为定义行为,使 NetLogo 适于自然和社会现象的建模与仿真,特别是模拟随时间发展的复杂系统。

NetLogo 的优点包括:轻便小巧,可以在 Web 上直接使用;简单易学,适合初学者;可以以文件声音、视频等多种形式输出内容;可以与 Mathematica 等相连接等。NetLogo 能较好地将计算机资源与动态系统相契合,如 CPU(中央处理器)计算资源对应时间动态、内存资源对应系统状态空间、数据资源对应系统轨迹、程序资源对应系统运行法则等。复杂系统仿真即多主体模拟(multi agents simulation,MAS)。多主体模拟是在计算机中构建大量虚拟的对象,即智能主体(Agents),为 Agent 和 Agent 之间建立交互规则的过程即复杂系统建模,观察并分析大量模拟 Agent 在虚拟环境中的互动所形成的宏观现象,从而得出仿真结论。例如人群疏散模拟,当发生大规模踩踏事件时,可以提前进行仿真演练,虚拟主体像人一样寻找出口,并在逃生的过程中与其他人互动,在虚拟环境中设计门的位置,将最优设计用于真实场馆建设。

## 5.4.2　NetLogo 仿真程序设计基础

NetLogo 适于多主体系统仿真的原因在于,其直接提供了一个通用的面向对象程序开发集成环境,该环境将多主体仿真所需的必要元素都进行了预定义,并提供了一个较好的程序框架体系,可高效地组织这些预制元素,如图 5-17 所示。

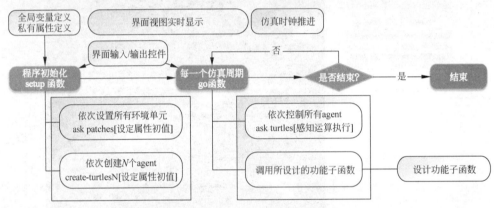

图 5-17　NetLogo 仿真程序框架

框架的核心是仿真周期循环,首先利用界面的 setup 按钮触发 setup 函数来初始化环境单元(NetLogo 称之为嵌块)、agent 模块(NetLogo 称之为海龟)以及仿真时钟,初始化工作还包括定义仿真的全局变量、嵌块的自定义属性以及海龟的自定义属性;然后利用界面的 go 按钮进入仿真循环的主模块 go 函数,该函数会依次深入控制嵌块集合、海龟集合调用各自内部对象的方法、自定义子函数来完成单体对象间的交互行为,即对特定对象的信息进行感知、通信,根据信息可以产生离散事件,再根据人工规则由事件确定执行的动作输出,更新系统时钟并实时显示本周期的仿真结果,然后开始新的时钟循环,直到在界面单击 go 按钮仿真结束。

NetLogo 仿真程序编写包括两部分:一是设计界面页,用于用户交互,包括输入、输出控件以及视图显示;二是代码页编程,用于编写系统的逻辑程序,其中界面页的交互控件如表 5-3 所示。

表 5-3　NetLogo 界面页的交互控件

| 图标 & 名字 | 描　　述 |
| --- | --- |
| ▾abc Button | 按钮为函数开关,可以按动实现关联函数运行,其可分为一次性和永久性两种。在"一次性"按钮上单击,关联函数仅执行一次。单击"永久性"按钮则不断重复执行关联函数,直到再次单击按钮 |

续表

| 图标 & 名字 | 描　　述 |
|---|---|
| Slider | 滑动条是数值全局变量,可以被所有主体访问。使用前需要先设置变量名字,然后定义最小值、最大值、增量和默认值 |
| Switch | 开关是布尔 true/false 全局变量输入。通过拨动开关,用户设置变量为 on(true) 或 off(false) |
| Input | 输入框是包含字符串或数值的全局变量。具有输入/输出双向功能,使用前需先设定全集变量名字,然后设定输入/输出变量的类型 |
| Monitor | 监视器显示任何表达式的值,表达式可以是变量、复杂表达式,或对报告器的调用,监视器每秒自动更新几次 |
| Plot | 绘图实时显示模型数据图形化。使用前需要设置图名称、图坐标、绘图笔,以及指定绘图更新函数 |
| Note | 注释用来为界面页添加信息型文本标签,模型运行过程中注释内容不变 |

　　界面页还提供滑动条来控制模型仿真运行的快慢,有较快、正常、较慢三挡速度,如图 5-18 中正常速度滑动条所示;下方的 ticks 即为系统时钟,一般以循环周期为单位,每次时钟变化可以调用绘图函数实时显示仿真变量趋势;视图是 NetLogo 定义世界的全局显示,即图 5-18 中黑色的矩形区域,其可实时更新所有仿真嵌块与海龟的状态,更新方式控件用于设定视图的更新方式,一个是连续更新,可以多次仿真周期更新一次,更新速度较快;另一个是按事件步更新,即每次 tick 变化更新,速度较慢。单击"设置…"按钮会出现 Model "Settings"对话框,该对话框可以设定仿真世界的大小及是否具有世界回绕特性。如果点选世界回绕,超出水平(垂直)边界的海龟就会从对面的水平(垂直)环境中出现;视图可以设定一个嵌块的大小以及显示字体的大小。

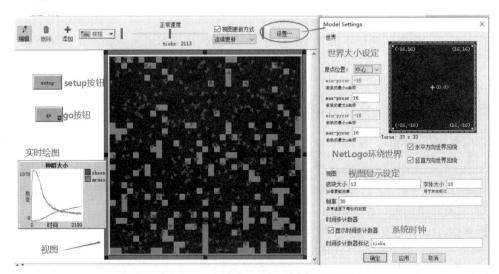

**图 5-18　NetLogo 仿真运行速度与视图更新控件**

　　NetLogo 的主要程控元素分别为静态环境网格的基本单元(嵌块)和运动 agent 的基本单元(海龟)都被面向对象编程设计成标准类,每个类都有自带的属性与方法,用户也可以定义新的属性和设计子函数来实现人工规则。

　　嵌块的自带属性包括嵌块的位置 pxcor（横坐标）、pycor（纵坐标）、pcolor（颜色）等，如果要自定义嵌块的属性，需要在代码页的前端输入命令 pathcs-own［属性列表］；嵌块自带的方法如找出本方格嵌块上的海龟对象集合 turtles-here，值得指出的是，每个嵌块上可以包括多个海龟。

　　海龟的自带属性包括：海龟的身份属性：breed（种）、who（编号）；海龟的外观属性：shape（外形）、color（颜色）、size（大小）；海龟的位置属性：x-cor（x 坐标）、y-cor（y 坐标）、heading（朝向角，0～360 度）等。如果要自定义属性，需要在代码页的前端输入命令 turtles-own［属性列表］；海龟的自定义方法包括如下几类：产生与消亡相关的有 create-turtles（crt）（创建）、hatch（出生）、die（死亡），位置相关的有 setxy（设定位置）、forward（前进）、random-xcor（随机横坐标）、random-ycor（随机纵坐标），朝向相关的有 left（左转一个角度）、right（右转一个角度），与嵌块交互相关的有 patch-here（当前所在的嵌块），与海龟交互相关的有 turtles-here（与自己在相同嵌块上的海龟集合）。

　　由于 NetLogo 是基于面向对象的编程，所以为便于嵌块对象与海龟对象的管理，将相同类型的对象组成数组，即对象集合来实现相关对象的访问，常用的对象集合有嵌块集合 patches、neighobors、海龟集合 turtles 等；对象集合的常用操作函数有 other（从海龟集合中去除自己）、one-of（随机从集合中挑选一个对象）、n-of（从集合中随机挑选 n 个形成集合）、with（后置修饰，选取属性符合某些条件的对象形成集合）、count（统计集合内的对象数量）。

　　NetLogo 的变量包括：全局变量，即使用 globals［对象列表］声明的变量；局部变量，即在函数内部使用 let 命令赋值的变量。变量的赋值有两种，let 命令用于定义并赋值变量，set 命令用于赋值已定义的变量；对于变量数组，即变量列表，一般由 of 命令来获得，该命令的语法为［属性］of 对象集合，用来获取集合内部所有对象的相关属性来构成一个变量的列表。变量的算子包括两种：数值运算的＋（加），＊（乘），－（减），/（除），^（幂）；比较运算的＜（小于），＞（大于），＝（等于），!＝（不等于），＜＝（小于等于），＞＝（大于等于）。

　　NetLogo 的函数的调用语法为：函数名 变量列表，函数的定义语法为在关键字 to 函数名［可选形参列表］与 end 之间插入表达式，即

```
to 函数名 [可选形参列表]
函数体命令
end
```

　　常用的函数包括生成符合世界的横坐标 random-xcor、生成符合世界的纵坐标 random-ycor、产生（0，x）之间的浮点随机数 random-float x、产生（0，x）之间的整数随机数 random x、统计集合元素个数 count 集合等。值得指出的是，函数调用要考虑上下文，即在哪里调用的函数，就有哪里访问属性的权限。

　　所有 NetLogo 仿真都具备两个函数，一个是 setup 初始化函数，另一个是 go 函数用于仿真循环。setup 函数一般包括清除视图显示命令 clear-all、初始化时钟 reset-ticks，利用 ask patches［访问属性］来设置环境嵌块的属性，利用 create-turtles n［属性访问］函数来生成 n 个海龟，并初始化海龟的属性。go 函数用于将人工规则写入海龟运行的函数中，一般使用 ask［对象集合/对象］［规则程序］来对海龟或嵌块集合中的每个对象独立调用规则程序以实现整体的多智能体运动，最后调用 tick 命令来更新时钟前进。

　　NetLogo 中的选择结构流控制语法为 if 条件［命令列表］和 ifelse 条件［命令列表1］

[命令列表 2]。循环结构的流控制语法为 while 条件 [命令列表]。

在 NetLogo 中,一般使用绘图控件来实时显示复杂系统状态,在图上右击编辑,会出现绘图对话框,如图 5-19 所示,这里需要设计绘图名称,绘图坐标的标记、最小值、最大值,设置画笔颜色、名称并可以根据名称显示图例,应该设计正确的绘图笔更新命令,这样就可以在 go 函数中运行 tick 函数时自动地调用绘图命令实时绘制新的统计数据位置,绘图命令为 plot 数值。

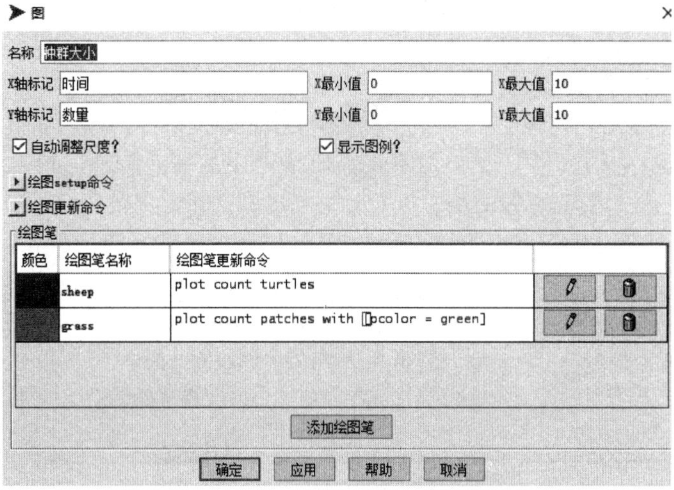

**图 5-19　NetLogo 绘图设置对话框**

## 5.4.3　多主体仿真实例

本节将设计一个由羊(海龟)和草(嵌块)两种对象构成的小型生态系统仿真程序,其中草是可以自发地从地里长出来;羊的内部自定义一个能量值属性,定义如下规则:吃掉草可以增加能量值,每一个周期都在消耗能量,能量值小于等于 0 就会死掉,当能量聚积到一定水平之后就会繁殖,繁殖需要消耗能量,新出生的羊会天然具备一定的能量。

设计如图 5-18 所示的仿真界面,绘图设定如图 5-19 所示。然后在代码页输入如下代码,其中注释符号位分号";"即分号后的文字不参与运行。

```
turtles - own[energy]          ;自定义海龟的 energy 属性

to setup                       ;初始化函数
  clear - all                  ;清空视图
  reset - ticks                ;初始化系统时钟
  ask patches [                ;对嵌块集合中的每个嵌块对象操作
    if random - float 1 < 0.2[  ;以 0.2 概率将嵌块变成绿色,以表示为草
      set pcolor green
    ]
  ]
  create - turtles 1[          ;产生一只羊
    set energy 100             ;初始化羊的能量为 100
  ]
end                            ;结束初始化
```

```
to go                              ;仿真循环主程序
  add_food                         ;草自发地从地里长出来子程序
  ask turtles[                     ;对海龟集合中的每个海龟进行操作
    turtle_move                    ;海龟单体运动子程序
    turtle_breed                   ;海龟单体繁殖子程序
    turtle_die                     ;海龟单体死亡子程序
  ]
  Tick                             ;更新系统时钟
end


to add_food                        ;草自发地从地里长出来子程序
  ask n - of 50 patches[           ;从所有嵌块中随机选取 50 个进行单体操作
    set pcolor green               ;每个嵌块的属性 pcolor 设定为绿色,表示长草
  ]
end


to turtle_move                     ;海龟单体繁殖子程序,上下文关系为海龟单体调用
  if pcolor = green[               ;判断单体海龟所在嵌块的颜色是否为绿,即是否有草
    set energy energy + 10         ;如果有草,单体海龟的能量加 10
    set pcolor black               ;单体海龟所在嵌块的颜色变成黑色,表示草被吃掉
  ]
  if random - float 1 < 0.2[       ;以 20% 的概率改变单体朝向
    set heading random 360         ;随机朝向范围为 0～360 度
  ]
  set energy energy - 1            ;每周期减少自身能量
  fd 1                             ;forword命令缩写,表示单体向前移动 1 个单位
end


to turtle_breed                    ;海龟单体繁殖子程序,上下文关系为海龟单体调用
  if energy > 500[                 ;当单体能量超过 500 启动繁殖事件
    set energy energy - 500        ;繁殖需要消耗能量
    hatch 1[                       ;在单体所在位置产生一个新的海龟
      fd 1                         ;新的海龟向前运动 1 单位
      set energy 100               ;设定新海龟的初始能量为 100
    ]
  ]
end


to turtle_die                      ;海龟单体死亡子程序,上下文关系为海龟单体调用
  if energy < = 0 [                ;判断海龟能量如果小于 0 就启动死亡事件
    die                            ;单体死亡
  ]
end
```

羊草模型仿真运行结果如图 5-20 所示,羊群数目从 1 只羊开始稳定在 380 只羊附近,草的方格数目维持在稳定的 100 块左右。

从上述羊草模型可以看出,对于复杂离散事件动态系统(discrete event dynamic system,DEDS)仿真需要具有较完备的面向对象编程环境、人工规则程序方法,利用 NetLogo 这样专业的多主体仿真程序可以较容易地实现。

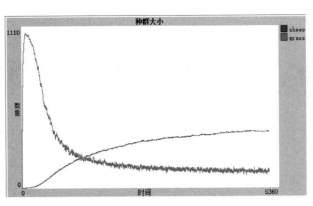

图 5-20　羊草模型仿真运行结果

# 本 章 小 结

本章首先介绍了仿真语言与仿真时代的发展，然后具体地描述了几类应用于生产系统的仿真软件，如 Arena、FlexSim、Witness、ProModel 等，最后通过两个仿真案例，详细介绍了 ProModel 软件的使用过程以及四大基本模块的参数设定：Entities（实体）、Locations（场所）、Arrivals（到达）、Processing/Routing（加工/选路），以及 NetLogo 软件及其在离散系统中的仿真设计，便于学生更好地了解系统仿真的过程。

# 复习思考题

1. 连续系统仿真、离散事件系统仿真和虚拟现实有什么区别？举例说明它们在工程中的应用。

2. 以优化分析港口装卸生产计划为目的，简述建立港口生产物流系统仿真模型的方法与步骤。说明仿真分析要解决的问题、系统模型的实体、事件、流程、随机变量、统计分析参数、建模的步骤等，画出模型的流程图。

3. 某 IT 企业需要建立 800 电话服务中心（call center），目前需要进行电话服务人员的招聘，根据同行企业的经验，每次有一位顾客打入服务电话，而打入电话的间隔时间服从均值为 6 分钟的指数分布。电话服务人员服务每位顾客的时间服从 2~8 分钟的均匀分布（均值为 5 分钟）。请用 ProModel 仿真分析（运行时间设定为 500 小时），帮助公司做出以下决策。

（1）如果一个顾客的平均等待时间不超过 6 分钟，那么该招聘几个电话服务人员？

（2）如果要保证排队等候接听电话的顾客数不超过 5 个，那么该招聘几个电话服务人员？

# 第6章

# MATLAB 软件简介

## 6.1　MATLAB 概述

MATLAB 是矩阵实验室(Matrix Laboratory)的简称,是由美国 MathWorks 公司开发的商业数学软件,用于算法开发、数据可视化、数据分析以及数值计算的高级计算机语言和交互式环境,主要包括 MATLAB 和 Simulink 两大部分以及十几个专业工具箱。

20 世纪 70 年代,美国新墨西哥大学的 Cleve Moler 博士用 FORTRAN 编写了最早的 MATLAB。1984 年,Little、Moler、Steve Bangert 合作成立了 MathWorks 公司,正式把 MATLAB 推向市场。到 20 世纪 90 年代,MATLAB 已成为国际控制界的标准计算软件,现在一般每年发布两个版本:上半年 a 版本,下半年 b 版本。

MATLAB 是一种以数值和矩阵为元素的工程计算语言,主要包括以下几部分: MATLAB 语言、MATLAB 句柄图形控制系统、MATLAB 数学函数库、MATLAB 工具箱和 MATLAB 应用程序接口。此外,MATLAB 系统还提供了两个重要组成部分: Simulink 和 Toolboxes,它们在系统和用户编程中占据重要的位置。

### 1. MATLAB 语言

MATLAB 的基本数据单位是矩阵,它的指令表达式与数学工程中常用的形式十分相似,故用 MATLAB 要比用 C、FORTRAN 等语言完成相同的事情简洁得多,并且 MATLAB 也吸收了像 Maple 等软件的优点,使 MATLAB 成为强大的数学软件。

### 2. MATLAB 工作环境

MATLAB 工作环境包括变量查看器、当前文件夹选择菜单、命令历史记录窗口、当前工作空间环境、命令窗口、图形处理窗口、程序编辑器、模型编辑器、GUI 编辑器和 MATLAB 附带的 M 文件。

### 3. MATLAB 绘图功能

MATLAB 句柄图形控制系统是 MATLAB 数据可视化的核心部分。它既包括对二维 (2D)和三维数据的可视化、图形处理、动画制作等高层次的绘图命令,也包括可以修改图形局部及编制完整图形界面的低层次绘图命令,这些功能可使用户创建富有表现力的彩色图形。同时,MATLAB 还提供了句柄图形机制,该机制可对图形进行灵活的控制。使用

CUIDE 工具可以方便地使用句柄图形创建自己的图形用户界面。

**4. MATLAB 数学函数库**

MATLAB 拥有 500 多种数学、统计及工程数学函数,可使用户立刻实现所需强大的数学计算功能。这些函数是由各领域的专家学者开发的数值计算程序,使用了安全、成熟、可靠的算法,从而保证了最大的运算速度和可靠的结果。MATLAB 内置的强大数学函数计数库既包括基本的数学运算函数,如求和、正弦等函数,也包括丰富的复杂函数,如矩阵特征值、矩阵求逆等函数。

**5. MATLAB 工具箱**

MATLAB 的一个重要特色就是具有一套程序扩展系统和一组称为工具箱的特殊应用子程序。工具箱是 MATLAB 函数的子程序库,每一个工具箱都是为某一类学科专业和应用而制定的,MATLAB 对许多专门的领域都开发了功能强大的模块集和工具箱。一般来说,它们都是由特定领域的专家开发的,用户可以直接使用工具箱学习、应用和评估不同的方法,而不需要自己编写代码。工具箱主要包括优化设计、信号处理、控制系统、神经网络、模糊逻辑、小波分析和系统仿真等方面的应用。目前,MATLAB 已经把工具箱延伸到科学研究和工程应用的诸多领域,如数据采集、数据库接口、概率统计、样条拟合、优化算法、偏微分方程求解、图像处理、系统辨识、控制系统设计、LMI(本地管理接口)控制、鲁棒控制、模型预测、金融分析、地图工具、非线性控制设计、实时快速原型及半物理仿真、嵌入式系统开发定点仿真、DSP(数字信号处理)与通信等。

**6. MATLAB 应用程序接口**

新版本的 MATLAB 可以利用 MATLAB 编译器与 C/C++数学库和图形库将自己的 MATLAB 程序自动转换为独立于 MATLAB 运行的 C 和 C++代码,允许用户编写可以和 MATLAB 进行交互的 C/C++语言程序。另外,MATLAB 网页服务程序还允许在 Web 中使用自己的 MATLAB 数学和图形程序。

**7. Simulink**

Simulink 是 MATLAB 附带的软件,它是对非线性动态系统进行仿真的交互式系统。在 Simulink 交互式系统中,可以直接利用直挂的方框图构建动态系统,然后采用动态仿真的方法得到结果。

# 6.2　MATLAB 主界面和常用命令

运行 MATLAB 时会打开 MATLAB 的主界面,如图 6-1 所示,主界面由"命令"窗口、"工作空间"窗口、"内存变量"窗口、"历史命令"窗口和"当前目录"窗口等组成。

MATLAB 命令是以命令行形式或 M 文件形式输入,输入的命令和创建的所有变量都会驻留在 MATLAB 的工作空间,可在任何需要的时候调用。在 MATLAB 软件中有很多常用命令,这些命令能够帮助我们方便、快速地完成一些常用操作,MATLAB 常用的工作

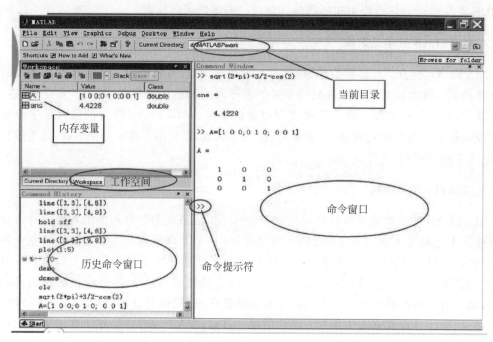

图 6-1    MATLAB 主界面

空间管理命令如表 6-1 所示。

表 6-1    MATLAB 常用的工作空间管理命令

| 命　　令 | 功　　能 |
|---|---|
| clc | 清除命令窗口的内容 |
| clf | 清除图形窗口的内容 |
| clear 变量名 | 清除指定变量 |
| clear | 清除工作空间中的变量 |
| clear all | 从工作空间中清除所有的变量和函数 |
| delete ＜文件名＞ | 从磁盘中删除指定的文件 |
| which ＜文件名＞ | 查询指定文件的路径 |
| who | 列出工作空间的变量名 |
| whos | 显示变量的详细信息 |

在 MATLAB 的命令窗口中,可以通过帮助命令来查询某个命令或者函数的详细信息,如命令的作用、使用方法以及函数的调用方式和说明,MATLAB 常用的帮助命令如表 6-2 所示。

表 6-2    MATLAB 常用的帮助命令

| 命　　令 | 说　　明 |
|---|---|
| help | 在命令窗口进行查询 |
| doc | 在帮助窗口显示查询的文件 |
| which | 获取函数或文件的路径 |
| lookfor | 查询指定关键字相关的 M 文件 |

help 命令可以非常迅速地获取某个命令或函数的帮助信息,不过 help 命令需要准确完整的命令名或函数名。如果不清楚命令或者函数的确切名字,可以通过 lookfor 来查询,它可以通过关键字来搜索相关内容。

# 6.3　变　　量

## 6.3.1　变量命名

　　变量是函数的基本组成单位,是和常量相对应的一个概念,用户可以根据需要定义变量,但需要注意变量命名的规则:变量名区分大小写;变量名要以英文字母开头,其后可以是字母、数字或者下划线;名称长度不能超过 32 个字符;变量不必声明便可直接使用。此外,MATLAB 软件本身也定义了一些变量,如表 6-3 所示。

表 6-3　MATLAB 变量

| 变　　量 | 含　　义 |
|---|---|
| j,i | 纯虚数 |
| Inf | 无穷大 |
| NaN | 不是一个数,如 0/0 |
| pi | 圆周率 |
| ans | 用于返还结果的缺省变量名 |
| eps | 浮点运算误差$=2.2204 \times 10^{-16}$ |
| nargin | 所用函数的输入变量 |
| nargout | 所用函数的输出变量 |

　　MATLAB 中的数据类型是以数组的形式存在,数组维数包括零维(标量)、一维、二维和多维,其中一维数组通常称为向量,可以细分为行向量和列向量;二维数组通常称为矩阵。此外,数组可分类为数值、字串、元胞、结构体、函数句柄。

## 6.3.2　变量构建

**1. 一维数值型数组**

　　(1) 直接输入,采用方括号,行向量元素与元素之间以空格或者逗号分开,列向量元素与元素之间以分号隔开。

　　(2) 使用冒号“:”(注意 MATLAB 中的符号均是英文状态)创建,如命令 x＝0:0.1:2 * pi 表示创建从 0 到 $2\pi$ 的行向量,相邻元素增量为 0.1。

　　(3) 使用命令 linspace、logspace 创建,如命令 x＝linspace(0,3,100)表示创建从 0 到 3 的向量,向量元素为等差数列,元素数量为 100 个;x＝logspace(1,3,100)表示创建从 1 到 3 的向量,向量元素为等比数列,元素数量为 100 个。

　　基本的向量处理函数如表 6-4 所示。

表 6-4　基本的向量处理函数

| 函　　数 | 命　令　含　义 |
| --- | --- |
| sum(v) | 计算向量 v 中元素之和 |
| prod(v) | 计算向量 v 中元素之积 |
| max(v) | 找出向量 v 中元素的最大值 |
| min(v) | 找出向量 v 中元素的最小值 |
| sort(v) | 将向量 v 中的元素由小到大排列 |
| sort(v,'descend') | 将向量 v 中的元素由大到小排列 |
| cumsum(v) | 计算向量 v 中元素的累加 |
| cumprod(v) | 计算向量 v 中元素的累乘 |

### 2. 二维数组(矩阵)

(1)直接输入：采用方括号,同一行的元素用空格或逗号分开,行与行之间要用分号隔开。

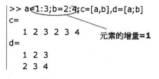

图 6-2　矩阵表示

(2)利用向量或矩阵的组合,如图 6-2 所示。

(3)利用命令 cat(dim,A,B)创建：命令"cat(1,a,b)"表示沿列维创建,相当于[a;b]；命令"cat(2,a,b)"表示沿行维创建,相当于[a,b]。注意 MATLAB 中的运算按列优先。

(4)利用 MATLAB 中的函数创建矩阵。MATLAB 中常用的创建矩阵函数如表 6-5所示。

表 6-5　MATLAB 中常用的创建矩阵函数

| 函　　数 | 功　　能 |
| --- | --- |
| zeros(n) | 建立一个 n×n 的全零矩阵 |
| zeros(m,n) | 建立一个 m×n 的全零矩阵 |
| ones(n) | 建立一个 n×n 的全 1 矩阵 |
| ones(m,n) | 建立一个 m×n 的全 1 矩阵 |
| eye(n) | 建立一个 n×n 的单位矩阵 |
| eye(m,n) | 建立一个 m×n 的单位矩阵 |
| diag(n) | 以向量 n 为对角元素建立矩阵 |
| magic(n) | 建立一个 n×n 的魔方矩阵 |
| rand | 建立一个 0～1 均匀分布的随机数 |
| rand(n) | 建立一个 0～1、维度为 n×n 的均匀分布的随机数矩阵 |
| randn | 建立一个平均值为 0,标准差为 1 的正态分布随机数 |
| randn(n) | 同 rand,但是建立的是 n×n 正态分布的随机数矩阵 |
| randn(m,n) | 同 rand,但是建立的是 m×n 正态分布的随机数矩阵 |

### 3. 三维矩阵

三维矩阵需要用列、行与页三个维度来描述。建立一个三维矩阵,可针对每一页建立一个二维矩阵。

## 6.3.3　数组查询、元素的访问和矩阵运算

数组查询与访问命令如表 6-6 所示。

表 6-6　数组查询与访问命令

| 函　　数 | 说　　明 |
|---|---|
| size（m） | 查询阵列 m 的维度 |
| length（m） | 查询阵列 m 的行数 |
| ndims（m） | 查询阵列 m 的维数 |
| numel（m） | 查询阵列 m 元素的总数 |

数组元素通过元素的下标来访问,命令 A(i,j)表示访问矩阵的第 i 行 j 列的元素;命令 A(i)表示访问矩阵 $A$ 的第 i 个元素。A(i,j)和 A(i)之间的关系如图 6-3 所示。

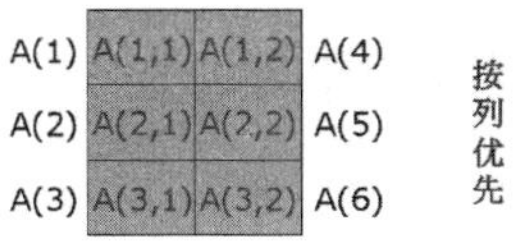

数组中多个元素的访问:命令 A(i:k,j)表示访问矩阵 $A$ 的第 j 列的第 i 到 k 的元素;命令 A(:,j)表示访问矩阵 $A$ 的第 j 列元素;命令 A(i,:)表示访问矩阵 $A$ 的第 i 行元素。矩阵运算符如表 6-7 所示。

| A(1) | A(1,1) | A(1,2) | A(4) |
| A(2) | A(2,1) | A(2,2) | A(5) |
| A(3) | A(3,1) | A(3,2) | A(6) |

按列优先

图 6-3　A(i,j)和 A(i)之间的关系

表 6-7　矩阵运算符

| 运　算　命　令 | 说　　明 |
|---|---|
| A+B | 矩阵 $A$ 加上矩阵 $B$ |
| A−B | 矩阵 $A$ 减去矩阵 $B$ |
| A * B | 矩阵 $A$ 乘上矩阵 $B$ |
| A^n | 矩阵 $A$ 的 $n$ 次方,$A$ 必须为方阵 |
| A' | 矩阵 $A$ 的共轭转置矩阵 |
| A. * B | 矩阵 $A$ 和矩阵 $B$ 对应元素相乘后的矩阵 |
| inv(A) | 矩阵 $A$ 的逆矩阵 |
| det(A) | 矩阵 $A$ 的行列式 |
| expm(A) | 矩阵 $A$ 的指数 |
| logm(A) | 矩阵 $A$ 的对数 |
| sqrtm(A) | 矩阵 $A$ 的开平方根 |

矩阵的左除"\"与右除"/":若 $AX=B$ 则 $X=A^{-1}B$,也可表示为 $X=\mathrm{inv}(A)*B$,或用 $A$ 左除 $B$,即 $X=A\backslash B$。若 $XA=B$ 则 $X=BA^{-1}$,也可表示为 $X=B*\mathrm{inv}(A)$,或用 $A$ 右除 $B$,即 $X=B/A$。

字符型数组中的字符必须放在单引号对中,使用命令 size 查询字符数组的大小。创建二维字符数组时,每行字符的长度必须相等,如果不等要用空格代替。字符、数值转换命令如表 6-8 所示。

表 6-8　字符、数值转换命令

| 函　数 | 说　明 |
| --- | --- |
| int2str(x) | 先将 x 经四舍五入转换成整数,再将它们转换成字串 |
| num2str(x) | 将 x 转换成字串,并以 4 个位数来表示 |
| num2str(x,n) | 将 x 转换成字串,但以 n 个位数来表示 |
| mat2str(x) | 将阵列 x 转换成 MATLAB 的表示方式,但以字串表示 |
| str2num(str) | 将字串 str 以 eval 函数求值,若不能转换,则回空列阵 |
| str2double(str) | 将字串 str 转换成数值,若不能转换,则回 NaN |

元胞数组是 MATLAB 里一类特殊的数值,其每个元素(cell)可以是不同类型的矩阵、向量、多维数组或结构体。大括号{}是构建该数组的标志,如 $A=\{2+3i,'ok'\}$。结构体数组(structure array)的基本单元(元素)是结构体,结构体只有在划分"域"(field)之后才能使用,数组只能存放在结构体的域中,结构体的域可以存放任何类型的数据。结构体域的构成为:结构体名.域名。如:

```
>> student.name = 'Marry'; student.gender = 's182367'; student.age = '20';
>> student
student =
    name: 'Marry'
    gender: 's182367'
       age: '20'
```

# 6.4　画　　图

plot 函数是绘制二维图形最基本的函数,它是针对向量或矩阵的列来绘制曲线的,使用 plot 函数之前,必须首先定义好曲线上每一点的 x 及 y 坐标,plot 有以下几种用法。

(1) plot(x)。当 x 为一向量时,以 x 元素的值为纵坐标,x 的序号为横坐标值绘制曲线。当 x 为一实矩阵时,则以其序号为横坐标,按列绘制每列元素值相对于其序号的曲线。如用下列程序会得到正弦图(图 6-4)。

```
x = 0:pi/20:2 * pi;
y1 = sin(x);
plot(x,y1);
```

(2) plot(x,y) 以 x 元素为横坐标值,y 元素为纵坐标值绘制曲线。

(3) plot(x,y1,x,y2,…) 以公共的 x 元素为横坐标值,以 y1,y2,…元素为纵坐标值绘制多条曲线。用下列程序会得到正弦和余弦图(图 6-5)。

```
x = 0:pi/20:2 * pi;
    y1 = sin(x);
    y2 = cos(x);
plot(x,y1,x,y2);
```

plot 画图可以在画的图像中添加栅格,用命令 grid on,这样可以方便地对齐某条线或是比较方便地对比,关闭则用命令 grid off;可以通过命令 xlabel 和 ylabel 对坐标轴进行标

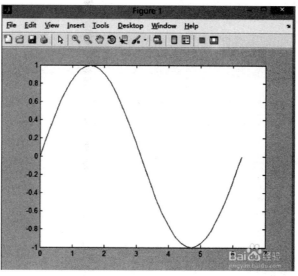

图 6-4　正弦图

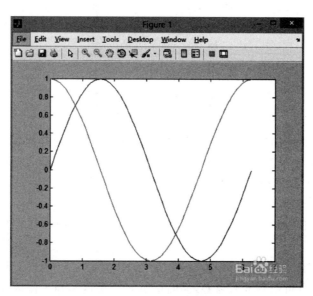

图 6-5　正弦和余弦图

注：可以通过 title 添加图像标题；可以通过命令 text 将注解加到坐标中的某个位置；可以通过命令 gtext 用鼠标的光标定位，将 sin(x) 注解放在单击的地方。下列程序是对上述命令的运用，可以得到如图 6-6 所示的结果。

```
x = 0:pi/20:2 * pi;
    y1 = sin(x);
    y2 = cos(x);
plot(x,y1,x,y2);
grid on
xlabel('变量 x')
ylabel('变量 y1 & y2')
```

```
title('正弦余弦波形')        % 添加图像标题
text(1.5,0.3,'cos(x)')    % 将 cosx 这个注解加到坐标中的某个位置
gtext('sin(x)')           % 用鼠标的光标定位,将 sin(x)这个注解放在单击的地方
```

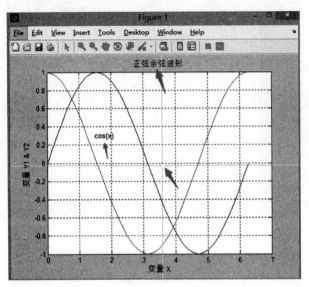

图 6-6　plot 命令的应用

# 6.5　M　文　件

M 文件是指 MATLAB 自动生成的后缀名为.m 的文件,分为脚本 M 文件和函数 M 文件。脚本 M 文件实际上是按照自己意图编写的 MATALB 命令集合(批处理文件),脚本文件运行后,文件中使用的所有变量都驻留在 MATLAB 的工作空间(workspace)中。

脚本 M 文件的建立方法:①在 MATLAB 桌面单击 File—New—M-file,即可打开 M 文件编辑器,编辑 M 文件。②在命令窗口直接输入命令 edit 即可打开 M 文件编辑器,编辑 M 文件。

函数 M 文件和脚本 M 文件都是后缀名为.m 的 MATLAB 文件,不同之处在于:

(1) 函数 M 文件可以有输入参数,同时能够将结果返回到工作区(输出变量),但脚本 M 文件没有此项功能。

(2) 函数 M 文件内的变量不出现在 MATLAB 中,它与工作空间的通信只是通过函数的输入和输出变量。

函数 M 文件的基本结构为:function 输出变量=函数名(参数 1,参数 2,…)。其中的参数 1、参数 2 等是输入变量。编辑后保存函数 M 文件时,文件名和函数名必须相同。同一个 M 文件里可以撰写多个函数,但一个 M 文件里只能有一个主函数,其他的都是子函数;子函数只能被同一文件里的主函数或其他的子函数调用;子函数的撰写格式和主函数相同。保存文件名时所用名字和主函数相同。

匿名函数(annonymous functions)是一个可以在 MATLAB 的命令窗口里直接定义的函数,而不是把函数写在 M 文件里,格式为:函数名=@(输入参数列表)函数内容。如:

```
>> fs = @(x)sin(2 + 3 * x^2);
>> fs(2.6)
ans =
    - 0.2849
```

# 6.6　关系和逻辑

## 6.6.1　关系运算符

关系运算符用来比较两个数之间的大小关系,对应元素符合某个关系,则结果矩阵对应的元素为 1,否则为 0。在 MATLAB 中的关系运算符包括<(小于)、<=(小于或等于)、>(大于)、>=(大于或等于)、==(等于)、~=(不等于)。这些关系运算符还能用来比较两个同维矩阵,实际上是比较两个矩阵对应的元素,比较结果仍然是一个矩阵。如果两个矩阵的对应元素符合某个关系,则结果矩阵对应的元素为 1,否则为 0。

**注意**:=和==的区别:=是将一个结果赋值于一个变量,而==是比较两个变量,如相等则返回值 1,否则返回 0。

## 6.6.2　逻辑运算符

逻辑运算符用于对标量或矩阵元素进行逻辑运算,得到一个结果标量或结果矩阵。假设操作数为 a 和 b,则元素级逻辑运算符包括:

a&b:与运算,两标量或两元素均非 0 则返回 1,否则返回 0。

a|b:或运算,两标量或者两元素至少有一个是非 0 则返回 1,否则返回 0。

~a:非运算,对作用的标量或矩阵元素求补,如果标量或者矩阵元素为 0 则结果为 1,如果标量或矩阵元素不为 0 则结果为 0。

## 6.6.3　选择结构

在 MATLAB 中,选择结构可由两种语句来实现。

**1. if 语句**

if 语句的最简单用法为

```
if 表达式
   程序模块
end
```

if 语句的另一种用法为

```
if 表达式
   程序模块 1
else
   程序模块 2
end
```

针对多个条件进行选择时可以采用下面的格式：

```
if 表达式 1
    程序模块 1
elseif 表达式 2
    程序模块 2
…… ……
elseif 表达式 n
    程序模块 n
else
    程序模块 n + 1
end
```

**例 6-1**　给出一个 $x$ 值，根据下列函数，自动求出 $y$ 值。

$$y = \begin{cases} 2x, & x \geqslant 2 \\ 0, & 0 < x < 2 \\ x^2, & x \leqslant 0 \end{cases}$$

**解**　MATLAB 程序：

```
x = input('x = ')    % 由键盘输入 x 值
if x > = 2
    y = 2 * x
elseif (x > 0)&(x < 2)
    y = 0
else
    y = x^2
end
```

### 2. switch 语句

switch 语句可以替代多分支的 if 语句，而且 switch 语句简洁明了，可读性更好。其格式为

```
switch 表达式
case 数值 1
    程序模块 1
case 数值 2
    程序模块 2
    ……
otherwise
    程序模块 n
end
```

其中的 otherwise 模块可以省略。

switch 语句的执行过程：首先计算表达式的值，然后将其结果与每一个 case 后面的数值依次进行比较，如果相等，则执行该 case 的程序模块；如果都不相等，则执行 otherwise 模块中的语句。若 case 后面的检测值不止一个，可用大括号将它们括起来。

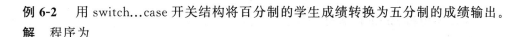

**例 6-2** 用 switch...case 开关结构将百分制的学生成绩转换为五分制的成绩输出。

**解** 程序为

```
clear
x = 58
switch fix(x/10)
    case {10,9}
    y = '优秀'
case 8
    y = '良好'
case 7
    y = '中等'
case 6
    y = '及格'
otherwise
    y = '不及格'
```

# 6.6.4 循环结构

出现死循环,在命令窗用 Ctrl+C 可使程序中止。

**1. for 循环格式**

for 语句的格式为

```
for 循环变量 = 表达式 1:表达式 2:表达式 3
    循环体语句
end
```

其中,表达式 1 的值为循环变量的初值,表达式 2 的值为步长,表达式 3 的值为循环变量的终值。步长为 1 时,表达式 2 可以省略。

for 语句更一般的格式为

```
for 循环变量 = 矩阵表达式
    循环体语句
end
```

执行过程是依次将矩阵的各列元素赋给循环变量,然后执行循环体语句,直至各列元素处理完毕。

**2. while 循环**

while 通常适用于循环次数无法确定的情况,其语法格式为

```
while 表达式
    循环主体
end
```

注释:表达式为真时,执行循环主体,否则结束循环。

### 3. break 语句和 continue 语句

与循环结构相关的语句还有 break 语句和 continue 语句，它们一般与 if 语句配合使用。

break 语句用于终止循环的执行，当在循环体内执行到该语句时，程序将跳出循环，继续执行循环语句的下一语句。

continue 语句控制跳过循环体中的某些语句。当在循环体内执行到该语句时，程序将跳过循环体中所有剩下的语句，继续下一次循环。

**例 6-3**    求[100,200]第一个能被 21 整除的整数。

**解**    程序为

```
for n = 100:200
    if rem(n,21)~ = 0
        continue
    end
    break
end
fprintf('a = % d',n);
```

自 100 开始，每次遇到 continue 语句，重新开始下一个数值的判断，直到遇到 105 时 if 语句不成立，转向下一句 break 后跳出循环，最终运行后将输出结果：a=105。

该程序中的"if rem(n,21)~=0，continue，end，break"等价于"if rem(n,21)==0，break，end"，也就是说，自 100 开始，每次经 if 语句判断，不满足则转向下一次循环判断下一个值，直到满足后遇到 break 退出循环打印 n 的值 105。

# 6.7　多项式处理

## 6.7.1　多项式表示

在 MATLAB 中，多项式使用降幂系数的行向量表示。如多项式 $x^4 - 12x^3 + 25x + 116$，可表示为 p=[1 -12 0 25 116]。

## 6.7.2　多项式求根

使用函数 roots( ) 可以求出多项式等于 0 的根，根用列向量表示。

**例 6-4**    求 $x^4 - 12x^3 + 0x^2 + 25x + 116 = 0$ 的根。

**解**    程序为

```
p = [1 - 12 0 25 116]
r = roots(p)
```

运行后结果为

```
r =
   11.7473
    2.7028
   - 1.2251 + 1.4672i
   - 1.2251 - 1.4672i
```

若已知多项式等于 0 的根,函数 poly( )可以求出相应多项式。

**例 6-5** 求 $r = [11.7473; 2.7028; -1.2251 + 1.4672i; -1.2251 - 1.4672i]$的根。

**解** 程序为

```
r = [11.7473; 2.7028; - 1.2251 + 1.4672i; - 1.2251 - 1.4672i]
p = poly(r)
```

运行后结果为

```
p =
    1.0000   - 11.9999   - 0.0015   25.0012   116.0023
```

## 6.7.3 多项式拟合

多项式拟合又称为曲线拟合,目的是在众多的样本点中进行拟合,找出满足样本点分布的多项式,这在分析实验数据、将实验数据做模型描述时非常有用。命令格式为: $p = polyfit(x, y, n)$,其中 x 和 y 为样本点向量,n 为所求多项式的阶数,p 为求出的多项式。

**例 6-6** 对于给定数据对 x0、y0 ,求拟合三阶多项式,并图示拟合情况。

**解** 程序为

```
x0 = 0:0.1:1;
y0 = [ - 0.447,1.978,3.11,5.25,5.02,4.66,4.01,4.58,3.45,5.35,9.22];
n = 3;
P = polyfit(x0,y0,n)        % 多项式拟合
xx = 0:0.01:1;              % 绘图
yy = polyval(P,xx);         % 拟合多项式的函数值
plot(xx,yy,' - b',x0,y0,'.r','MarkerSize',20),xlabel('x')
```

运行后如图 6-7 所示。结果为

```
P =
    56.6915   - 87.1174   40.0070   - 0.9043
```

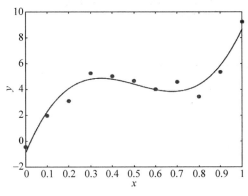

图 6-7　多项式拟合结果

# 6.8　插　值　处　理

## 6.8.1　一维插值

与多项式拟合对数据建模类似,也可以对所有数据点进行插值来获取数据点间更精细的模型预测,即利用插值生成曲线来通过所有数据点,一维插值的函数语法如下。

```
yi = interp1(x, y, xi, 'method')
yi: xi 处的插值结果;
x, y: 插值节点;
xi: 被插值点的 x 坐标;
Method: 插值方法,可选
    'nearest':   最邻近插值;
    'linear':    线性插值;
    'spline':    三次样条插值;
    'cubic':     立方插值。
    缺省时: 分段线性插值。
```

**注意**:所有的插值方法都要求 x 是单调的,并且 xi 不能超过 x 的范围。设计者可以根据需要选择适当的方法,以满足数据插值的要求。在有限样本点向量 x 与 y 中,插值产生向量 xi 和 yi,所用方法定义在 method 中,有四种选择:nearest:执行速度最快,输出结果为直角转折;linear:默认值,在样本点上斜率变化很大;spline:最花时间,但输出结果也最平滑;cubic:最占内存,输出结果与 spline 差不多。

**例 6-7**　在 1～12 的 11 小时内,每隔 1 小时测量一次温度,测得的温度依次为:5,8,9,15,25,29,31,30,22,25,27,24。试估计每隔 1/10 小时的温度值。

**解**　编制代码为

```
hours = 1:12;
temps = [5 8 9 15 25 29 31 30 22 25 27 24];
h = 1:0.1:12;
t = interp1(hours, temps, h, 'spline');        % 直接输出数据将是很多的
plot(hours, temps, 'g + ', h, t, hours, temps, 'r:')        % 作图
xlabel('时间/小时'), ylabel('温度值')
```

运行后如图 6-8 所示。

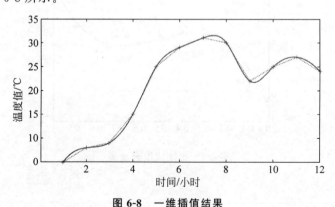

图 6-8　一维插值结果

## 6.8.2　二维插值

当子变量有 2 个,因变量为 1 个,即在 2 列子变量数据向量上插值曲面数值,可以使用二维插值 interp2 函数,语法为

```
z = interp2(x0,y0,z0,x,y,'method')
z: 被插值点的函数值
x0,y0: 插值节点
x,y: 被插值点
method: 插值方法,可选
    'nearest'   最邻近插值
    'linear'    双线性插值
    'cubic'     双三次插值
    缺省时,     双线性插值
```

**例 6-8**　测得平板表面 $3 \times 5$ 网格点处的温度分别为

```
82  81  80  82  84
79  63  61  65  81
84  84  82  85  86
```

先做出平板表面的温度分布曲面 $z = f(x, y)$ 的图形,再在三维坐标根据原始数据画出粗糙的温度分布曲图。

**解**　输入以下命令:

```
x = 1:5;
y = 1:3;
temps = [82 81 80 82 84;79 63 61 65 81;84 84 82 85 86];
mesh(x,y, temps);
```

运行后如图 6-9 所示。

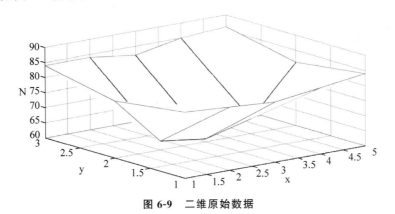

**图 6-9　二维原始数据**

先要求平滑原始数据,在 x、y 方向上每隔 0.2 个单位的地方进行插值。代码为

```
xi = 1:0.2:5;
yi = 1:0.2:3;
zi = interp2(x,y,temps,xi',yi,'cubic');
mesh(xi,yi,zi);
```

运行后如图 6-10 所示。

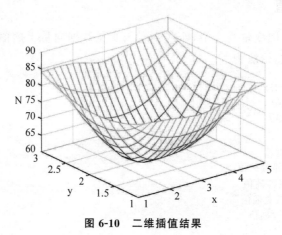

图 6-10　二维插值结果

# 6.9　MATLAB 符号工具箱

MATLAB 的符号数学工具箱可以完成几乎所有的符号运算功能。这些功能主要包括：符号表达式的运算，符号表达式的复合、化简，符号矩阵的运算，符号微积分、符号函数画图，符号代数方程求解，符号微分方程求解等。使用符号工具箱需要首先创立符号变量，具体函数包括：

(1) 创建单个符号变量(sym var)；

(2) 创建多个符号变量(syms var1 var2 )；

(3) 创建符号表达式，赋予 f=sym('符号表达式')；

(4) 创建符号方程 equ=sym('equation')。

其中 var、var1、var2 为创建的变量名，当声明变量名为符号变量后，对变量的运算操作将以人工公式推导的方式进行符号代用，而不是利用变量的具体值参与计算。

## 6.9.1　符号运算——极限

符号运算函数为 limit(表达式,var,a)，含义为求 var→a 的表达式极限。

**例 6-9**　求极限：$\lim\limits_{x \to 0} \dfrac{\sin(x) - \sin(3x)}{\sin(x)}$。

**解**　程序为

```
syms x
limit((sin(x) - sin(3 * x))/sin(x),x,0)
```

运行结果：−2

**例 6-10**　求解单边极限问题$\lim\limits_{x \to 0} \dfrac{e^{x^3} - 1}{1 - \cos(\sqrt{x - \sin(x)})}$。

**解**　程序为

```
syms x;
limit((exp(x^3) - 1)/(1 - cos(sqrt(x - sin(x)))),x,0,'right')
```

运行结果：12

**例 6-11**　试求解极限问题 $\lim\limits_{x\to\infty}\left(1+\dfrac{a}{x}\right)^{x}\sin\dfrac{b}{x}$。

**解**　程序为

```
syms x a b;
f = x * (1 + a/x)^x * sin(b/x);
L = limit(f,x,inf)
```

运行结果：$b * \exp(a)$

## 6.9.2　符号运算——求导

符号运算求导函数为：diff(f,'var',n)，该函数可以求 f 对变量 var 的 n 阶导数，缺省 n 时为求一阶导数，缺省变量'var'时，默认变量为 x。其可用来求单变量函数导数、多变量函数的偏导数，还可以求抽象函数的导数。

**例 6-12**　求 $\dfrac{\mathrm{d}}{\mathrm{d}x}(\mathrm{e}^{-2x}\cos(3\sqrt{x}))$ 的一阶导数与二阶导数。

**解**　程序为

```
syms x
f = sym(exp(-2 * x) * cos(3 * x^(1/2)))
diff(f,x)
diff(f,x,2)
```

一阶导数结果为：$-2 * \exp(-2 * x) * \cos(3 * x^{(1/2)}) - (3 * \exp(-2 * x) * \sin(3 * x^{(1/2)}))/(2 * x^{(1/2)})$

二阶导数结果为：$4 * \exp(-2 * x) * \cos(3 * x^{(1/2)}) - (9 * \exp(-2 * x) * \cos(3 * x^{(1/2)}))/(4 * x) + (6 * \exp(-2 * x) * \sin(3 * x^{(1/2)})/x^{(1/2)} + (3 * \exp(-2 * x) * \sin(3 * x^{(1/2)}))/(4 * x^{(3/2)})$

**例 6-13**　$y=\dfrac{\sin(x)}{x^{2}+4x+3}$，求 $\dfrac{\mathrm{d}^{4}y}{\mathrm{d}x^{4}}$。

**解**　程序为

```
syms x;
f = sin(x)/(x^2 + 4 * x + 3)
f1 = diff(f);
pretty(f1)    % pretty 习惯方式显示
syms x;
f = sin(x)/(x^2 + 4 * x + 3);
f2 = diff(f,x,2);
pretty(f2)
syms x;
f = sin(x)/(x^2 + 4 * x + 3);
f4 = diff(f,x,4);
pretty(f4)
```

运行结果：

```
f =
sin(x)/(x^2 + 4 * x + 3)
   cos(x)       sin(x) (2 x + 4)
 -------- - -----------
 2              2          2
 x  + 4 x + 3   (x  + 4 x + 3)
         2
sin(x) (2 x + 4) 2      2 sin(x)       sin(x)      cos(x) (2 x + 4) 2
-------------- - --------- - -------- - ----------
   2          3    2       2    2             2            2
  (x  + 4 x + 3)   (x  + 4 x + 3)   x  + 4 x + 3   (x  + 4 x + 3)
                                  3
sin(x)   12 sin(x)   24 sin(x)   cos(x) (2 x + 4)   24   sin(x) #2 12   sin(x) #2 48
------- + --------- + ---------- - ---------------- - ---------------- -
                                                                           -------------
  #1       2         3           4              3               4
      #1        #1        #1             #1              #1
         4
sin(x) (2 x + 4) 24   cos(x) (2 x + 4) 4   cos(x) (2 x + 4) 16   cos(x) (8 x + 16) 8
+ ------------ + ----------- + --------------- + ------------------
    5                2                3                3
   #1              #1              #1              #1
   sin(x) (2 x + 4) (8 x + 16) 6
 - ------------------------------------
         4
         #1
where
       2
   #1 == x  + 4 x + 3
               2
   #2 == (2 x + 4)
```

**例 6-14**　求 $z = x^y$ 的偏导数。

**解**　程序为

```
syms x y
z = x^y;
Zx = diff(z,x)
Zy = diff(z,y)
```

运行结果：

```
Zx =
 x^(y - 1) * y
Zy =
 x^y * log(x)
```

**例 6-15**　$z = (x^2 - 2x) \mathrm{e}^{-(x^2 + y^2 + xy)}$，求 $\dfrac{\partial^2 z(x, y)}{\partial x \partial y}$。

**解**　程序为

```
syms x y z;
f = sin(x^2 * y) * exp( - x^2 * y - z^2);
df = diff(diff(diff(f,x,2),y),z) ;
df = simplify(df); % simple 运用各种指令化简符号表达式
latex(df)
```

运行结果为

```
ans =
'- 4\,z\,{\mathrm{e}}^{ - y\,x^2 - z^2}\,\left(\cos\left(x^2\,y\right) - \sin\left(x^2\,y\
right) + 4\,x^4\,y^2\,\cos\left(x^2\,y\right) + 4\,x^4\,y^2\,\sin\left(x^2\,y\right) - 10\,
x^2\,y\,\cos\left(x^2\,y\right)\right)'
```

将上述 Latex 公式输入在线 LaTeX 公式编辑器（https://www. latexlive. com/♯♯）中，结果为

$$- 4ze^{-yx^2-z^2}\left(\cos(x^2y) - \sin(x^2y) + 4x^4y^2\cos(x^2y) + 4x^4y^2\sin(x^2y) - 10x^2y\cos(x^2y)\right)$$

## 6.9.3　符号运算——积分

符号运算积分函数为：

int(f,var)：该程序求函数 f 的不定积分；

int(f, var, 积分下限, 积分上限)：该程序求函数 f 的定积分或广义积分。

**例 6-16**　求定积分 $\int_0^1 \dfrac{1}{x^2 + 2x + 3}\mathrm{d}x$ 和广义积分 $\int_{-\infty}^{+\infty} \dfrac{1}{x^2 + 2x + 3}\mathrm{d}x$。

**解**　程序为

```
syms   x
I2 = int(1/(3 + 2 * x + x^2),x,0,1)
I3 = int(1/(3 + 2 * x + x^2),x, - inf,inf)
```

运行结果：

```
I2 =
(2^(1/2) * atan(2^(1/2)/4))/2
```

在命令行窗口中再输入

```
>>(2^(1/2) * atan(2^(1/2)/4))/2
ans =
    0.2403I3
I3 =
(pi * 2^(1/2))/2
```

在命令行窗口中再输入

```
>>(pi * 2^(1/2))/2
ans =
    2.2214
```

所以定积分为 0.2403I3，不定积分为 2.2214。

例 6-17　求定积分 $\int_0^1 \dfrac{\cos x}{1+(\sin(x))^2}\mathrm{d}x$。

**解**　程序为

```
syms  x
 I = int(cos(x)/(1 + (sin(x))^2),x,0,1)
```

运行结果：

```
I =
atan(sin(1))
```

在命令行窗口中再输入

```
>> atan(sin(1))
ans =
    0.6995
```

# 本 章 小 结

本章首先对 MATLAB 软件进行了简单的概述，然后介绍了 MATLAB 的主界面和常用命令，在此基础上介绍了 MATLAB 的基本使用方法，如变量的构建、如何使用 MATLAB 绘图及对 M 文件进行了说明，最后介绍了 MATLAB 中的关系运算符、逻辑运算符、选择结构、循环结构、拟合插值以及符号工具箱。同学们需要在上机过程中，对本章所介绍的知识进行巩固和练习，并熟练掌握 MATLAB 软件的应用。

# 复习思考题

1. MATLAB 中变量如何定义？
2. 请画出 $f = t^2$ 及 $g = \sin(2\pi t)$ 的图像。
3. 请用循环结构计算出 100 以内所有 3 的整数倍的数字之和。

# 系统建模与 MATLAB 实现

系统模型是用来研究系统规律并据以分析系统结构、功能的工具,其在实质上是描述系统行为并输出数据的人造结构,可以使用数学公式、图、表等形式表示,体现了人对实际系统的抽象思维,尤其是期望获得对系统的本质描述,必须基于人对客观世界的认识分析,经过反复模拟和相似整合后得到结果。

数学公式是系统模型最主要的表示方式,数学模型是人对系统内在运动规律以及外部作用关系的公式抽象,具体表现为对系统输入、输出状态以及状态间的函数关系的抽象,这种过程常被称为理论构造。值得指出的是,抽象必须联系真实系统与建模目标,即以实际系统为锚点,再提出合理的抽象模型来对系统进行描述,并且这一过程可以不断深化,在建模的过程中,新的细节性因素、特征、联系和参数不断被认识并充实进来,使抽象模型不断具体化,最后用数学公式定量描述系统的内在联系和变化规律,实现实际系统和数学模型间的等效关系。

系统模型的建立首先要求了解所研究对象的实际背景,明确预期目标,根据研究对象的特点,确定刻画该对象系统的状态、特征和变化规律的若干基本变量。这就要求我们查阅大量资料,咨询相关领域专家,进行必要的实地调研、考察,尽可能全面地掌握研究对象的各种特征信息。复杂系统的影响因素通常会有很多,不可能全部反映在一个抽象模型系统中。模型构造必须遵从简单性原则,即在满足模型功能的前提下尽可能地简化模型结构。因此,模型作为实际系统的替代物或者仿品,既要基本逼真原型系统,又要包含尽可能少的变量与函数关系。

系统模型建立完成后,就需要借助仿真技术编写系统仿真程序,在计算机上进行系统行为和演化规律的计算,本章主要从连续系统与离散系统两方面讨论一般系统的建模与仿真方法。

## 7.1　系统数学模型分类

根据一般系统理论的观点,系统可看作一个集合结构,结构的不同会影响数学模型的形式和类别。一般来说,系统本身结构与功能的性质有线性与非线性、静态与动态、确定性与随机性、微观与宏观、定常(时不变)与非定常(时变)、集中参数与分布参数之分,故描述系统特性的数学模型必然也相应有这几种特性的分类。

### 1. 线性模型与非线性模型

线性模型是用来描述线性系统的,一般来说,线性模型能满足下列算子运算:

$$(A_1 + A_2)X = A_1 X + A_2 X$$

$$A_1(A_2 X) = A_2(A_1 X)$$

$$A_1(X + Y) = A_1 X + A_1 Y$$

式中,$X$ 和 $Y$ 为变量;$A_1$ 和 $A_2$ 为系数。

非线性模型是用来描述非线性系统的,一般不满足叠加原理。例如,气体体积 $V$ 与压强 $P$、温度 $T$ 之间的关系就是一种非线性模型,即理想气体状态方程 $PV = NRT$,式中,$N$ 为气体的物质的量,$R$ 为气体通用常数。

### 2. 微观模型与宏观模型

微观模型与宏观模型的差别在于:前者是研究事物内部微小单元的动态规律,如微小时间单元内的状态增量或者微小空间内状态的梯度等,一般用微分方程(单一连续自变量)、差分方程(均匀离散变量)或状态方程(变量组装成向量)表示;后者是研究事物的宏观、静态现象,一般用联立方程或积分方程模型,如理想气体状态方程 $PV = NRT$ 等。

### 3. 集中参数模型与分布参数模型

集中参数模型中模型的各变量与空间位置无关,而把变量看作在整个系统中是均一的,对于稳态模型,其为代数方程;对于动态模型,其则为常微分方程。典型的例子如一个集中质量挂在质量可以忽略的弹簧上组成的系统,在低频下工作的由短导线组成的电阻、电容和电感电路等。

分布参数模型中至少有一个变量与空间位置有关,所建立的模型对于稳态模型为空间自变量的常微分方程;对于动态模型为空间、时间自变量的偏微分模型。典型案例如一个管路中流体的流动,若各点的速度相同,则此时流体的运动规律可作为集中参数系统来处理,否则应作为分布参数系统来研究。

### 4. 定常模型与非定常模型

系统的输出量不随时间变化而变化,即方程中不含时间变量,该系统模型为定常(时不变)模型,否则为非定常(时变)模型。

### 5. 连续模型与离散模型

当系统的状态变化主要表现为连续平滑的运动时,称该系统为连续系统;当系统的状态变化主要表现为不连续(离散)的运动时,则称该系统为离散系统。一个真实系统很少表现为完全连续的或完全离散的,而是考虑哪种形式的变化占优势,即以主要特征为依据来划分系统模型,如果两种变化行为无法区分优势类型,则属于混杂系统。典型的混杂系统是切换系统,如车辆手动变速箱调速等。

还有一类系统虽然本身是连续的,但仅在指定的离散时间点上利用与变量有关的信息自发进行变化,这种系统称为离散采集系统或时间离散系统,通常是采用计算机、微型控制器对现实物理系统采集、运算、控制的单元,对于这类系统要考虑断续采样的影响问题。

**6. 确定性模型与随机性模型**

当一个系统的输出(状态和活动)完全可以用它的输入(外作用或干扰)来描述,则这种系统称为确定性系统;若一个系统的输出(状态和活动)是随机的,即对于给定的输入(外作用或干扰)有多种可能的输出,则该系统是随机性系统。

**7. 传递函数模型与状态空间模型**

只刻画系统外部单一输入、单一输出特性的频域模型为传递函数模型;状态空间模型不仅能描述系统的内部多变量状态,而且能够揭示系统内部状态与外部多输入、多输出之间的联系,这两种模型主要用于控制器设计。

# 7.2 连续系统建模

连续系统是指系统的状态变量随着时间连续变化的系统,可以通过常微分方程或偏微分方程来描述,所以系统的建模技术包括微分方程建模和分布系统建模,常用的连续系统数学模型有微分方程模型、传递函数模型、状态空间模型。不失一般性,本部分主要介绍微分(包括偏微分)方程建模方法,微分方程是系统最基本的数学模型。在自然界里,许多系统,不管是机械的、电气的、液压的、气动的系统还是热力的系统都可以通过微分方程来描述。由微分方程可以导出系统传递函数、差分方程和状态方程等多种数学模型。因此,怎样建立系统的微分方程是建模技术中的重要内容。

系统的微分方程可以通过反映具体系统内在运动规律的物理学定理来获得。例如,机械系统的牛顿定理、能量守恒定律;电学系统中的欧姆定理、基尔霍夫定律;流体方面的N-S(Navier-Stokes)方程及其他一些物理学基本定律等。这些物理学定律是建立系统微分方程的基础,用物理学基本定理建立系统的微分方程(即机理建模法)是微分方程建模法中的最重要的一种方法。

## 7.2.1 微分方程建模方法

微分方程建模方法是研究函数变化规律的有力工具,在科技、工程、经济管理、生态、环境、人口、交通等各个领域中有广泛的应用。微分方程模型建立常常有如下步骤。

(1) 翻译或转化:在实际问题中,有许多表示导数的常用词,如速率、增长(在生物学以及人口问题研究中)、衰变(在放射性问题中)以及边际(在经济学中)等。

(2) 建立瞬时表达式:根据自变量有微小改变 $\Delta t$ 时因变量的增量为 $\Delta W$,建立起在 $\Delta t$ 时段上的增量表达式,令 $\Delta t \to 0$ 即得到瞬时表达式。

(3) 确定前提、边界条件:这些条件是关于系统在某一特定前提或边界上的信息,它们独立于微分方程而成立,用以确定有关的常数。为了完整充分地给出问题的数学陈述,应将这些给定的条件和微分方程一起给出。

建立微分方程模型较常用的有下列两种方法。

(1) 按变化规律直接列方程:利用人们熟悉的力学、数学、物理、化学等学科中的规律,如牛顿第二定律、放射性物质的放射规律等,对某些实际问题直接列出微分方程。

（2）模拟近似法：在生物、经济等学科中,许多现象所满足的规律并不很清楚,而且现象也相当复杂,因而需要根据实际资料或大量的实验数据,提出各种假设,在一定的假设下,给出实际现象所满足的规律,然后利用适当的数据驱动方法得出微分方程。

**例 7-1**　Logistic 人口模型

在人口自然增长的过程中,人口增长率与人口总数成正比,此模型设计涉及如下变量：$t$ 表示时间（变量）,$P$ 表示人口数（依赖于时间）,参数 $k$ 表示人口增长率与人口数之间的比例常数,即单位增长率。人口数关于时间的增长率是人口数 $P$ 关于时间变量 $t$ 的导数,与人口数成正比描述为 $kP$,因而得到如下微分方程：

$$\frac{\mathrm{d}P}{\mathrm{d}t} = kP$$

因为资源有限,人口不能无限制地增长。为了改进上述人口模型,做如下假定。

（1）当人口数很小时,增长率与人口数成正比。

（2）当人口数很大,达到资源和环境的天花板时,人口数开始减少,即增长率为负。

引入另外的参量 $N$,称为最大承载量,用以表示自然资源与环境条件所能容纳的最大人口数。因此,在假定条件下,当 $P(t) < N$ 时,人口是增加的；当 $P(t) > N$ 时,人口是减少的；当 $P$ 较小时,$\frac{\mathrm{d}P}{\mathrm{d}t} \approx kP$。

为了使模型尽可能简单,要添加一定的量 $X$,使得 $\frac{\mathrm{d}P}{\mathrm{d}t} = kXP$ 满足假定条件。当 $P$ 较小时,$X$ 接近 1；但当 $P(t) > N$ 时,$X < 0$。取 $X = 1 - \frac{P}{N}$,则满足条件,此时模型变为

$$\frac{\mathrm{d}P}{\mathrm{d}t} = k\left(1 - \frac{P}{N}\right)P$$

称为具有增长率 $k$ 和最大承载量 $N$ 的 Logistic 人口模型。

**例 7-2**　捕食—食饵模型

在自然界中,任何生物种群都不会孤立地生存。假设一个生态圈内有两种不同的动物,其中一种动物（如狐狸,称为捕食者）捕食另外一种动物（如野兔,称为食饵）。设 $t$ 时刻野兔的数量 $R(t)$,而狐狸的数量 $F(t)$。假设野兔所需的食物很丰富,本身的竞争并不激烈,如果不存在捕食者狐狸,则野兔的增加应该遵循指数增长率 $\frac{\mathrm{d}R}{\mathrm{d}t} = \alpha R (\alpha > 0$ 为某常数,表示自身单位增长率）,但因狐狸的存在,致使其增长率降低。设单位时间内狐狸与野兔相遇的次数为 $\beta FR (\beta > 0$ 为某个常数）。因此,$\frac{\mathrm{d}R}{\mathrm{d}t} = \alpha R - \beta FR$。

狐狸自身的减少率（因缺少野兔为食物）同它们当时的数目 $F$ 成正比,即 $\frac{\mathrm{d}F}{\mathrm{d}t} = -\gamma F (\gamma > 0$ 为某常数）,而单位时间内狐狸的出生成活数同它们本身的数量及食物野兔的数量成正比,即 $\delta FR, \delta > 0$ 为某个常数,反映野兔对狐狸的供养能力,于是得到

$$\begin{cases} \dfrac{\mathrm{d}R}{\mathrm{d}t} = \alpha R - \beta RF \\ \dfrac{\mathrm{d}F}{\mathrm{d}t} = -\gamma F + \delta FR \end{cases}$$

其中,$\alpha$、$\beta$、$\gamma$、$\delta$ 为参数,$t$ 为自变量;$R$、$F$ 为因变量。在方程组中包含两个因变量及其一阶导数,因而方程组是一阶二维微分方程组。如果食饵的食物捕食不是十分丰富,则它们自身的竞争非常激烈,即使不存在捕食者,它们的增长也遵循 Logistic 增长规律,即 $\dfrac{\mathrm{d}R}{\mathrm{d}t} = \alpha R\left(1-\dfrac{R}{N}\right)$,其中 $N>0$ 为环境最大承载量,这样得到一种改进的捕食—食饵模型。

## 7.2.2　分布参数建模方法

分布参数系统是指系统的状态变量、控制变量和被控制变量不仅是时间的函数,而且是空间坐标的函数,实际中通常是用偏微分方程所描述的系统。

**例 7-3**　人口具有典型的分布参数性质,如图 7-1 所示,具有控制的复杂性,是世界许多国家最紧迫需要解决的问题之一。为了合理调控人口,必须正确预测其发展,所以要进行定量计算,需要建立它的定量宏观模型。下面介绍一种用分布参数系统建立的模型,它是一个带有边界控制的偏微分方程。

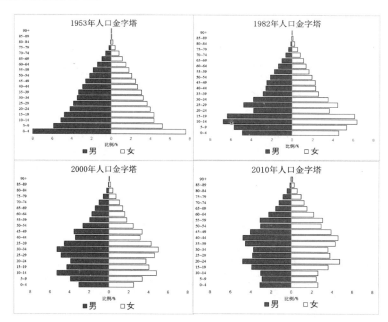

**图 7-1　历次普查人口年龄分布**

定义所研究地区(国家)在 $t$ 时刻(年代)所有年龄小于 $r$ 岁的人口总数为人口函数,并记为 $F(r,t)$,可见 $F(r,t)\geqslant 0$。如果用 $N(t)$ 表示所研究的地区在 $t$ 时刻的人口总数,记 $r_m$ 为人类所能活到的最高年龄,则有

$$\begin{cases} F(0,t)=0 \\ F(r_m,t)=F(\infty,t)=N(t) \end{cases}$$

由定义知,$F(r,t)$ 是 $r$、$t$ 的阶梯函数,而且 $F(r,t)$ 是 $r$ 的递增函数,当人口总数很大时,不妨设 $F(r,t)$ 是 $r$、$t$ 的连续函数,进一步假设偏导数 $\dfrac{\partial F}{\partial r}$、$\dfrac{\partial F}{\partial t}$ 也是 $r$、$t$ 的连续函数。令

$p(r,t)=\dfrac{\partial F}{\partial r}$ 为人口年龄密度函数。由于 $F(r,t)$ 是 $r$ 的递增函数,故 $p(r,t)=\dfrac{\partial F}{\partial r}\geqslant 0$。
可见

$$F(r,t)=\int_0^r p(\xi,t)\mathrm{d}\xi - F(0,t)=\int_0^r p(\xi,t)\mathrm{d}\xi$$

当 $r\geqslant r_m$ 时,$F(r,t)=N(t)$,故得 $p(r_m,t)=0$。

定义相对死亡率函数 $\mu(r,t)$ 为

$$\mu(r,t)=\lim_{\Delta t\to 0}\frac{\text{年龄在}[r,r+\Delta r]\text{内单位时间死亡的人数}}{\text{年龄在}[r,r+\Delta r]\text{内活着的人数}}$$

如果用 $M(r,t)$ 表示在 $t$ 时刻单位时间内按年龄死亡密度函数,则年龄在 $[r,r+\Delta r]$ 区间内,单位时间死亡的人数为 $M(r,t)\Delta r$,这时在此年龄区间内活着的人数为 $p(r,t)\Delta r$,故得

$$\mu(r,t)=\lim_{\Delta r\to 0}\frac{M(r,t)\Delta r}{p(r,t)\Delta r}=\frac{M(r,t)}{p(r,t)}$$

即 $M(r,t)=\mu(r,t)p(r,t)$。

继续导出人口发展方程,暂不考虑各种不确定的因素,只考虑自然生死过程。由 $p(r,t)$ 的定义,在 $t$ 时刻,年龄在 $[r,r+\Delta r]$ 区间内的人数为 $p(r,t)\Delta r$,当过了 $\Delta t$ 年之后,即在 $(t+\Delta t)$ 时刻,活着的人的年龄同时增加了 $\Delta r'=\Delta t$ 岁,即活着的人都变成了 $(t+\Delta t)$ 时刻,年龄在 $[(r+\Delta r'),(r+\Delta r')+\Delta r]$ 区间的人,其总数应为 $p(r+\Delta r',t+\Delta t)\Delta r$,所以在这段时期死去的人数为

$$M(r,t)\Delta r\Delta t=p(r,t)\Delta r - p(r+\Delta r',t+\Delta t)\Delta r$$

另外,由于 $M(r,t)=\mu(r,t)p(r,t)$,可知这段时期死去的人数应为

$$M(r,t)\Delta r\Delta t=\mu(r,t)p(r,t)\Delta r\Delta t$$

即得

$$p(r,t)\Delta r - p(r+\Delta r',t+\Delta t)\Delta r=\mu(r,t)p(r,t)\Delta r\Delta t$$

因为

$$p(r+\Delta r',t+\Delta t)\Delta r - p(r,t)\Delta r$$
$$=\{[p(r+\Delta r',t+\Delta t)-p(r,t+\Delta t)]+[p(r,t+\Delta t)-p(r,t)]\}\Delta r$$

则代入前式得

$$\frac{p(r+\Delta r',t+\Delta t)-p(r,t+\Delta t)}{\Delta t}+\frac{p(r,t+\Delta t)-p(r,t)}{\Delta t}=-\mu(r,t)p(r,t)$$

由 $\Delta r'=\Delta t,\Delta t\to 0$,得

$$\frac{\partial p(r,t)}{\partial r}+\frac{\partial p(r,t)}{\partial t}=-\mu(r,t)p(r,t)$$

这就是仅考虑自然的生死过程的人口发展过程,影响人口发展过程的还有各种随机因素,如移民、战争和自然灾害等。用 $f(r,t)\Delta r\Delta t$ 表示在 $[t,t+\Delta t]$ 区间内而年龄在 $[r,r+\Delta r]$ 内因各种随机因素而引起的人口扰动总数,这时自然人口发展方程变为

$$\frac{\partial p}{\partial r}+\frac{\partial p}{\partial t}=-\mu(r,t)p(r,t)+f(r,t)$$

这是考虑到随机因素的人口发展方程式,称 $f(r,t)$ 为相对扰动密度函数。

为确定人口发展过程,还须补充附加初值条件和边界条件,如果由统计数据知道在 $t=0$ 时刻的人口密度分布为 $p_0(r)$,则初值条件为

$$p(r,0)=p_0(r)$$

假设函数 $\varphi(t)$ 表示 $t$ 时刻单位时间内的初生婴儿总数,称为人口出生率,由设计边界条件为

$$p(0,t)=\varphi(t), \quad p(r_m,t)=0$$

综合以上条件,可得出人口发展过程的运动方程与边界条件为

$$\begin{cases} \dfrac{\partial p}{\partial r}+\dfrac{\partial p}{\partial t}=-\mu(r,t)p(r,t)+f(r,t) \\ p(r,0)=p_0(r) \\ p(0,t)=\varphi(t), \quad p(r_m,t)=0 \end{cases}$$

控制人口发展主要是通过控制人口出生率 $\varphi(t)$ 来实现,所以上述模型是一个带边界控制的分布参数系统。

# 7.3　连续系统仿真

建立微分方程模型只是解决问题的第一步,通常需要求出方程的解(仿真)来说明实际现象并加以检验。如果能得到解析形式的解固然是便于分析和应用的,但大多数微分方程求不出其解析解,因此研究其稳定性和数值解法也是十分重要的手段。

设系统动力学模型为一阶微分方程: $\dfrac{\mathrm{d}y}{\mathrm{d}t}=f(t,y)$,初始条件为 $y(t_0)=y_0$,其表示连续系统的因变量为 $y$,自变量为时间 $t$,系统模型描述了系统变量的速度 $\dfrac{\mathrm{d}y}{\mathrm{d}t}$ 与时间 $t$ 和状态 $y$ 的函数关系,对该系统的仿真即找出一个函数 $y=g(t)$,能够全面解析不同时刻 $t$ 下系统的状态 $y$。求解函数 $g(t)$ 的方法有两种,一种是直接求解微分方程 $\dfrac{\mathrm{d}y}{\mathrm{d}t}=f(t,y)$ 的解析法,但是当模型过于复杂,如阶数较高或者属于偏微分方程,就很难直接给出系统模型的解析解,这时就需要使用数值解法。本书给出常微分方程两种基本的数值解法:欧拉法与龙格-库塔(Runge-Kutta)法。对偏微分方程,主要使用有限差分解法。

## 7.3.1　解析法

MATLAB 求微分方程(组)的解析解命令为

dsolve('方程 1', '方程 2', …, '方程 n', '初始条件', '自变量')

其中'方程 1', '方程 2',…,'方程 n'为微分方程组的符号表达式,在表达微分方程时,用字母 D 表示求微分,D2、D3 等分别表示求 2 阶、3 阶等高阶微分,任何 D 后所跟的字母为因变量,自变量可以指定或由系统规则选定为缺省。

**例 7-4**    求 $\dfrac{\mathrm{d}u}{\mathrm{d}t}=1+u^2$ 的通解。

**解**    输入命令

```
dsolve('Du = 1 + u^2', 't')
```

结果为

```
ans =
    tan(t + C1)
```

结果表明,原系统的仿真函数为 $u=\tan(t+C1)$,其中 C1 为常数,这是因为系统没有指定初始条件,所以常数 C1 未定,一旦指定系统的初始条件,即确定常数 C1,则在任意自变量 $t$ 位置处的状态 $u$ 就可以直接由函数 $u=\tan(t+C1)$ 计算出来,并且不具备任何系统仿真误差。

**例 7-5**    设有一个弹簧-质量-阻尼器系统,如图 7-2 所示,阻尼器是一种产生黏性摩擦或阻尼的装置。它由活塞和充满油液的缸体组成,活塞杆与缸体之间的任何相对运动都将受到油液的阻滞,因为这时油-液必须从活塞的一端经过活塞周围的间隙(或通过活塞上的专用小孔)而流到活塞的另一端。阻尼器主要用来吸收系统的能量,被阻尼器吸收的能量转变为热量而散失掉,阻尼器本身不储藏任何动能或热能。试构建系统模型并求解。

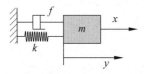

图 7-2    弹簧-质量-阻尼器系统

**解**    记系统的输入量为外力 $x$,输出量为质量 $m$ 的位移 $y$。我们的目标是求系统输出量 $y$ 与输入量 $x$ 之间所满足的关系式,即系统的微分方程。根据牛顿第二定律,有

$$m\frac{\mathrm{d}^2 y}{\mathrm{d}t^2}=x-x_1-x_2$$

其中,$x_1$ 为阻尼器的阻尼力;$x_2$ 为弹性力;$x_1$ 和 $x_2$ 为中间变量。我们必须找出它们与系统有关参数之间的关系才能消去它们。设阻尼器的阻尼系数为 $f$,弹簧为线性弹簧,其弹性系数为 $k$,则有

$$x_1=f\frac{\mathrm{d}y}{\mathrm{d}t},\quad x_2=ky$$

将以上二式代入系统微分方程,整理后得出系统模型

$$m\frac{\mathrm{d}^2 y}{\mathrm{d}t^2}+f\frac{\mathrm{d}y}{\mathrm{d}t}+ky=x$$

这是一个线性常系数二阶微分方程。令 $x=0,m=1,f=4,k=29$,初始时刻质量位置为 0,初始速度为 15,则系统仿真变成求微分方程 $\begin{cases}\dfrac{\mathrm{d}^2 y}{\mathrm{d}t^2}+4\dfrac{\mathrm{d}y}{\mathrm{d}t}+29y=0\\ y(0)=0,y'(0)=15\end{cases}$ 的特解。

用 MATLAB 求解该微分方程,可以输入命令

```
y = dsolve('D2y + 4 * Dy + 29 * y = 0', 'y(0) = 0,Dy(0) = 15', 't')
```

结果为

y = 3 * sin( 5 * t) * exp( - 2 * t)

本例对于高阶微分方程模型进行仿真,该方程最高阶为 2 阶,所以初始条件有两个,分别为 $x=0$ 时的因变量位置与速度 $y(0)=0,y'(0)=15$,这里将该条件写成 dsolve 命令的第二个参数,第三个参数指定系统的子变量为 t。

对仿真结果绘制时间 $t$ 在 $[0,3.5]$ 区间的图形如图 7-3 所示,质量从 0 位置上冲,最终衰减振荡到 0 位置。

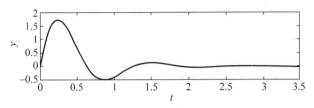

图 7-3　$t$ 在 $[0,3.5]$ 区间弹簧-质量-阻尼器系统的位移

**例 7-6**　求下列微分方程组的通解。

$$\begin{cases} \dfrac{\mathrm{d}x}{\mathrm{d}t}=2x-3y+3z \\[2mm] \dfrac{\mathrm{d}y}{\mathrm{d}t}=4x-5y+3z \\[2mm] \dfrac{\mathrm{d}z}{\mathrm{d}t}=4x-4y+2z \end{cases}$$

**解**　输入命令

[x,y,z] = dsolve( 'Dx = 2 * x - 3 * y + 3 * z','Dy = 4 * x - 5 * y + 3 * z','Dz = 4 * x - 4 * y + 2 * z','t')

结果为

```
x =
  C2 * exp(2 * t) + C3 * exp( - t)
y =
  C2 * exp(2 * t) + C3 * exp( - t) + C4 * exp( - 2 * t)
z =
  C2 * exp(2 * t) + C4 * exp( - 2 * t)
```

该例模型一共有三个因变量 $x$、$y$、$z$,模型通过各自变量的速度方程组给出。将这些方程依次作为 dsolve 的参数写入 MATLAB 函数,并指定系统的自变量为 $t$。

## 7.3.2　欧拉法

如果系统过于复杂,就需要使用数值方法进行微分方程模型的仿真求解,对一阶常微分方程模型 $\begin{cases} \dfrac{\mathrm{d}y}{\mathrm{d}t}=f(t,y) \\ y(t_0)=y_0 \end{cases}$ 而言,数值法的含义是将方程的解 $y=g(t)$ 分解为一系列的离散点 $t_i,i=1,2,\cdots,n$ 上的精确值 $g(t_1),g(t_2),\cdots,g(t_n)$ 的近似值 $y_1,y_2,\cdots,y_n$,近似值一般使用迭代公式 $y_{k+1}=y_k+\Delta y$ 逐步计算得出,其中 $\Delta y$ 为 $y_k$ 处因变量 $y$ 的微小增量,即从初

始因变量 $y_0$ 开始推算出 $y_1$，由 $y_1$ 推算出 $y_2$，以此类推直到计算出 $y_n$。

欧拉法为最简单的微分方程数值解法，由于系统速度 $\dfrac{\mathrm{d}y}{\mathrm{d}t}$ 在 $[t_k,t_{k+1}]$ 区间上积分为 $\displaystyle\int_{t_k}^{t_{k+1}} f(t,y)\mathrm{d}t$，则该区间上的因变量状态变化为

$$y_{k+1}-y_k=\int_{t_k}^{t_{k+1}} f(t,y)\mathrm{d}t$$

其中，$y_{k+1}=y(t_k+\Delta t)$，$y_k=y(t_k)$，$\Delta t=t_{k+1}-t_k=h$，$h$ 称为仿真迭代计算的步长。又由于导数定义为 $\dfrac{\mathrm{d}y}{\mathrm{d}t}=\lim\limits_{\Delta t\to 0}\dfrac{y(t+\Delta t)-y(t)}{\Delta t}$，则当 $h$ 足够小时，$\dfrac{\mathrm{d}y}{\mathrm{d}t}=f(t_k,y_k)\approx\dfrac{y_{k+1}-y_k}{h}$，于是获得近似迭代公式：

$$y_{k+1}-y_k\approx hf(t_k,y_k)$$

该公式可以从初始因变量 $y_0$ 开始向后逐步推算 $y_k$，$k=1,2,\cdots,n$，这里采用 $hf(t_k,y_k)$ 替代了真实定积分 $\displaystyle\int_{t_k}^{t_{k+1}} f(t,y)\mathrm{d}t$，降低了计算难度，即

$$\int_{t_k}^{t_{k+1}} f(t,y)\mathrm{d}t\approx hf(t_k,y_k)$$

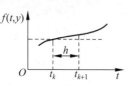

图 7-4　欧拉法利用矩形面积 $hf(t_k,y_k)$ 替代曲边梯形面积 $\displaystyle\int_{t_k}^{t_{k+1}} f(t,y)\mathrm{d}t$

其几何意义是把 $f(t,y)$ 在 $[t_k,t_{k+1}]$ 区间内的曲边梯形面积用矩形面积近似代替，如图 7-4 所示。

于是当 $h$ 很小时，如果认为造成的误差是允许的，欧拉递推公式就可近似地表达为

$$y_{k+1}=y_k+hf(t_k,y_k)$$

其中，取 $k=0,1,2,\cdots,N$，可知最简单的数值积分递推算法。

### 7.3.3　龙格-库塔法

龙格-库塔法是对欧拉法的高精度改进，欧拉法的主要缺点在于公式的递推增量 $y_{k+1}-y_k=\displaystyle\int_{t_k}^{t_{k+1}} f(t,y)\mathrm{d}t\approx hf(t_k,y_k)$ 存在近似误差。为进一步消除 $\displaystyle\int_{t_k}^{t_{k+1}} f(t,y)\mathrm{d}t$ 的计算误差，设计了龙格-库塔法，其递推形式与欧拉法类似，为

$$y_{k+1}=y_k+h\varphi(x_k,y_k,h)$$

增量函数 $\varphi(x_k,y_k,h)$ 的形式为一系列 $k_r$ 的加权平均：

$$\varphi(x_k,y_k,h)=\sum_{r=1}^{p}\lambda_r k_r$$

其中，$k_1=f(x_k,y_k)$，$k_r=f\left(x_k+a_r h,y_k+h\sum_{s=1}^{r-1} b_{rs}k_s\right)$，$r=2,\cdots,p$，$\lambda_r$、$a_r$、$b_{rs}$ 均为常数，$p\geqslant 1$ 为整数，则 $\varphi(x_k,y_k,h)=\sum_{r=1}^{p}\lambda_r k_r$ 被称为 $p$ 阶显示龙格-库塔法。其几何意义为 $p$ 个斜率为 $k_r$ 的加权平均来代替欧拉法的斜率(因变量速度)$f(t_k,y_k)$ 以达到提高数值计算方

法的精度。例如对于微分方程 $\begin{cases}\dfrac{\mathrm{d}y}{\mathrm{d}t}=f(t,y)\\ y(t_0)=y_0\end{cases}$，常用的四阶龙格-库塔法的递推公式为

$$\begin{cases}y_{k+1}=y_k+\dfrac{1}{6}(k_1+2k_2+2k_3+k_4)h\\[2mm] k_1=f(x_k,y_k)\\[2mm] k_2=f\left(x_k+\dfrac{h}{2},y_k+\dfrac{k_1}{2}\right)\\[2mm] k_3=f\left(x_k+\dfrac{h}{2},y_k+\dfrac{k_2}{2}\right)\\[2mm] k_4=f(x_k+h,y_k+k_3)\end{cases}$$

其中，$h$ 为求解步长。

MATLAB 数值解的求解模块如下：

```
[t,x] = solver('f', ts,x0,options)
```

其中，solver 表示采用的求解方式，常用的有 odel5s、ode23 和 ode45 等，其中 ode45 求解器属于变步长的一种，采用 Runge-Kutta 法 4、5 阶方法；'f'表示待分析微分方程的形式；ts 表示变量的初值和终值；$x_0$ 表示微分方程的初值；options 用于设定误差。

**例 7-7**　求解数学模型 $\begin{cases}\dfrac{\mathrm{d}^2x}{\mathrm{d}t^2}-1000(1-x^2)\dfrac{\mathrm{d}x}{\mathrm{d}t}-x=0\\ x(0)=2;\quad x'(0)=0\end{cases}$ 的仿真结果。

**解**　令 $y_1=x$，$y_2=y_1'$，则微分方程变为一阶微分方程组

$$\begin{cases}y_1'=y_2\\ y_2'=1000(1-y_1^2)y_2-y_1\\ y_1(0)=2,y_2(0)=0\end{cases}$$

在 MATLAB 编辑器中建立 M 文件 vdp1000.m 如下：

```
function dy = vdp1000(t,y)
    dy = zeros(2,1); % 给定容器。注意：dy 的维度必须与 y 一致,否则报错。
    dy(1) = y(2);
    dy(2) = 1000 * (1 - y(1)^2) * y(2) - y(1);
end
```

在 MATLAB 命令行窗口中输入命令

```
t0 = 0;
tf = 3000; % 仿真范围
[T,Y] = ode45('vdp1000',[t0 tf],[2 0]); % 初始值 y1(0) = 2,y0(0) = 0
plot(T,Y(:,1),'-')   % 只显示 y1 数据,为第一列
xlabel('\it t')
ylabel('\it {y}_1')
```

运行结果如图 7-5 所示。

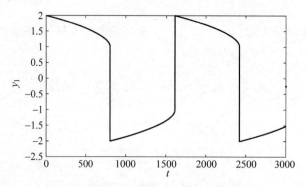

图 7-5　例 7-7 的模型 $y_1$ 随自变量 $t$ 变化

**例 7-8**　对例 7-2 的捕食-食饵模型仿真。

$$\begin{cases} \dfrac{\mathrm{d}R}{\mathrm{d}t} = \alpha R - \beta RF \\[2mm] \dfrac{\mathrm{d}F}{\mathrm{d}t} = -\gamma F + \delta FR \end{cases}$$

其中，$\alpha = 1, \beta = 0.1, \gamma = 0.5, \delta = 0.02, R(0) = 25, F(0) = 2$，仿真终止时间为 15。

**解**　令 $x_1 = R, x_2 = F$，在 MATLAB 编辑器中建立 M 文件 rabbit_fox. m 作为系统程序模型：

```
function dx = rabbit_fox (t,x)
    dx = zeros(2,1);
    dx(1) = x(1) * (1 - 0.1 * x(2));
    dx(2) = x(2) * ( -0.5 + 0.02 * x(1));
```

然后在命令行窗口输入命令

```
[t,x] = ode45 ('rabbit_fox', [0 15], [25 2]);     % 指定模型、仿真时间范围、初始值
plot(t,x(:,1),'-',t,x(:,2),'*')                   % 第一列为兔子数目,第二列为狐狸数目
legend('兔子','狐狸')
xlabel('\it t')
ylabel('数目')
```

显示结果如图 7-6 所示。

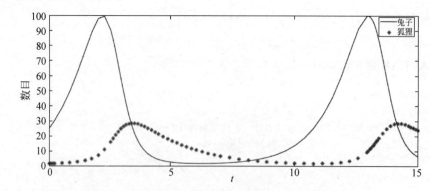

图 7-6　捕食-食饵模型在给定时间区间内的仿真结果

从结果可以看出,兔子与狐狸的数目存在动态平衡,兔子多时,狐狸增长;兔子减少,则狐狸跟着减少,形成生态平衡。

## 7.3.4　有限差分解法

对分布参数系统仿真,核心问题为对偏微分方程进行数值求解。例如在时间与空间两个方面将变量离散化,进而得到一组代数方程,然后利用已给出的初始条件及边界条件逐个求解,则可将任一时刻、任一空间位置的系统中的状态变量的值全部计算出来。

**例 7-9**　设有一条长为 $l$ 的细棒,其侧面是绝缘的,$t=0$ 时,温度分布为 $\varphi(x)$。今将它两端分别接近温度为 $u_1(t)$ 及 $u_2(t)$ 的物体,试计算在不同的时刻,棒上各点处的温度。

**解**　这个问题的数学模型可以用物理上的扩散方程来描述。

$$\frac{\partial u}{\partial t} - b \frac{\partial^2 u}{\partial x^2} = 0$$

其中,$x$、$t$ 为系统自变量,分别代表细棒位置与时间;因变量 $u$ 为具体某一位置某一时刻的温度;$b$ 为单位长度的储能能力。为了解此方程,首先给出边界条件及初始条件。假定 $0 \leqslant x \leqslant l, 0 \leqslant t \leqslant T$,则

$$\begin{cases} u(x,0) = \varphi(x) \\ u(0,t) = u_1(t) \\ u(l,t) = u_2(t) \end{cases}$$

差分解法的具体步骤如下。

(1) 取时间变量 $t$ 的步长为 $\tau$,将整个时间分为 $N$ 份,取空间变量 $x$ 的步长为 $h$,将整个长度分为 $M$ 份,在 $x$-$\tau$ 平面上构成一个矩形网格,有

$$\begin{cases} u_{m-1,n} = u((m-1)h, n\tau) \\ u_{m,n} = u(mh, n\tau) \\ u_{m,n+1} = u(mh, (n+1)\tau) \\ u_{m+1,n} = u((m+1)h, n\tau) \end{cases}$$

(2) 以差分来代替微分,即

$$\frac{\partial u}{\partial t}\bigg|_{\substack{x=nh \\ t=n\tau}} \approx \frac{u_{m,n+1} - u_{m,n}}{\tau}$$

$$\frac{\partial^2 u}{\partial x^2}\bigg|_{\substack{x=nh \\ t=n\tau}} \approx \frac{u_{m+1,n} - 2u_{m,n} + u_{m-1,n}}{h^2}$$

(3) 将上述两式代入扩散方程 $\frac{\partial u}{\partial t} - b\frac{\partial^2 u}{\partial x^2} = 0$,则得

$$\frac{u_{m,n+1} - u_{m,n}}{\tau} = \frac{u_{m+1,n} - 2u_{m,n} + u_{m-1,n}}{h^2} b$$

即差分迭代式为

$$u_{m,n+1} = ru_{m+1,n} + (1-2r)u_{m,n} + ru_{m-1,n}, \quad m=1,\cdots,M-1, n=0,\cdots,N-1$$

其中,$r = \dfrac{b\tau}{h^2}$。

（4）从 $t=0$ 开始计算（即从第 1 列开始计算），$u_{0,0}$ 及 $u_{M,0}$ 可由边界条件来确定，而中间各点 $u_{m,0}$，$m=1,\cdots,M-1$，则可由初始条件来确定，即

$$\begin{cases} u_{0,0}=u_1(0) \\ u_{M,0}=u_2(0) \\ u_{m,0}=\varphi(mh) \end{cases}$$

（5）计算第 2 列（$n=1$）上各点的值，两端仅由边界条件来决定，而中间各点由差分迭代式来计算，如

$$u_{m,1}=ru_{m+1,0}+(1-2r)u_{m,0}+ru_{m-1,n},\quad m=1,\cdots,M-1$$

（6）计算第 3 列（$n=2$）上各点的值，直到（$n=N$）为止。

对系统进行 MATLAB 仿真，设细棒长度为 1，时间长度为 0.01，单位长度的储能能力 $b=1$，初始时刻整个细棒温度为 100，两端始终保持温度为 0，求扩散效果。

```
%% 差分离散化
dx = 0.05;                 %x 方向的步长
dt = 0.001;                %t 方向的步长
r = dt/(dx^2);             %计算 r 的值
x = 0:dx:1;                %得到 x 的序列
t = 0:dt:0.01;             %得到 t 的序列
M = length(x) - 1;
N = length(t) - 1;
%% 边界条件
U = zeros(N + 1,M + 1);    %初始容器,差分网络空间
U(1,:) = 100;              %设置初值条件:U(x,0) = 100
U(2:N + 1,1) = 0;          %设置边界条件:U(0,t) = 0
U(2:N + 1,M + 1) = 0;      %设置边界条件:U(1,t) = 0
%% 根据差分方程,计算 U 的数值解
for k = 1:N
    for i = 2:M
        U(k + 1,i) = (1 - 2 * r) * U(k,i) + r * (U(k,i - 1) + r * U(k,i + 1));
    end
end
%% 显示
[x,t] = meshgrid(x,t);
mesh(x,t,U)                %绘制(x,t,U)的三维图
xlabel('x')
ylabel('t')
zlabel('U(x,t)')
title('扩散方程的数值模拟')
```

运行后如图 7-7 所示。

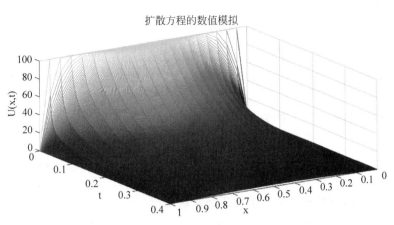

图 7-7 细棒各部分温度随时间变化

# 7.4 离散事件系统

对离散事件动态系统的研究最早是由哈佛大学何毓琦教授在 1980 年前后引入，可以追溯到对排队现象和排队网络系统的研究。随着信息处理技术、计算机技术和机器人技术等的发展完善和广泛应用，通信、制造、交通管理、军事指挥等领域相继出现了一批反映技术发展方向的人造系统，其典型例子如柔性生产线或装配线、大规模计算机和通信网络、空中或机场交通管理系统、军事指挥系统等。在这类人造系统中，对系统行为进程起决定作用的是一批离散事件，而不是连续变量，所遵循的是一些复杂的人为规则，而不是物理学定律或广义物理学定律。正是基于对这类人造系统行为和性能研究的需要，离散事件动态系统理论形成并发展。

## 7.4.1 离散事件

构成离散事件动态系统的基本要素是离散事件，DEDS 内的变量随时间的演化过程就是离散事件影响的结果，离散事件是指引起 DEDS 发生状态变化离散时刻的事件。事件则是 DEDS 状态发生变动的一个行动或情况，和离散时间连续变量动态系统不同，DEDS 中离散事件的发生时刻通常是异步的。离散事件的发生时刻取决于这一时刻前系统行为的演化过程。柔性生产线中的"工件到达机床"和"工件加工完成"，通信网络中的"信号到达网络"和"信息传递结束"，就是离散事件的一些典型例子。

在 DEDS 中，一个离散事件的发生会驱动系统状态产生跃变，同时还会按照系统的运行规则在系统其他部分触发新的离散事件，从而形成离散事件驱动下的系统状态演化过程，可见离散事件具有三个基本特征。

（1）离散事件是导致 DEDS 状态发生跃变和触发新离散事件的唯一因素，也即离散事件是驱动系统状态演化的基本因素。

（2）离散事件的发生时刻是异步的和非约定的，即发生时刻只由演化过程所决定。

（3）离散事件是研究 DEDS 的主体，对 DEDS 的分析归结为确定离散事件交互影响所导致的系统状态的演化过程，对 DEDS 的控制归结为禁止不期望事件的发生或使事件按期望的时序发生。

## 7.4.2　离散事件动态系统特点

离散事件动态系统是由离散事件驱动,并由离散事件按照一定运行规则相互作用,从而导致状态演化的人造动态系统。可见 DEDS 具有两个基本的特点。

(1) DEDS 的系统属性表现为离散事件驱动,而这也正是其取名为"离散事件动态系统"的原因所在。

(2) DEDS 的人造属性表现为基于人为的运行规则,而这也正是其能覆盖一大批人造系统的原因所在。

DEDS 的状态在离散事件驱动下异步地离散瞬时发生和跳跃式变化,其复杂性在于一方面离散事件会触发系统状态跃变,另一方面系统状态的跃变又会触发新离散事件发生,由此形成错综复杂的交互作用。对于实际离散事件动态系统,参数的微小变动都将引起离散事件发生时序的改变,从而导致不同的系统状态演化模式。为生成确定性的 DEDS,需要确定运动行为规则和系统参数,以此来增强 DEDS 的秩序,降低系统的控制复杂性。

相较于连续变量动态系统(continuous variable dynamic system,CVDS),离散事件动态系统有如下一些特点。

(1) 不同于 CVDS,DEDS 的状态只能在离散时间点上发生跃变。在 DEDS 中,状态的演化是由事件驱动,即仅在驱动事件发生的瞬时,状态才能出现跃变,其他时刻则保持不变。这是一种固有的不连续属性,与 CVDS 中时间离散化有本质区别。CVDS 中的时间离散化是依靠引入采样装置而人为加以实现的,不管是采用"同步"离散化还是采用"异步"离散化,变量跃变时刻总是事先确知的。就物理本质而言,时间离散化后的 CVDS 仍具有连续属性。

(2) 不同于 CVDS,DEDS 的状态变化具有异步性和并发性。DEDS 中,由系统固有离散性决定,演化过程中状态发生跃变时刻呈现异步性,在时间轴上状态跃变时刻是异步排列的;此外,一个离散事件的发生可能会使状态变化呈现出并发性,导致一些乃至全部状态变量的突变。

(3) 实际 DEDS 的状态变化往往呈现出不确定性。DEDS 中离散事件同时受当时系统内部因素和外部因素约束,这些因素严格地说总是会包含某种不确定性,由此导致系统状态变化呈现出不确定性。从这个意义上说,在对 DEDS 的建模和分析中,这种随机因素是不应回避的。但对某些 DEDS 如柔性生产或装配线等,在引入一些假设时,常可将系统按确定性情况加以处理,并通过研究其在参数摄动下的行为来考虑不确定性对系统的影响。

(4) 不同于 CVDS,由于 DEDS 服从的是人为逻辑规则,而不是物理学定律(如牛顿运动定律、电路定律等)及其衍生物,这就决定了 DEDS 通常不能采用传统的微分方程或差分方程来描述。这表明,比之可用微分方程或差分方程描述的 CVDS,DEDS 的建模和分析更为复杂。事实上,现今对 DEDS 提出的各种模型,无论是在形式的简明性上还是在计算的可行性上,都远不及作为 CVDS 一般模型的微分方程或差分方程。

离散事件动态系统相较于连续系统复杂,以至于其建模的主要手段是根据人工规则编写程序,由于该类系统内部的元素多具有自治性,所以一般会采用面向对象编程方法,设计不同对象的属性与方法,其中属性代表系统状态,方法代表系统人工规则,这样就构成了系统对象的程序类库模型,在此基础上就可以编写仿真环境程序。运行时,将类库按规则生成对象逐个加载入仿真环境,然后根据时钟运行与事件发生来推动系统的演化,其中人工规则是系统模型的主要体现,一般包括信息的传感、通信、处理、转换、输出;仿真程序是系统仿真的主要载体,可见离散事件系统的建模与仿真主要是通过编写计算机程序来实现的。

# 7.5　简单离散事件系统程序设计

典型的离散事件动态系统是排队系统与库存系统,本节以这两种简单系统为例,说明 DEDS 的程序设计规则与步骤。

## 7.5.1　单服务台排队系统

排队系统必须经过三个环节,即到达、排队等候处理(服务)、离去。图 7-8 所示为单服务台排队系统模型。

下面简要介绍一些简单排队系统中的基础概念,详细叙述请参考前面章节。

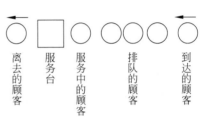

**图 7-8　单服务台排队系统模型**

### 1. 排队系统的到达事件

排队系统的到达事件按照顾客相继到达时间间隔可分为确定型和随机型,随机型到达采用概率分布来描述,最常用的是泊松到达。若采用平稳泊松过程描述,则在 $[t,t+s]$ 时段内到达的顾客数 $k$ 的概率为

$$P\{[N(t+S)-N(t)]=k\}=\frac{\mathrm{e}^{-\lambda s}(\lambda s)^{k}}{k!}$$

其中,$N(t)$ 表示在 $[0,t]$ 区间内到达顾客的个数,$t\geqslant0,s\geqslant0,k=0,1,2,\cdots,\lambda$ 为到达率。若顾客到达满足平稳泊松过程,则到达时间间隔服从指数分布,其密度函数为

$$f(t)=\lambda\mathrm{e}^{-\lambda t}=\frac{1}{\beta}\mathrm{e}^{-t/\beta}$$

其中,$\beta=1/\lambda$,表示到达时间间隔的均值。

### 2. 排队系统的排队规则

服务需求到达系统后将按照一定的次序和规则接受服务。如果系统空闲,则服务需求将直接得到服务,否则需要排队等待服务或直接放弃服务。

排队系统的排队规则可分为以下几种。

(1) 先到先服务,顾客按照到达次序接收服务。

(2) 后到先服务,如乘坐电梯时,顾客总是后进先出的。仓库中堆放的大件物品也是如此。在情报系统中,最后到达的信息往往是更有价值的,因而常常采用后到先服务的规则。

(3) 随机服务,当服务台空闲时,从等待的服务需求中随机选取一个进行服务,而不管到达的先后次序,如电子产品组装中的电子元件。

(4) 优先权服务,例如医院中急诊病人优先得到治疗。在使用该规则时,除了选择优先

权高的排在队列前面(该情况不影响正在接受服务的实体)外,还有一种情况就是立即停止当前的服务,为新到的具有更高优先权的实体服务,等完成更高优先权的实体服务后再进行当前的服务。比如,联络中心的座席人员从事电子邮件服务时电话铃响起,该座席停止回复邮件接听电话,等答复完挂断电话后再继续回复被中断的邮件。

(5) 混合制服务,即当排队队长或等待时间超过某个值时,到达系统的服务需求将离开系统,放弃服务,呈现一种条件损失的模式,否则服务需求就进入排队队列等待接受服务。

### 3. 排队系统的服务机构

(1) 系统可以单一窗口或多个窗口为顾客进行服务。

(2) 各窗口的服务时间可以是确定型或随机型。

### 4. 排队系统的性能指标

(1) 顾客在系统内的平均等待时间。

(2) 系统的平均队长。

(3) 服务利用率。

现以单服务台排队系统为例进行仿真说明。对于排队服务系统,顾客往往注重排队顾客是否太多、等待的时间是否太长,而服务员则关心他的空闲时间。队长、等待时间以及服务效率等指标都可以衡量系统性能,本例在已知顾客到达时间和服务时间的统计规律的情况下,建立排队系统仿真程序。首先进行系统的假设。

(1) 顾客源是无穷的。

(2) 排队长度没有限制。

(3) 到达系统的顾客按先后顺序进入服务。

在该排队系统中设定两个随机变量作为系统状态:

$i$:两位顾客先后到达系统的时间间隔;

$s$:每位顾客的服务时间。

$i$ 和 $s$ 的概率分布已经根据经验或理论假设确定。另设:

$i_k$:第 $k$ 位顾客与第 $k-1$ 位顾客到达时间间隔;

$s_k$:第 $k$ 位顾客服务时间;

$L(t)$:队长,表示排队等待的顾客数目;

$S(t)$:表示服务员的状态,当服务员工作时,令 $S(t)=1$,服务员空闲时,令 $S(t)=0$;

$a_k$:第 $k$ 位顾客到达时刻;

$d_k$:第 $k$ 位顾客离开时刻。

在任意时刻 $t$,系统状态可以用排队等候的顾客数目 $L(t)$ 和服务员是否在工作 $S(t)$ 来描述。引起系统状态 $L(t)$ 和 $S(t)$ 改变的行为称为事件。在排队系统中包含两类基本事件:顾客到达事件和顾客离开事件。系统状态在到达时刻 $a_k$、离开时刻 $d_k$ 将发生变化。在模拟系统运行中,设置时钟 $t$,将 $t$ 按照事件发生的先后顺序,从一个事件的发生时刻运行到下一个事件的发生时刻。这种仿真模式称为下一事件时间推进法。

初始条件可设为:第一位顾客到达时刻 $t=0$。终止条件可设为:设定仿真终止时刻为 $T$。顾客的到达时间间隔 $i$ 服从均值为 $\beta_i$ 的指数分布,即

$$f(i) = \frac{1}{\beta_i} e^{-i/\beta_i}, \quad i \geqslant 0$$

服务员服务的时间 $s$ 也服从指数分布,均值为 $\beta_s$,即

$$f(s) = \frac{1}{\beta_s} e^{-s/\beta_s}, \quad s \geqslant 0$$

由于是单服务台排队系统,考虑到系统中顾客是按单队排列,所以按先到先服务的方式服务。

仿真流程设计:

先根据时间间隔和服务时间的概率分布生成随机数 $i$ 与 $s$,再根据如下递推关系

$$a_k = a_{k-1} + i_k, d_k = \max(a_k, d_{k-1}) + s_k, \quad k = 1, 2, \cdots$$

计算到达时刻 $a_k$ 和离开时刻 $d_k$,然后让时钟 $t$ 按照 $a_k$ 和 $d_k$ 从小到大的顺序推进,一般不是生成 $i$ 或 $s$ 待用,而是在时钟 $t$ 推进到某一事件发生时才生成所需的 $i$ 或 $s$。所以在每一个事件发生时,需要设置并记录以下 4 个量的数值:队长 $L(t)$,服务状态 $S(t)$,下一个顾客到达事件的发生时刻 Arrive_time,下一个顾客离开事件的发生时刻 Depart_time,单服务台排队系统程序框架如图 7-9 所示。

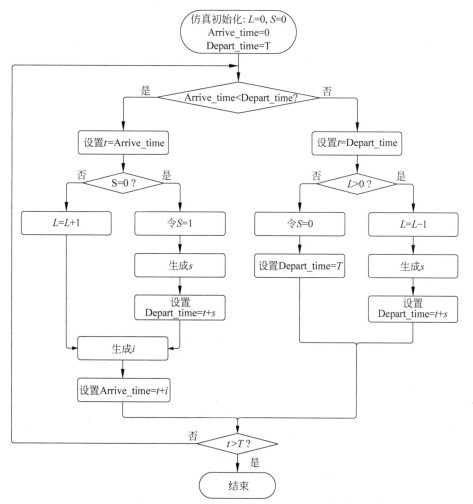

图 7-9　单服务台排队系统程序框架

## MATLAB 程序：在 MATLAB 编辑器中编写 one_queue.m 程序

```matlab
function out = one_queue (mu1,mu2,T)
% 单服务台
% T——时间终止点
% mu1——到达时间间隔服从指数分布,平均到达时间间隔
% mu2——服务时间服从指数分布,平均服务时间
%%
% 初始化
t = 0;                              % 当前时间
tt = [t];                           % tt——时间序列;
L = 0;                              % L——队长;
LL = [L];                           % LL——队长序列;
S = 0;                              % S——服务员状态
c = [];                             % c——顾客到达时间序列
b = [];                             % b——服务开始时间序列
e = [];                             % e——顾客离开时间序列
a_count = 0;                        % a_count——到达顾客数
b_count = 0;                        % b_count——服务顾客数
ARRIVETIME = 0;                     % ARRIVETIME——顾客到达事件的时间
DEPARTTIME = T;                     % DEPMMARTTIME——顾客离开事件的时间
%%
% 仿真过程
while t <= T
    if (ARRIVETIME < DEPARTTIME)     % 顾客到达子过程
        t = ARRIVETIME;
        if (S == 0)                  % 服务台空闲,开始服务
            S = 1;
            s = exprnd(mu2);         % 服务时间随机生成
            b_count = b_count + 1;   % 更新服务顾客数
            DEPARTTIME = t + s;      % 顾客离开时间
            b = [b,t];               % 记录顾客开始服务时间
            e = [e,DEPARTTIME];      % 记录顾客离开时间
        else                         % 服务台忙
            L = L + 1;               % 更新队长
        end
        i = exprnd(mu1);             % 生成下一顾客到达时间
        ARRIVETIME = t + i;          % 下一顾客到达时间
        c = [c,ARRIVETIME];          % 记录顾客到达时间
        a_count = a_count + 1;       % 更新到达顾客数
    else                             % 顾客离开子过程
        t = DEPARTTIME;
        if(L > 0)                    % 有排队的顾客
            L = L - 1;               % 更新队长
            s = exprnd(mu2);         % 随机生成服务时间
            b_count = b_count + 1;   % 更新服务顾客数
            b = [b,t];               % 记录顾客开始服务时间
```

```
                DEPARTTIME = t + s;
                e = [e, DEPARTTIME];              % 记录顾客离开时间
            else                                 % 没有排队的顾客,更新服务台回到空闲状态
                S = 0;
                DEPARTTIME = T;
            end
        end
        tt = [tt, t];
        LL = [LL, L];
    end
    %%
    % 仿真结果
    % e 顾客离开时间记录
    % c 顾客到达时间记录
    Ws = sum(e - c(1:length(e)))/length(e);      % 平均逗留时间
    Wb = sum(e - b(1:length(e)))/length(e);      % 平均服务时间
    Ls = sum(diff([tt, T]). * LL)/T;             % 平均队长
    fprintf('到达顾客数: % d\n', a_count)          % 到达顾客数
    fprintf('服务顾客数: % d\n', b_count)          % 服务顾客数
    out = [Ws, Wb, Ls];
end
```

在命令行窗口分别输入

```
one_queue(5, 4, 100) % β_i = 5min, β_s = 4min, T = 100min
one_queue(5, 5, 100) % β_i = 5min, β_s = 5min, T = 100min
one_queue(4, 5, 100) % β_i = 4min, β_s = 5min, T = 100min
```

输出结果如表 7-1 所示。

表 7-1　单服务台排队仿真结果

| $\beta_i$ | $\beta_s$ | $T$ | 到达顾客数 | 服务顾客数 | 平均等待时间 | 平均服务时间 | 平均队长 |
|---|---|---|---|---|---|---|---|
| 5 | 4 | 100 | 29 | 23 | 7.92 | 4.04 | 2.13 |
| 5 | 5 | 100 | 29 | 28 | 3.05 | 2.62 | 1.12 |
| 4 | 5 | 100 | 35 | 21 | 18.56 | 4.52 | 7.03 |

注: 时间单位为分钟。

## 7.5.2　随机库存系统仿真

原则上按照最优原理可以求出最佳订货点和库存水平,但是采用期望值来确定模型中的随机变量或者得到随机变量的概率分布函数绝对不是很容易的事情。因此一般要借助计算机仿真来实现库存问题。仿真首先需要做的是定义模型中的事件,事件的定义依赖于系统状态的描述。库存量可以用来描述系统状态,若所订货物到达仓库,库存量增加,因此可以定义订货到达为一类事件;雇主或客户订货增加会引起库存量的减少,故需定义需求到达为一类事件;模型中可以将仿真时间运行长度定义为程序事件,故仿真时间运行长度可定义为一类事件;另外发生货物入库的条件是订货,因此订货也可以定义为一

类事件。

设某仓库的最大库存水平为 11（单位），订货周期为 5 天，每天需求的单位数是随机变量，该随机变量分布可以预先定义，可以利用 1～100 的随机数函数来生成，如表 7-2 所示。

表 7-2　每天随机需求变量及其概率分布

| 需　　求 | 概　　率 | 累 积 概 率 | 随机数区间 |
| --- | --- | --- | --- |
| 0 | 0.10 | 0.10 | 1～10 |
| 1 | 0.25 | 0.35 | 11～35 |
| 2 | 0.35 | 0.70 | 36～70 |
| 3 | 0.21 | 0.91 | 71～91 |
| 4 | 0.09 | 1.00 | 92～100 |

另外，仓库的订货一般必须有提前时间（即从订货到货物到达），这个提前时间也是随机变量，可以采用 1～10 的均匀分布随机数程序生成，具体如表 7-3 所示。

表 7-3　订货提前时间概率分布

| 需　　求 | 概　　率 | 累 积 概 率 | 随机数区间 |
| --- | --- | --- | --- |
| 1 | 0.6 | 0.6 | 1～6 |
| 2 | 0.3 | 0.9 | 7～9 |
| 3 | 0.1 | 1.0 | 9～10 |

设开始库存量为 3 个单位，并订货 8 个单位，安排在 2 天内到达。每个周期的第 5 天定一次货，使得库存量到达 11 个单位。

在 MATLAB 编辑器中输入下列代码，生成 store.m 函数：

```
function store(p)                    % p 为订货次数
clc
n = 5;                               % 一个订货周期天数
kczh = 0;                            % 库存总和
ts = 0;                              % 缺货天数
kskc = 3;                            % 开始库存
sykc = 3;                            % 剩余库存
ddrq = 3;                            % 到货日期
dhl = 8;                             % 到货量
kcl = 11;                            % 库存量
qhl = 0;                             % 缺货量
disp(sprintf('\t 天 \t 始库存\t 随机数 \t 需求量\t 剩库存\t 缺货量\t 到货日\t 到货量'));
for i = 1:p                          % 订货周期
    for j = 1:n                      % 一个周期内每天的需求与到货
                                     %% 随机需求
        r = floor(rand(1) * 100);    % 生成 1～100 的均布随机数
        if r < 11
```

```matlab
        xql = 0;                        % 需求量
    elseif r > 91
        xql = 4;
    elseif r >= 11 & r <= 35
        xql = 1;
    elseif r > 35 & r <= 70
        xql = 2;
    else
        xql = 3;
    end;
    sykc = max(kskc - xql - qhl, 0);    % 剩余库存 = max(开始库存 - 需求量 - 缺货量, 0)
    if kskc >= xql & kskc > 0           % 判定开始库存是否大于需求量和 0
        qhl = 0;                        % 无缺货
    else
        qhl = qhl + xql - kskc;         % 计算缺货量 = 当前缺货 + 需求量 - 开始库存
    end;
    if qhl > 0
        ts = ts + 1;                    % 统计缺货天数
    end;
    if ddrq > 0                         % 根据到货日期输出不同数据
        disp(sprintf('%5d \t %5d \t %5d \t %5d \t %5d \t %5d \t %5d \t\t-- ', j,
kskc, r, xql, sykc, qhl, ddrq));
    elseif ddrq == 0
        disp(sprintf('%5d \t %5d \t %5d \t %5d \t %5d \t %5d \t\t--  %5d', j, kskc,
r, xql, sykc, qhl, dhl));
    else
        disp(sprintf('%5d \t %5d \t %5d \t %5d \t %5d \t %5d \t\t--\t-- ', j, kskc,
r, xql, sykc, qhl));
    end;
%    end;
    if ddrq == 1                        % 到货
        kskc = sykc + dhl - qhl;        % 开始库存 = 剩余库存 + 定货量 - 缺货量
        if kskc > 0                     % 开始库存 > 0
            qhl = 0;                    % 缺货量为 0
        end;
    else
        kskc = sykc;                    % 开始库存 = 剩余库存, 没到货
    end;
    kczh = kczh + sykc;                 % 一周期内库存总和
    ddrq = ddrq - 1;                    % 到货日期向前推进
end;
r = floor(rand(1) * 10);               % 生成 1～10 的随机数, 用于到货日期随机数生成
if r == 0
    ddrq = 3;
elseif  r <= 6
```

```
        ddrq = 1;
    else
        ddrq = 2;
    end
    dhl = kcl - sykc;                          % 订货量 = 库存量 - 剩余库存
end
disp('**************************************************');
disp(sprintf('平均库存 = %f\t\t缺货比例 = %.1f%%',kczh/(p * n),ts/(p * n) * 100));
```

在 MATLAB 命令行窗口键入 store(1),来获取一次订货周期库存每天明细以及一周期的平均库存与缺货比例统计,结果输出如下。

| 天 | 始库存 | 随机数 | 需求量 | 剩库存 | 缺货量 | 到货日 | 到货量 |
|---|---|---|---|---|---|---|---|
| 1 | 3 | 32 | 1 | 2 | 0 | 3 | -- |
| 2 | 2 | 69 | 2 | 0 | 0 | 2 | -- |
| 3 | 0 | 14 | 1 | 0 | 1 | 1 | -- |
| 4 | 7 | 93 | 4 | 3 | 0 | -- | 8 |
| 5 | 3 | 24 | 1 | 2 | 0 | -- | -- |

```
***************************************************
平均库存 = 1.400000      缺货比例 = 20.0%
```

输出表格显示了一周期($P=1$)内随机库存系统每天的实际仿真库存,并对一周期的平均库存与缺货比例进行了统计。

# 7.6　蒙特卡罗方法

蒙特卡罗(Monte Carlo)方法也称为随机仿真(random simulation)方法,有时也称作随机抽样(random sampling)技术或统计试验(statistical testing)方法。蒙特卡罗方法是一种与一般数值计算方法有本质区别的计算方法,属于试验数学的一个分支,起源于早期的用频率近似概率的数学思想,它利用随机数进行统计试验,以求得的统计特征值(如均值、概率等)作为待解问题的数值解。这一方法源于美国在第二次世界大战中研制原子弹的"曼哈顿计划",该计划的主持人之一数学家冯·诺依曼把他和乌拉姆所从事的与研制原子弹有关的秘密工作——对裂变物质的中子随机扩散进行直接模拟,并以摩纳哥的世界闻名赌城蒙特卡罗作为秘密代号来称呼。用赌城名比喻随机仿真,风趣又贴切,很快得到广泛接受,此后,人们便把这种计算机仿真方法称为蒙特卡罗方法,该方法的基本思想很早以前就被人们所发现和利用。

早在 17 世纪,人们就知道用事件发生的"频率"来决定事件的"概率",而在 19 世纪人们用投针试验的方法来确定圆周率 π。随着现代计算机技术的飞速发展,用计算机仿真随机过程,实现多次仿真试验并统计计算结果,进而可获得所求问题的近似结果。蒙特卡罗方法已经在原子弹工程的科学研究中发挥了极其重要的作用,并正在日益广泛地应用于物理、工程、经济、金融等各个领域。

**例 7-10**　用蒙特卡罗投点法计算 π 的值。

**解**　在边长为 $a$ 的正方形内随机投点,该点落在此正方形的内切圆中的概率应为内切圆与正方形的面积比,如图 7-10 所示。则投点落入内切圆的概率为

$$p = \frac{\pi \times \left(\frac{a^2}{2}\right)}{a^2} = \frac{\pi}{4}$$

程序设计框架如图 7-11 所示。

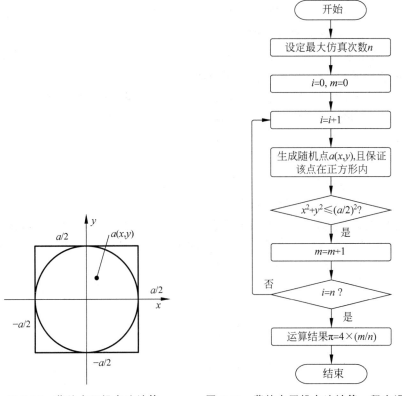

图 7-10　蒙特卡罗投点法计算 π　　图 7-11　蒙特卡罗投点法计算 π 程序设计框架

在 MATLAB 的编辑器中编写如下脚本:

```
n = 10000; a = 2; m = 0;
for i = 1:n
    x = rand(1) * a/2; y = rand(1) * a/2;
    if ( x^2 + y^2 <= (a/2)^2 )
      m = m + 1;
    end
end
fprintf('计算出来的 pi 为: % f\n', 4 * m/n);
```

由于蒙特卡罗方法是一种抽样统计的仿真方法,因而每次运行的结果都会不一样。但从总体上来说仿真次数越多,统计的数据就越精确。表 7-4 是上述程序的运行结果,$n$ 的取值分别为 10000、100000 和 1000000,每次运行三次求取其平均值。根据表中的结果我们可以看出,当 $n$ 取 1000000 时预测的值更加接近于 3.14159。

**表 7-4　蒙特卡罗方法求 $\pi$ 的试验结果**

| 取　　值 | 第　一　次 | 第　二　次 | 第　三　次 | 平　均　值 |
|---|---|---|---|---|
| $n = 10000$ | 3.158400 | 3.102400 | 3.125600 | 3.1288 |
| $n = 100000$ | 3.135840 | 3.143560 | 3.137400 | 3.1389 |
| $n = 1000000$ | 3.144948 | 3.141988 | 3.142404 | 3.1431 |

　　蒙特卡罗方法的基本思想是：为了求解数学、物理、工程技术以及生产管理等方面的问题，首先建立一个概率模型或随机过程，使随机参数等于问题的解；然后通过对模型或过程的观察或抽样试验来计算所求随机参数的统计特征；最后给出所求解的近似值。解的精确度可用估计值的标准误差来表示。蒙特卡罗方法以概率统计理论为其主要理论基础，以随机抽样（随机变量的抽样）为其主要手段。它可以解决各类型的问题，但总的来说，视其是否涉及随机过程的性态和结果，这些问题可分为两类：第一类是确定性的数学问题，如计算多重积分、解线性代数方程组等；第二类是随机性问题，如原子核物理问题、运筹学中的库存问题、随机服务系统中的排队问题、动物的生态竞争和传染病的蔓延问题等。

　　科学计算中的问题比这要复杂得多。比如金融衍生产品（期权、期货、掉期等）的定价及交易风险估算，问题的维数（即变量的个数）可能高达数百甚至数千。对这类问题，难度随维数的增加呈指数级增长，这就是"维数灾难"（curse of dimensionality），传统的数值方法难以解决（即使使用速度最快的计算机）。蒙特卡罗方法能很好地用来解决维数灾难，因为该方法的计算复杂性不再依赖于维数。借助此方法，以前那些本来是无法计算的问题现在也能够计算了。为提高方法的效率，科学家们提出了许多"方差缩减"技巧。

　　蒙特卡罗方法的基本原理是：利用各种不同分布随机变量的抽样序列仿真实际系统的概率模型，给出问题数值解的渐近统计估计值，其要点如下。

　　(1) 对问题建立简单而又便于实现的概率统计模型，使要求的解恰好是所建模型的概率分布或数值期望。

　　(2) 根据概率统计模型的特点和实际计算的需要，改进模型，以便减小模拟结果的方差，降低费用，提高效率。

　　(3) 建立随机变量的抽样方法，其中包括产生伪随机数及各种分布随机变量抽样序列的方法。

　　(4) 给出问题解的统计估计值及其方差或标准差。

# 本 章 小 结

　　本章介绍了一般系统的建模基础与仿真方法，首先介绍了系统模型的类别，并着重针对连续系统与离散事件系统讲解了建模方法与仿真实现。其中，连续系统主要使用（偏）微分方程进行模型表示，然后利用 MATLAB 进行方程解析解与数值解仿真；离散事件动态系统的建模与仿真需要借助计算机程序。对于简单系统的建模与仿真，本章给出了排队系统与库存系统的具体实例，对于复杂系统的建模与仿真，需要借助专用的多主体建模软件 NetLogo；最后简要介绍了蒙特卡罗方法仿真原理，与其他模型不同，该方法属于基于试验统计建模的方法。

# 复习思考题

1. 名词解释：

（1）欧拉法；

（2）四阶龙格-库塔法；

（3）连续系统仿真方法。

2. 连续系统与离散事件系统的区别是什么？

3. 不同系统状态变化的背后机理是什么？

# 第8章 生产系统优化问题的 MATLAB 实现

在生活和工作中,人们对于同一个问题往往会提出多个解决方案,并通过各方面的论证从中提取最佳方案。最优化方法就是专门研究如何从多个方案中科学合理地提取出最佳方案的科学。由于优化问题无所不在,目前最优化方法的应用和研究已经深入生产和科研的各个领域,如土木工程、机械工程、化学工程、运输调度、生产控制、经济规划、经济管理等,并取得了显著的经济效益和社会效益。用最优化方法解决最优化问题的技术称为最优化技术,它包含两个方面的内容。

(1) 建立数学模型,即用数学语言来描述最优化问题。模型中的数学关系式反映了最优化问题所要达到的目标和各种约束条件。

(2) 数学求解。数学模型建好以后,选择合理的最优化方法进行求解。

运用最优化方法解决最优化问题的一般方法步骤如下。

(1) 前期分析。分析问题,找到要解决的目标和约束条件,并确立最优化目标。

(2) 定义变量,建立最优化问题的数学模型,列出目标函数和约束条件。

(3) 针对建立的模型,选择合适的求解方法或数学软件。

(4) 编写程序,利用计算机求解。

(5) 对结果进行分析,讨论诸如结果的合理性、正确性,算法的收敛性,模型的适用性和通用性,算法效率与误差等。

最优化方法的发展很快,现在已经包含多个分支,如线性规划、整数规划、非线性规划、动态规划、多目标规划等。利用 MATLAB 的优化工具箱,可以求解线性规划、非线性规划和多目标规划问题。具体而言,其包括:线性、非线性最小化,最大最小化,二次规划(quadratic programming),半无限问题,线性、非线性方程(组)的求解,线性、非线性最小二乘问题。另外,该工具箱还提供了线性、非线性最小化,方程求解,曲线拟合,二次规划等问题中大型问题的求解方法,为优化方法在管理和工程中的实际应用提供了方便快捷的途径。

## 8.1 线性规划问题

### 8.1.1 数学模型

线性规划问题是目标函数和约束条件均为线性函数的问题,目前已经广泛应用于军事、经济、工业、农业、教育、商业和社会科学等许多方面。该问题的数学模型为

$$\min_{x \in \mathbf{R}^n} f^{\mathrm{T}} x$$

$$\mathrm{s.\,t.} \quad A \cdot x \leqslant b$$

$$Aeq \cdot x = beq$$

$$lb \leqslant x \leqslant ub$$

其中，$f$、$x$、$b$、$beq$、$lb$、$ub$ 为向量，$A$、$Aeq$ 为矩阵。求解该模型比较常用的软件包有 LINGO、LINDO 和 MATLAB。求解调用的 MATLAB 函数为 linprog。调用可根据需要选择如下的一种格式进行求解。

(1) x＝linprog(f,A,b) ％求解模型带有第一个不等式约束的最优解。

(2) x＝linprog(f,A,b,Aeq,beq) ％在(1)的基础上增加第二个等式约束。若没有不等式约束，则令 A＝[],b＝[]，即 x＝linprog(f,[],[],Aeq,beq)。

(3) x＝linprog(f,A,b,Aeq,beq,lb,ub) ％在(2)的基础上定义决策变量 x 的下界 lb 和上界 ub，使得 x 始终在该范围内。若没有等式约束，令 Aeq＝[],beq＝[]。

(4) x＝linprog(f,A,b,Aeq,beq,lb,ub,x$_0$) ％在(3)的基础上设置初值为 x$_0$。该选项只适用于中型问题，缺省时大型算法将忽略初值。

(5) x＝linprog(f,A,b,Aeq,beq,lb,ub,x$_0$,options) ％在(4)的基础上用 options 指定的优化参数进行最小化。

(6) [x,fval]＝linprog(…) ％返回解 x 及其最优目标函数值 fval＝f$^{\mathrm{T}}$x。

(7) [x,fval,exitflag]＝linprog(…) ％返回 exitflag 值，描述函数计算的退出条件。

(8) [x,fval,exitflag,output]＝linprog(…) ％返回包含优化信息的输出变量 output。

(9) [x,fval,exitflag,output,lambda]＝linprog(…) ％将解 x 处的拉格朗日乘子返回到 lambda 参数中。在 lambda 参数中，lambda. ineqlin、lambda. eqlin、lambda. lower 和 lambda. upper 分别表示线性不等式、线性等式、下界约束和上界约束的拉格朗日乘子。

在调用 linprog 时，对于大型优化算法，采用的是 LIPSOL 法(内点法)，需要在迭代计算之前首先进行一系列的预处理。对于中型优化算法，使用的是投影法，就像 quadprog 函数的算法一样，使用的是一种积极集方法，是线性规划中单纯形法的变种，它通过求解另一个线性规划问题来找到初始可行解。

## 8.1.2 线性规划应用实例

**例 8-1** 生产决策问题

某厂生产甲乙两种产品，已知制成 1 吨产品甲需用资源 A 3 吨、资源 B 4 立方米；制成 1 吨产品乙需用资源 A 2 吨、资源 B 6 立方米、资源 C 7 个单位。若 1 吨产品甲和乙的经济价值分别为 7 万元与 5 万元，三种资源的限制量分别为 90 吨、200 立方米和 210 个单位，试决定应生产这两种产品各多少吨才能使创造的总经济价值最高。

**解** 令生产产品甲、乙的数量分别为 $x_1$ 和 $x_2$。由题意可以建立下面的模型。

$$\max_{x \in \mathbf{R}^2} z = 7x_1 + 5x_2$$

$$\mathrm{s.\,t.} \quad 3x_1 + 2x_2 \leqslant 90$$

$$4x_1 + 6x_2 \leqslant 200$$

$$7x_2 \leqslant 210$$

$$x_j \geqslant 0, \quad j = 1,2$$

该模型中要求目标函数最大化,需要按照 MATLAB 的要求进行转换,即目标函数为

$$\min_{x \in \mathbb{R}^2} z = -7x_1 - 5x_2$$

则调用 linprog 函数求解模型的过程如下。

首先输入下列系数:

$$f = \begin{bmatrix} -7 \\ -5 \end{bmatrix}, \quad A = \begin{bmatrix} 3 & 2 \\ 4 & 6 \\ 0 & 7 \end{bmatrix}, \quad b = \begin{bmatrix} 90 \\ 200 \\ 210 \end{bmatrix}, \quad lb = \text{zeros}(2,1)$$

然后调用 linprog 函数:

```
[x,fval,exitflag,output,lambda] = linprog(f,A,b,[],[],lb)
```

得

```
x =
    14.0000
    24.0000
fval =
    - 218.0000
exitflag =
      1
output =
        iterations: 5
       cgiterations: 0
         algorithm: 'lipsol'
lambda =
      ineqlin: [3x1 double]
        eqlin: [0x1 double]
        upper: [2x1 double]
        lower: [2x1 double]
```

由上可知,生产甲种产品 14 吨、乙种产品 24 吨可使创建的总经济价值最高,最高经济价值为 218 万元,exitflag＝1 表示过程正常收敛于最优解处。

**例 8-2**　工件加工任务分配问题

某车间有两台机床甲和乙,可用于加工三种工件。假定这两台机床的可用台时数分别为 700 和 800,三种工件的数量分别为 300、500 和 400,且已知用三种不同机床加工单位数量的不同工件所需的台时数和加工费用(表 8-1),怎样分配机床的加工任务,才能既满足加工工件的要求,又使总加工费用最低?

表 8-1　机床加工情况

| 机床类型 | 单位工件所需加工台时数 | | | 单位工件的加工费用 | | | 可用台时数 |
| --- | --- | --- | --- | --- | --- | --- | --- |
| | 工件 1 | 工件 2 | 工件 3 | 工件 1 | 工件 2 | 工件 3 | |
| 甲 | 0.4 | 1.1 | 1.0 | 13 | 9 | 10 | 700 |
| 乙 | 0.5 | 1.2 | 1.3 | 11 | 12 | 8 | 800 |

**解** 设在甲机床上加工工件 1、2 和 3 的数量分别为 $x_1$、$x_2$ 和 $x_3$,在乙机床上加工工件 1、2 和 3 的数量分别为 $x_4$、$x_5$ 和 $x_6$。根据三种工件的数量限制,有

$$x_1 + x_4 = 300 \quad （对工件 1）$$
$$x_2 + x_5 = 500 \quad （对工件 2）$$
$$x_3 + x_6 = 400 \quad （对工件 3）$$

再根据机床甲和乙的可用总台时限制,可以得到其他约束条件。以总加工费用最少为目标函数,组合约束条件,可以得到下面的数学模型:

$$\min_{x \in R^6} z = 13x_1 + 9x_2 + 10x_3 + 11x_4 + 12x_5 + 8x_6$$

$$\text{s. t.} \quad x_1 + x_4 = 300$$
$$x_2 + x_5 = 500$$
$$x_3 + x_6 = 400$$
$$0.4x_1 + 1.1x_2 + x_3 \leqslant 700$$
$$0.5x_4 + 1.2x_5 + 1.3x_6 \leqslant 800$$
$$x_j \geqslant 0, \quad j = 1, 2, \cdots, 6$$

编程求解:首先输入下列系数:

```
f = [13;9;10;11;12;8];
A = [0.4 1.1 1 0 0 0;0 0 0 0.5 1.2 1.3];
b = [700; 800];
Aeq = [1 0 0 1 0 0;0 1 0 0 1 0;0 0 1 0 0 1];
beq = [300; 500; 400];
lb = zeros(6,1);
```

然后调用 linprog 函数:$[x, fval, exitflag] = linprog(f, A, b, Aeq, beq, lb)$,得

```
x =
    0.0000
  500.0000
    0.0000
  300.0000
    0.0000
  400.0000
fval =
  1.1000e + 004
exitflag =
    1
```

可见,在甲机床上加工 500 个工件 2,在乙机床上加工 300 个工件 1、400 个工件 3 可在满足条件的情况下使总加工费最少,最少费用为 11000 元,且收敛正常。

**例 8-3** 厂址选择问题

考虑 A、B、C 三地,每地都出产一定数量的原料,也消耗一定数量的产品（表 8-2）。已知制成每吨产品需 3 吨原料,各地之间的距离为:A-B:150 千米,A-C:100 千米,B-C:200 千米。假定每万吨原料运输 1 千米的运价是 5000 元,每万吨产品运输 1 千米的运价是 6000 元。由于地区条件的差异,在不同地点设厂的生产费用也不同。究竟在哪些地方设

厂,规模多大,才能使总费用最小? 另外,由于其他条件限制,在 B 处建厂的规模(生产的产品数量)不能超过 5 万吨。

**表 8-2   A、B、C 三地出产原料、消耗产品情况**

| 地　　点 | 年产原料/万吨 | 年销产品/万吨 | 生产费用/(万元/万吨) |
|---|---|---|---|
| A | 20 | 7 | 150 |
| B | 16 | 13 | 120 |
| C | 24 | 0 | 100 |

**解**　令 $x_{ij}$ 为由 $i$ 地运到 $j$ 地的原料数量(万吨), $y_{ij}$ 为由 $i$ 地运到 $j$ 地的产品数量(万吨), $i,j=1,2,3$ (分别对应 A、B、C 三地)。

每万吨原料从 A 地运到 B 地、从 A 地运到 C 地和从 B 地运到 C 地的运输费用分别是 $150 \times 0.5 = 75$ 万元、$100 \times 0.5 = 50$ 万元和 $200 \times 0.5 = 100$ 万元;每万吨产品从 A 地运到 B 地、从 A 地运到 C 地和从 B 地运到 C 地的运输费用分别是 $150 \times 0.6 = 90$ 万元、$100 \times 0.6 = 60$ 万元和 $200 \times 0.6 = 120$ 万元,而 A、B 和 C 三地每万吨原料制成产品的生产费用分别是 150 万元、120 万元和 100 万元,故每万吨原料制成产品后从 A 地运到 B 地和从 B 地运到 A 地的费用由生产与运输费用组成,分别是 $150 + 90 = 240$ 万元和 $120 + 90 = 210$ 万元。由于 C 地无销量,故无须向 C 地运输产品,只需将 C 地生产的产品运到 A 地和 B 地即可。每万吨原料制成产品后从 C 地运到 A 地和 B 地的费用分别是 $100 + 60 = 160$ 万元和 $100 + 120 = 220$ 万元。这样,总费用为

$$z = 75x_{12} + 75x_{21} + 50x_{13} + 50x_{31} + 100x_{23} + 100x_{32} +$$
$$150y_{11} + 240y_{12} + 210y_{21} + 120y_{22} + 160y_{31} + 220y_{32}$$

接下来再看一下各约束条件:每年 A 地的原料一方面运往 B、C 两地,另一方面制成成品后就地销售和运往 B 地,这些原料不能超过 20 万吨和从 B、C 两地运入的原料之和,即

$$3y_{11} + 3y_{12} + x_{12} + x_{13} \leqslant 20 + x_{21} + x_{31}$$

同样,也有约束

$$3y_{21} + 3y_{22} + x_{21} + x_{23} \leqslant 16 + x_{12} + x_{32} \text{ 和 } 3y_{31} + 3y_{32} + x_{31} + x_{32} \leqslant 24 + x_{13} + x_{23}$$

对于三地的年销产品,由自产品和另两地运入的产品组成,因此有

$$y_{11} + y_{21} + y_{31} = 7, \quad y_{12} + y_{22} + y_{32} = 13$$

又 B 地建厂生产的产品数量不超过 5 万吨,即 $y_{21} + y_{22} \leqslant 5$。

故根据题意,可以建立问题的数学模型(其中目标函数包括原材料运输费、产品运输费和生产费)为

$$\min_{x \in \mathbb{R}^{12}} z = 75x_{12} + 75x_{21} + 50x_{13} + 50x_{31} + 100x_{23} + 100x_{32} +$$
$$150y_{11} + 240y_{12} + 210y_{21} + 120y_{22} + 160y_{31} + 220y_{32}$$
$$\text{s. t.}\quad 3y_{11} + 3y_{12} + x_{12} + x_{13} - x_{21} - x_{31} \leqslant 20$$
$$3y_{21} + 3y_{22} - x_{12} + x_{21} + x_{23} - x_{32} \leqslant 16$$
$$3y_{31} + 3y_{32} - x_{13} - x_{23} + x_{31} + x_{32} \leqslant 24$$
$$y_{21} + y_{22} \leqslant 5$$
$$y_{11} + y_{21} + y_{31} = 7$$
$$y_{12} + y_{22} + y_{32} = 13$$
$$x_{ij} \geqslant 0, \quad i,j = 1,2,3, i \neq j$$
$$y_{ij} \geqslant 0, \quad i = 1,2,3, j = 1,2$$

**注意**：模型中 $x = [x_{12}, x_{21}, x_{13}, x_{31}, x_{23}, x_{32}, y_{11}, y_{12}, y_{21}, y_{22}, y_{31}, y_{32}]^T$。

下面求解该问题模型。

首先输入下列系数：

```
f = [75;75;50;50;100;100;150;240;210;120;160;220];
A=[1 -1 1 -1 0 0 3 3 0 0 0 0;-1 1 0 0 1 -1 0 0 3 3 0 0;
   0 0 -1 1 -1 1 0 0 0 0 3 3;0 0 0 0 0 0 0 0 1 1 0 0];
b=[20;16;24;5];
Aeq=[0 0 0 0 0 0 1 0 1 0 1 0;0 0 0 0 0 0 0 1 0 1 0 1];
beq=[7;13];
lb = zeros(12,1);
```

然后调用 linprog 函数：

```
[x,fval,exitflag,output,lambda] = linprog(f,A,b,Aeq,beq,lb)
x =
     0.0000
     1.0000
     0.0000
     0.0000
     0.0000
     0.0000
     7.0000
     0.0000
     0.0000
     5.0000
     0.0000
     8.0000
fval =
   3.4850e+003
exitflag =
     1
```

所以，要使总费用最小，需要 B 地向 A 地运送 1 万吨，A、B、C 三地的建厂规模分别为 7 万吨、5 万吨和 8 万吨。最小总费用为 3 485 万元。

# 8.2　混合整数线性规划问题

对于线性规划问题，如果要求其决策变量全部取整数值，则称该问题为整数线性规划问题。0-1 整数线性规划是整数线性规划的特殊情形，其决策变量只能取值为 0 或 1，如背包问题和指派问题。混合整数线性规划（mixed-integer linear programming，MILP）问题是一种更一般的情形，其决策变量分量既有实数也有整数值或只能取 0 或 1 的值。对于该问题的求解，其难度和运算量远大于同规模的线性规划问题。割平面法和分支定界法是两种常用的求解这类问题的方法。此外，同线性规划模型一样，也可以运用 LINGO、LINDO 软件包和 MATLAB 中的函数 intlinprog 求解。该问题模型如线性规划模型，但调用函数

intlinprog 需要注明决策变量的哪些分量取整，即

$$\min_{x \in \mathrm{R}^n} f^{\mathrm{T}} x$$

$$\text{s. t.} \quad x(\text{intcon}) \text{ 是整数}$$

$$A \cdot x \leqslant b$$

$$Aeq \cdot x = beq$$

$$lb \leqslant x \leqslant ub$$

其完整的调用格式为

```
[x, fval, exitflag, output] = intlinprog(f, intcon, A, b, Aeq, beq, lb, ub, options)
```

或

```
[x, fval, exitflag, output] = intlinprog(problem)
```

这里的 intcon 是向量，其值为对 $x$ 的哪些分量取整或是取 0-1 变量的位置数，如要求对 $x$ 的第二个分量 $x_2$ 取整，则 intcon=2；如果 $x$ 的第二个分量 $x_2$ 取整和第三个分量 $x_3$ 取 0-1 变量，则 intcon=[2,3]，并限制 $x_3$ 的上界约束为 1，下界约束为 0。problem 是一个结构体 (struct) 表示方式。比如求解以下混合整数线性规划问题。

$$\min_{x} (-3x_1 - 2x_2 - x_3)$$

$$\text{s. t.} \quad x_3 \in \{0,1\}$$

$$x_1, x_2 \geqslant 0, x_1 \text{ 为整数}$$

$$x_1 + x_2 + x_3 \leqslant 7$$

$$4x_1 + 2x_2 + 3x_3 = 12$$

编制程序

```
f = [-3, -2, -1]';
intcon = [1,3];
A = [1 1 1];
b = 7;
Aeq = [4,2,3];
beq = 12;
lb = zeros(3,1);
ub = [Inf; Inf; 1]; % 强迫 x3 是 0-1 变量.
options = optimoptions('intlinprog', 'Display', 'off');
problem = struct('f', f, 'intcon', intcon, 'Aineq', A, 'bineq', b, 'Aeq', Aeq, 'beq', beq, …
    'lb', lb, 'ub', ub, 'options', options, 'solver', 'intlinprog');
x = intlinprog(problem)
```

运行后

```
x =
    0    5.5000   1.0000
```

而采用 intlinprog 函数则为：$[x, \text{fval}, \text{exitflag}, \text{output}] = \text{intlinprog}(f, \text{intcon}, A, b, Aeq, beq, lb, ub)$ 运行后

```
x =
    0      5.5000      1.0000
fval =
    -12.0000
exitflag =
    1
output =
        relativegap: 0
        absolutegap: 0
     numfeaspoints: 1
          numnodes: 0
    constrviolation: 1.7764e-15
            message: 'Optimal solution found....'
```

这个 output 结构表明 numnodes 是 0,这意味着 intlinprog 在分支前求得最优解,表明结果可靠,relativegap 和 absolutegap 是 0,即目标函数的上下界之相对差值和绝对差值都为 0,进一步表明了结果的可靠性。

TSP(travelling salesman problem,旅行商问题) 可利用 intlinprog 函数进行求解,TravellingSalesmanExample.m 是 MATLAB 自带的采用该函数进行求解的样例。下面我们再结合几个例子说明这种函数的调用方法。

**例 8-4**　工作人员计划安排问题

某昼夜服务的公共交通系统每天各时间段(每 4 小时为一个时间段)所需的值班人数如表 8-3 所示,这些值班人员在某一时段开始上班后要连续工作 8 个小时(包括轮流用膳时间),问该公交系统至少需要多少名工作人员才能满足值班的需要?

表 8-3　各时段所需值班人数

| 班　次 | 时　间　段 | 所需人数 |
| --- | --- | --- |
| 1 | 6:00—10:00 | 60 |
| 2 | 10:00—14:00 | 70 |
| 3 | 14:00—18:00 | 60 |
| 4 | 18:00—22:00 | 50 |
| 5 | 22:00—次日 2:00 | 20 |
| 6 | 2:00—6:00 | 30 |

**解**　设 $x_i$ 为第 $i$ 个时段开始上班的人员数,据题意建立下面的数学模型。

$$\min_x z = \sum_{i=1}^{6} x_i$$

$$\text{s.t.} \quad x_i \text{ 取正整数}, i=1,2,\cdots,6$$
$$x_6 + x_1 \geqslant 60$$
$$x_1 + x_2 \geqslant 70$$
$$x_2 + x_3 \geqslant 60$$
$$x_3 + x_4 \geqslant 50$$
$$x_4 + x_5 \geqslant 20$$
$$x_5 + x_6 \geqslant 30$$

需要对前面六个约束条件进行形式变换,使不等式为非正不等式。只需要在不等式两侧取负即可。

首先输入下列系数:

```
f = [1;1;1;1;1;1];
intcon = [1 2 3 4 5 6];
A = [-1 0 0 0 0 -1; -1 -1 0 0 0 0; 0 -1 -1 0 0 0;
    0 0 -1 -1 0 0; 0 0 0 -1 -1 0; 0 0 0 0 -1 -1];
b = [-60; -70; -60; -50; -20; -30];
lb = zeros(6,1);
```

然后调用 intlinprog 函数:

```
[x,fval,exitflag] = intlinprog(f,intcon,A,b,[],[],lb)
```

运行后的计算结果为

```
x =
    60    10    50    0    30    0
fval =
    150
exitflag =
    1
```

可见,只要六个时段分别安排 60 人、10 人、50 人、0 人、30 人和 0 人就可以满足值班的需要。共计 150 人,计算收敛。

而采用 linprog 函数取整也可以求解前面的问题,则计算结果为

```
x =
    41.9176    28.0824    35.0494    14.9506    9.8606    20.1394
fval =
    150.0000
exitflag =
    1
```

总人数同样需要 150 人,但分派到各时段的人数却变成了 42 人、28 人、35 人、15 人、10 人和 20 人来满足值班的需要,计算同样收敛,但采用 linprog 函数求解整数线性规划问题容易导致结果不可行。

**例 8-5** 确定职工编制问题

某厂每日 8 小时的产量不低于 1800 件。为了进行质量控制,计划聘请两种不同水平的检验员。一级检验员的标准为:速度 25 件/小时,正确率 98%,计时工资 4 元/小时;二级检验员的标准为:速度 15 件/小时,正确率 95%,计时工资 3 元/小时。检验员每错检一次,工厂要损失 2 元。现有可供厂方聘请的检验员人数为一级 8 人和二级 10 人。为使总检验费用最省,该工厂应聘一级、二级检验员各多少名?

**解** 设需要一级、二级检验员的人数分别为 $x_1$ 名和 $x_2$ 名,则应付检验员的工资费用为 $(8\times4)x_1+(8\times3)x_2$,即 $32x_1+24x_2$。因检验员错检而造成的损失为 $(8\times25x_1)\times2\%\times2+(8\times15x_2)\times5\%\times2$,即 $8x_1+12x_2$。故总费用为 $40x_1+36x_2$。由于总产量不低于 1800 件,故有约束 $(25\times8)x_1+(15\times8)x_2\geqslant1800$,整理得 $5x_1+3x_2\geqslant45$,即 $-5x_1-3x_2\leqslant$

－45。这样，建立的数学模型为

$$\min_x z = 40x_1 + 36x_2$$

$$\text{s.t.} \quad x_1, x_2 \text{ 为整数}$$
$$-5x_1 - 3x_2 \leqslant -45$$
$$0 \leqslant x_1 \leqslant 8$$
$$0 \leqslant x_2 \leqslant 10$$

现在求解该模型。首先输入下列系数：

```
f = [40;36];
intcon = [1 2];
A = [-5 -3];
b = [-45];
lb = zeros(2,1);
ub = [8;10];
```

然后调用 intlinprog 函数：

```
[x,fval,exitflag] = intlinprog(f,intcon,A,b,[],[],lb,ub)
```

运行后

```
x =
     8    2
fval =
  392.0000
exitflag =
     1
```

可见，招聘一级检验员 8 名、二级检验员 2 名可使总检验费最省，为 392.00 元，计算收敛。

**例 8-6**  裁料问题

在某建筑工程施工中需要制作 10000 套钢筋，每套钢筋由 2.9 米、2.1 米和 1.5 米三种不同长度的钢筋各一根组成，它们的直径和材质不同。目前在市场上采购到的同类钢筋的长度每根均为 7.4 米，问应购进多少根 7.4 米长的钢筋才能满足工程的需要？

**解**  首先分析共有多少种不同的套裁方法，该问题的可能裁料方案如表 8-4 所示。

表 8-4  裁 料 方 案

| 下料长度/米 | 裁料方案编号 $i$ | | | | | | | |
|---|---|---|---|---|---|---|---|---|
| | 1 | 2 | 3 | 4 | 5 | 6 | 7 | 8 |
| 2.9 | 2 | 1 | 1 | 1 | 0 | 0 | 0 | 0 |
| 2.1 | 0 | 2 | 1 | 0 | 3 | 2 | 1 | 0 |
| 1.5 | 1 | 0 | 1 | 3 | 0 | 2 | 3 | 4 |
| 料头长度/米 | 0.1 | 0.3 | 0.9 | 0 | 1.1 | 0.2 | 0.8 | 1.4 |

设以 $x_i (i=1,2,\cdots,8)$ 表示按第 $i$ 种裁料方案下料的原材料数量，则该问题的数学模型为

$$\min_x z = \sum_{i=1}^{8} x_i$$

s. t. $\quad x_i$ 为整数，$i = 1, 2, \cdots, 8$

$\quad\quad 2x_1 + x_2 + x_3 + x_4 = 10000$

$\quad\quad 2x_2 + x_3 + 3x_5 + 2x_6 + x_7 = 10000$

$\quad\quad x_1 + x_3 + 3x_4 + 2x_6 + 3x_7 + 4x_8 = 10000$

$\quad\quad x_i \geqslant 0, \quad i = 1, 2, \cdots, 8$

下面求解模型。

首先输入下列系数：

```
f = [1;1;1;1;1;1;1;1];
intcon = [1 2 3 4 5 6 7 8];
Aeq = [2 1 1 1 0 0 0 0;0 2 1 0 3 2 1 0;1 0 1 3 0 2 3 4];
beq = [10000 10000 10000];
lb = zeros(8,1);
```

然后调用 intlinprog 函数：

```
[x,fval,exitflag,output] = intlinprog(f,intcon,[],[],Aeq,beq,lb)
x =
   1.0e + 03 *
    5.0000    0.0010        0        0    1.6660    2.5000        0        0
fval =
        9167
exitflag =
    1
output =
        relativegap: 0
        absolutegap: 0
     numfeaspoints: 1
          numnodes: 0
    constrviolation: 0
            message: 'Optimal solution found. … '
```

所以最节省的情况需要 9167 根 7.4 米长的钢筋，其中第一种方案使用 5000 根，第二种方案使用 1 根，第五种方案使用 1666 根，第六种方案使用 2500 根，计算收敛，结果可靠。

**例 8-7** 资源配置问题

有 7 种规格的包装箱要装到两节铁路平板车上去。包装箱的宽和高相同，但厚度($t$，以厘米计)和重量($w$，以千克计)不同。表 8-5 为每种包装箱的厚度、重量以及数量。每节平板车有 10.2 米长的地方可用来装包装箱(像面包片那样)，载重为 40 吨。由于当地货运的限制，对于 $C_5$、$C_6$、$C_7$ 类包装箱的总数有一个特别的限制：这类箱子所占的空间(厚度)不能超过 302.7 厘米。试把包装箱装到平板车上使浪费的空间最小。

表 8-5　每种包装箱的厚度、重量以及数量

| 种类 | $C_1$ | $C_2$ | $C_3$ | $C_4$ | $C_5$ | $C_6$ | $C_7$ |
|---|---|---|---|---|---|---|---|
| $t/$厘米 | 48.7 | 53.0 | 61.3 | 72.0 | 48.7 | 52.0 | 64.0 |
| $w/$千克 | 2000 | 3000 | 1000 | 500 | 4000 | 2000 | 1000 |
| $n/$件 | 8 | 7 | 9 | 6 | 6 | 4 | 8 |

**解**　令 $x_{ij}$ 为在第 $j$ 节车上装载第 $i$ 件包装箱的数量（$i=1,2,\cdots,7$；$j=1,2$）；$n_i$ 为第 $i$ 种包装箱需要装的件数；$w_i$ 为第 $i$ 件包装箱的重量；$t_i$ 为第 $i$ 件包装箱的厚度；$L_j$ 为第 $j$ 节车的长度（$L_j=1020$ 厘米）；$W_j$ 为第 $j$ 节车的载重量；$s$ 为特殊限制（$s=302.7$ 厘米）。下面建立该问题的整数线性规划模型。

**1. 约束条件**

两节车的装箱数不能超过需要装的件数，即 $x_{i1}+x_{i2}\leqslant n_i$，$i=1,2,\cdots,7$。

每节车可装的长度不能超过车能提供的长度：$\displaystyle\sum_{i=1}^{7}t_ix_{ij}\leqslant L_j$，$j=1,2$。

每节车可装的重量不能超过车能提供的载重量：$\displaystyle\sum_{i=1}^{7}w_ix_{ij}\leqslant W_j$，$j=1,2$。

对于 $C_5$、$C_6$、$C_7$ 类包装箱的总数的特别限制：$\displaystyle\sum_{i=5}^{7}t_i(x_{i1}+x_{i2})\leqslant s$。

**2. 目标函数**

浪费的空间最小，即包装箱的总厚度最大：$\displaystyle\max_x z=\sum_{i=1}^{7}t_i(x_{i1}+x_{i2})$。

**3. 建立模型如下：**

$$\max_x z=\sum_{i=1}^{7}t_i(x_{i1}+x_{i2})$$

$$\text{s.t.}\quad x_{i1}+x_{i2}\leqslant n_i,\quad i=1,2,\cdots,7$$

$$\sum_{i=1}^{7}t_ix_{ij}\leqslant L_j,\quad j=1,2$$

$$\sum_{i=1}^{7}w_ix_{ij}\leqslant W_j,\quad j=1,2$$

$$\sum_{i=5}^{7}t_i(x_{i1}+x_{i2})\leqslant s$$

$$x_{ij}\geqslant 0\text{ 取整数},\quad i=1,2,\cdots,7, j=1,2$$

**4. 模型求解**

```
f = -[48.7;48.7;53.0;53.0;61.3;61.3;72.0;72.0;48.7;48.7;52.0;52.0;64.0;64.0];
intcon = [1 2 3 4 5 6 7 8 9 10 11 12 13 14];
A = [1 1 0 0 0 0 0 0 0 0 0 0 0 0;0 0 1 1 0 0 0 0 0 0 0 0 0 0;
```

```
0 0 0 0 1 1 0 0 0 0 0 0 0 0;0 0 0 0 0 0 1 1 0 0 0 0 0 0;
0 0 0 0 0 0 0 0 1 1 0 0 0 0;0 0 0 0 0 0 0 0 0 0 1 1 0 0;
0 0 0 0 0 0 0 0 0 0 0 0 1 1;48.7 0 53.0 0 61.3 0 72.0 0 48.7 0 52.0 0 64.0 0;
0 48.7 0 53.0 0 61.3 0 72.0 0 48.7 0 52.0 0 64.0;2 0 3 0 1 0 0.5 0 4 0 2 0 1 0;
0 2 0 3 0 1 0 0.5 0 4 0 2 0 1;0 0 0 0 0 0 0 0 48.7 48.7 52.0 52.0 64.0 64.0];
b = [8;7;9;6;6;4;8;1020;1020;40;40;302.7];
lb = zeros(14,1);
[x,fval,exitflag,output] = intlinprog(f,intcon,A,b,[],[],lb)
```

运行后,得

```
x =
    2.0000    6.0000    2.0000    5.0000    7.0000    2.0000    2.0000
    4.0000    5.0000    2.0000         0    1.0000         0         0
fval =
    -2.0398e+03
exitflag =
        1
output =
        relativegap: 0
        absolutegap: 0.2000
      numfeaspoints: 5
           numnodes: 21755
     constrviolation: 2.2737e-13
            message: 'Optimal solution found. …'
```

即

$$\boldsymbol{x}^* = \begin{bmatrix} 2 & 2 & 7 & 2 & 5 & 0 & 0 \\ 6 & 5 & 2 & 4 & 0 & 1 & 0 \end{bmatrix}^{\mathrm{T}}, \quad z^* = 2039.8。$$

**5. 最优解的分析说明**

由上一步中的求解结果可以看出,$\boldsymbol{x}^*$ 即为最优的装车方案,此时每节车装箱的长度为 1019.9 厘米,两节车共装箱的总长度为 2039.8 厘米,计算收敛,结果相对可靠。

# 8.3 非线性规划问题

## 8.3.1 无约束非线性规划问题

无约束非线性规划问题是无约束最优化问题的一种重要形式,其目标函数是非线性的。无约束最优化问题在实际应用中也比较常见,如工程中常见的参数反演问题。另外,许多有约束最优化问题可以转化为无约束最优化问题进行求解。无约束最优化问题的数学模型为

$$\min_{x \in \mathrm{R}^n} \boldsymbol{f}(\boldsymbol{x})$$

其中,$\boldsymbol{x} = [x_1, x_2, \cdots, x_n]^{\mathrm{T}} \in \mathrm{R}^n$,通常称变量 $x_1, x_2, \cdots, x_n$ 为决策变量,称 $\boldsymbol{f}(\boldsymbol{x})$ 为目标函数。

对于无约束非线性最优化问题可调用 MATLAB 函数 fminunc 和 fminsearch 进行求解。给定初值后,能够求解出多变量标量函数的最小值,其调用格式为

```
[x,fval,exitflag,output,grad,hessian] = fminunc(fun,x0,options,P1,P2,...)
```

或

```
[x,fval,exitflag,output] = fminsearch(fun,x0,options,P1,P2,...)
```

该调用格式给定初值 x0,求 fun 函数的局部极小点 x,x0 可以是标量、向量或矩阵,用 options 参数中指定的优化参数进行最小化,将问题参数 P1、P2 等直接输给目标函数 fun, 可将 options 参数设置为空矩阵,作为 options 参数的缺省值。将解 x 处目标函数的值返回 到 fval 参数中,exitflag 表示描述函数的输出条件,output 表示包含优化信息的结构输出, grad 和 hessian 表示的是解 x 处 fun 函数的梯度值和 Hessian 矩阵信息。

对于求解平方和的问题,fminunc 函数和 fminsearch 函数都不是最好的选择,用 lsqnonlin 函数效果更佳。使用大型方法时,必须通过将 options.GradObj 设置为'on'来提供 梯度信息,否则将给出警告信息。fminsearch 是使用单纯形法进行计算的,对于求解二次以 上的问题,fminsearch 函数比 fminunc 函数有效。但是,当问题高度非线性时,fminunc 函 数更具稳健性。调用 fminunc 函数和 fminsearch 函数时,其目标函数必须是连续的,且可 能会给出局部最优解。它们只对实数进行优化,即 $x$ 必须为实数,而且 $f(x)$ 必须返回实 数。当 $x$ 为复数时,必须将它分解为实部和虚部。

## 8.3.2　约束非线性规划问题

约束非线性规划问题是指目标函数和约束函数至少有一个是非线性的有约束最优化问 题。在有约束最优化问题中,通常要将该问题转换为更简单的子问题,这些子问题可以求解 并作为迭代过程的基础。早期的方法通常是通过构造惩罚函数等将有约束的最优化问题转 换为无约束最优化问题求解。现在,这些方法已经被更有效的基于 K-T(Kuhn-Tucker)方 程解的方法所取代,K-T 方程是有约束最优化问题求解的必要条件。假设有凸(convex)规 划问题,$f(x)$ 和 $g_i(x)$,$i=1,2,\cdots,m$ 为凸函数,则 K-T 方程对于求得全局极小点是必要 的,也是充分的。其数学模型为

$$\min_{x} f(x)$$
$$\text{s. t.} \begin{cases} c(x) \leqslant 0 \\ ceq(x) = 0 \\ A \cdot x \leqslant b \\ Aeq \cdot x = beq \\ lb \leqslant x \leqslant ub \end{cases}$$

其中 $x,b,beq,lb$ 和 $ub$ 为向量,$A$ 和 $Aeq$ 为矩阵,$c(x)$ 和 $ceq(x)$ 为函数,返回标量。$f(x)$、 $c(x)$ 和 $ceq(x)$ 可以是非线性函数。求解该问题需调用 fmincon 函数,完整的调用格式是

```
[x,fval,exitflag,output,lambda,grad,hessian] = fmincon(fun,x0,A,b,Aeq,beq,lb,ub,nonlcon,
options,P1,P2,...)
```

对格式中的 nonlcon 参数来说,该参数计算非线性不等式约束 $c(x) \leqslant 0$ 和非线性等式 约束 $ceq(x)=0$。nonlcon 参数是一个包含函数名的字符串,该函数可以是 M 文件、内部文 件或 MEX 文件,它要求输入一个向量 $x$,返回两个变量:解 $x$ 处的非线性不等式向量 $c(x)$

和非线性等式向量 **ceq(x)**。例如,若 nonlcon＝'mycon',则 M 文件 mycon. m 具有下面的形式:

```
function [c,ceq] = mycon(x)
c = ...       % 计算 x 处的非线性不等式。
ceq = ...     % 计算 x 处的非线性等式。
```

若还计算了约束的梯度,即

```
options = optimset('GradConstr', 'on')
```

则 nonlcon 函数必须在第三个和第四个输出变量中返回 **c(x)** 的梯度 Gc 和 **ceq(x)** 的梯度 Gceq。当被调用的 nonlcon 函数只需要两个输出变量(此时优化算法只需要 c 和 ceq 的值,而不需要 Gc 和 Gceq)时,可以通过查看 nargout 的值来避免计算 Gc 和 Gceq 的值:

```
function [c,ceq,Gc,Gceq] = mycon(x)
c = ...            % 解 x 处的非线性不等式.
ceq = ...          % 解 x 处的非线性等式.
if nargout > 2     % 被调用的 nonlcon 函数,要求有 4 个输出变量.
    Gc = ...       % 不等式的梯度.
    Gceq = ...     % 等式的梯度.
end
```

　　对于大型优化问题,若在 fun 函数中提供了函数的梯度信息(options. GradObj 设置为 'on'),并且只有上下界存在或只有线性等式约束存在,则 fmincon 函数将选择大型算法,如果没有梯度信息,则给出警告信息。fmincon 函数允许 $g(x)$ 为一近似梯度,但使用真正的梯度将使优化过程更具稳健性。当对矩阵的二阶导数(即 Hessian 矩阵)进行计算以后,用该函数求解大型问题将更有效,但不需要求得真正的 Hessian 矩阵。如果能提供 Hessian 矩阵的稀疏结构的信息(用 options 参数的 HessPattern 属性),则 fmincon 函数可以算得 Hessian 矩阵的稀疏有限差分近似。若 x0 不是严格可行的,则 fmincon 函数选择一个新的严格可行初始点。若 x 的某些元素没有上界或下界,则 fmincon 函数更希望对应的元素设置为 Inf(对于上界)或-Inf(对于下界),而不希望强制性地给上界赋一个很大的值,给下界赋一个很小的负值,**Aeq** 矩阵中若存在密集列或近密集列[A dense(或 fairly dense)column]会导致满秩并使计算费时,fmincon 函数剔除 **Aeq** 中线性相关的行。此过程需要进行反复的因子分解,因此,如果相关行很多的话,计算将是一件很费时的事情。

　　对于中型优化问题,如果用 **Aeq** 和 **beq** 清楚地提供等式约束,将比用 **lb** 和 **ub** 获得更好的数值解。在二次子问题中,若有等式约束并且因等式(dependent equalities)被发现和剔除,将在过程标题中显示'dependent'(当 output 参数要求使用 options. Display＝'iter')。只有在等式连续的情况下,因等式才会被剔除。若等式系统不连续,则子问题将不可行并在过程标题中打印'infeasible'信息。目标函数和约束函数都必须是实数且连续的,否则可能会给出局部最优解。当问题不可行时,fmincon 函数将试图使最大约束值最小化。**Aeq** 的行数不能多于列数,如果在 fun 函数中提供了解析梯度,选项参数 DerivativeCheck 不能与大型方法一起用,以比较解析梯度和有限差分梯度,可以通过将 options 参数的 MaxIter 属性设置为 0 来用中型方法核对导数,然后用大型方法求解问题。

**例 8-8**　高速公路问题

A 城和 B 城之间准备建一条高速公路,B 城位于 A 城正南 20 千米和正东 30 千米交会处,它们之间有东西走向连绵起伏的山脉。公路造价与地形特点有关,图 8-1 给出了整个地区的大致地貌情况,显示可分为三条沿东西走向的地形带。图中的直线 AB 显然是最短路径,但未必最便宜,而路径 ARSB 过山地的路段最短,但也未必最好。试在给定三种地形上每公里建造费用的情况下,确定最便宜的路线。

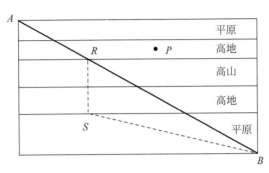

**图 8-1　A 城和 B 城之间的地形**

　　**解**　(1) 问题分析:在建设高速公路时,总希望建造费用最小。如果要建造的起点、终点在同一地貌中,那么最佳路线则是两点之间连接的线段,这样的费用最省。因此,这是一个典型的最优化问题,以建造费用最小为目标,需要做出的决策则是确定在各个地貌交界处的会合点。$x_i$:在第 $i$ 个会合点上的横坐标(以左下角为直角坐标原点),$i=1,2,3,4$;$x_5=30$ (指目的地 B 点的横坐标),$x=[x_1,x_2,x_3,x_4]^T$;$l_i$:第 $i$ 段南北方向的长度($i=1,2,\cdots,5$);$s_i$:在第 $i$ 段地貌所建公路的长度($i=1,2,\cdots,5$)。由问题分析可知,$s_1=\sqrt{l_1^2+x_1^2}$;$s_i=\sqrt{l_i^2+(x_i-x_{i-1})^2}$,$i=2,\cdots,5$;$c_1$、$c_2$ 和 $c_3$ 分别是平原、高地和高山每公里的造价(单位:万元/公里)。

　　(2) 模型假设。

　　① 假设在相同地貌中修改高速公路,建造费用与公路长度成正比。

　　② 假设在相同地貌中修改高速为直线,在理论上可以使建造费用最少,当然实际中一般达不到。

　　(3) 模型建立:在 A 城和 B 城之间建造一条高速公路的问题可以转化为下面的非线性规划模型。优化目标是在 A 城和 B 城之间建造高速公路的费用。

$$\min_x f=c_1s_1+c_2s_2+c_3s_3+c_2s_4+c_1s_5$$
$$\text{s.t.}\quad x_{i-1}-x_i<0,\quad i=2,3,4$$
$$x_4-30<0,$$
$$0\leqslant x_i\leqslant30,\quad i=1,2,3,4$$

　　(4) 模型求解:取 $c_1=400,c_2=800,c_3=1200$(假设的数据),代入函数编程求解。编程如下:

```
function x = hwprob
clear all
```

```
global c l
c = [400 800 1200];
l = [4 4 4 4];
x = fmincon('objfun_hw',[1 1 1 1],[],[],[],[],zeros(1,4),ones(1,4) * 30,'myconhw')
optans = objfun_hw(x)
c = ones(3,1);
len = objfun_hw(x)
```

描述目标函数的 Matlab 函数 objfun_hw. m 为

```
function obj = objfun_hw(x)
global c l
obj = c(1) * sqrt(l(1)^2 + x(1)^2) + c(2) * sqrt(l(2)^2 + (x(2) - x(1))^2) + c(3) * sqrt(l(3)^2 +
(x(3) - x(2))^2) + c(2) * sqrt(l(4)^2 + (x(4) - x(3))^2) + c(1) * sqrt(l(5)^2 + (30 - x(4))^2);
```

描述约束条件的 MATLAB 函数 myconhw. m 为

```
function [d,ceq] = myconhw(x)
d(1) = x(1) - x(2);
d(2) = x(2) - x(3);
d(3) = x(3) - x(4);
d(4) = x(4) - 30;
ceq = [];
```

主程序运行结果：

```
x =
    12.1731   14.3323   15.6677   17.8269
optans =
    2.2584e + 004
len =
    38.9350
```

（5）模型结果及分析：通过求解可知，为了使建造费用最少，建造地点的选择宜采取下列结果：$x_1 = 12.1731, x_2 = 14.3323, x_3 = 15.6677, x_4 = 17.8269$，建造总费用为 2.2584 亿元，总长度为 38.9350 千米。

**例 8-9** 供应与选址

某公司有 6 个建筑工地要开工，每个工地的位置（用平面坐标系 $a$、$b$ 表示，距离单位：千米）及水泥日用量 $d(t)$ 由表 8-6 给出。目前有两个临时料场位于 $A(5,1)$、$B(2,7)$，日储量各有 20 吨。假设从料场到工地之间均有直线道路相连。

（1）试制订每天的供应计划，即从 A、B 两料场分别向各工地运送多少水泥可使总的吨千米数最小？

（2）为了进一步减少吨千米数，打算舍弃这两个临时料场，改建两个新的，日储量同样各为 20 吨，应建在何处节省的吨千米数最大？可最大节省多少？

**表 8-6　工地位置（$a$，$b$）及水泥日用量 $d$**

| 工地 | 1 | 2 | 3 | 4 | 5 | 6 |
|---|---|---|---|---|---|---|
| $a$ | 1.25 | 8.75 | 0.5 | 5.75 | 3 | 7.25 |
| $b$ | 1.25 | 0.75 | 4.75 | 5 | 6.5 | 7.25 |
| $d$ | 3 | 5 | 4 | 7 | 6 | 11 |

**解**　（1）问题分析。

对于问题（1），从 A、B 两个料场分别向 6 个工地运送水泥，使总的吨千米数最小，且从料场到工地之间均有直线道路相连，既要满足每个工地所需的水泥日用量，又要考虑 A、B 两个料场各自的日存储量 20 吨。

对于问题（2），需要改建两个新的料场，在每个工地水泥日用量满足且各料场的日存储量不得超过 20 吨的条件下，使总的吨千米数最小，则需要确定新的两个料场的具体位置。

（2）模型假设。

① 各料场到工地之间均有直线道路相连。

② 两个料场的日存储量能够满足 6 个工地的水泥日用量。

③ 在从料场到工地的运输过程中不存在水泥的损耗。

④ 运输费用与吨千米数成正比。

（3）模型建立。记工地的位置为 $(a_i, b_i)$，水泥日用量为 $d_i$，$i=1,2,\cdots,6$，料场位置为 $(x_j, y_j)$，日储量为 $e_j$，$j=1,2$，料场 $j$ 向工地 $i$ 的运送量为 $X_{ij}$。其数学模型为

$$\min_X f = \sum_{j=1}^{2}\sum_{i=1}^{6} X_{ij}\sqrt{(x_j-a_i)^2+(y_j-b_i)^2}$$

$$\text{s.t.}\begin{cases}\sum_{i=1}^{6}X_{ij}\leqslant e_j, & j=1,2\\ \sum_{j=1}^{2}X_{ij}=d_i, & i=1,2,\cdots,6\end{cases}$$

当用临时料场时决策变量为 $X_{ij}$，当不用临时料场时决策变量为 $X_{ij}$、$x_j$、$y_j$。对于问题（1），只需确定 $X_{ij}$。设 $\boldsymbol{X}=[X_{11},X_{21},X_{31},X_{41},X_{51},X_{61},X_{12},X_{22},X_{32},X_{42},X_{52},X_{62}]^{\mathrm{T}}$。对于问题（2），需要确定 $X_{ij}$ 及两个新料场的位置 $(x_j, y_j)$。

设 $X_i=X_{i1}$，$X_l=X_{i2}$，$i=1,2,\cdots,6$，$l=7,8,\cdots,12$，$X_{13}=x_1$，$X_{14}=y_1$，$X_{15}=x_2$，$X_{16}=y_2$。

（4）编制程序。首先编制出各料场和工地的位置程序 gl.m 如下：

```
x = [1.25 8.75 0.5 5.75 3 7.25];
y = [1.25 0.75 4.75 5 6.5 7.25];
lx = [5 2];
ly = [1,7];% lx,ly原两个临时料场的位置坐标
plot(x,y,'*b');
hold on;
plot(lx,ly,'or');
text(1.25,1.25, '工地 1');
text(8.75,0.75, '工地 2');
text(0.5,4.75, '工地 3');
```

```
text(5.75, 5, '工地 4');
text(3,6.5, '工地 5');
text(7.25,7.25, '工地 6');
text(5,1, '料场 1');
text(2,7, '料场 2');
```

运行后的图形如图 8-2 所示。

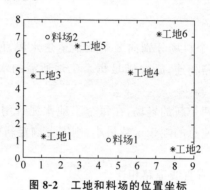

图 8-2　工地和料场的位置坐标

对于问题(1)，可以调用 linprog 函数求解，编程文件 wt1.m 如下：

```
clear
a = [1.25 8.75 0.5 5.75 3 7.25];
b = [1.25 0.75 4.75 5 6.5 7.25];                    %(x,y)为 6 个工地的位置坐标
d = [3 5 4 7 6 11];                                 %6 个工地的水泥日用量
lx = [5 2];
ly = [1,7];                                         %lx,ly 原两个临时料场的位置坐标
e = [20 20];                                        %两个料场的分布日储量
for i = 1:6
    for j = 1:2
        aa(i,j) = sqrt((lx(j) - a(i))^2 + (ly(j) - b(j))^2);  %6 个工地与两个料场各自的距离
    end
end
CC = [aa(:,1);
aa(:,2)];
A = [1 1 1 1 1 1 0 0 0 0 0 0;0 0 0 0 0 0 1 1 1 1 1 1];
B = [20;20];                                        %A,B 为不等式约束条件的参数
Aeq = [1 0 0 0 0 0 1 0 0 0 0 0;0 1 0 0 0 0 0 1 0 0 0 0;0 0 1 0 0 0 0 0 1 0 0 0;
    0 0 0 1 0 0 0 0 0 1 0 0;0 0 0 0 1 0 0 0 0 0 1 0;0 0 0 0 0 1 0 0 0 0 0 1];
beq = [d(1); d(2); d(3); d(4); d(5); d(6)];         %Aeq,beq 等式约束条件的参数
vlb = zeros(12,1);
vub = [];                                           %x 的取值范围
x0 = [1 2 3 0 1 0 0 1 0 1 0 1];                     %x0 初值
[xx,fval] = linprog(CC,A,B,Aeq,beq,vlb,vub,x0)
```

运行后的结果为

```
xx =
    3    5    0    7    0    1    0    0    4    0    6    10
fval =
  136.2275
```

即由料场 A、B 向 6 个工地运送的方案如表 8-7 所示。

表 8-7　由料场 A、B 向 6 个工地运送的方案

| 方　案 | 1 | 2 | 3 | 4 | 5 | 6 |
|---|---|---|---|---|---|---|
| 料场 A | 3 | 5 | 0 | 7 | 0 | 1 |
| 料场 B | 0 | 0 | 4 | 0 | 6 | 10 |

总费用为 136.2275。

对于问题(2)，首先编制目标函数的总费用程序 tlc.m 如下：

```
function f = tlc(x)
a = [1.25 8.75 0.5 5.75 3 7.25];
b = [1.25 0.75 4.75 5 6.5 7.25];          % (x,y)为 6 个工地的位置坐标
d = [3 5 4 7 6 11];                        % 6 个工地的水泥日用量
e = [20 20];                               % 两个料场的分别日储量
f1 = 0;
for i = 1:6
    s(i) = sqrt((x(13) - a(i))^2 + (x(14) - b(i))^2);    % 6 个工地分别与第一个新料场的距离
    f1 = s(i) * x(i) + f1;                               % 第一个新料场的费用和
end
f2 = 0;
for i = 7:12
    s(i) = sqrt((x(15) - a(i-6))^2 + (x(16) - b(i-6))^2);   % 6 个工地分别与第二个新料场的距离
    f2 = s(i) * x(i) + f2;                                  % 第二个新料场的费用和
end
f = f1 + f2;                               % 两个新料场的总费用
```

接下来，编制主程序文件 maintlc.m 如下：

```
clear
x0 = [3 5 0 7 0 1 0 0 4 0 6 11 5 2 1 7];                    % 赋初值
A = [1 1 1 1 1 1 0 0 0 0 0 0 0 0 0 0;0 0 0 0 0 0 1 1 1 1 1 1 0 0 0 0];
B = [20;20];                               % A,B 为不等式约束条件的参数
Aeq = [1 0 0 0 0 0 1 0 0 0 0 0;0 1 0 0 0 0 0 1 0 0 0 0;0 0 1 0 0 0 0 0 1 0 0 0;
       0 0 0 1 0 0 0 0 0 1 0 0;0 0 0 0 1 0 0 0 0 0 1 0;0 0 0 0 0 1 0 0 0 0 0 1];
beq = [3; 5; 4; 7; 6; 11];                 % Aeq,beq 等式约束条件的参数
vlb = [zeros(12,1); - inf; - inf; - inf; - inf];
vub = [];                                  % x 的取值范围
x0 = [1 2 3 0 1 0 0 1 0 1 0 1];            % x0 初值
[x, fval] = fmincon('tlc', x0, A, B, Aeq, beq, vlb, vub)
```

运行主程序 maintlc.m 后的结果为

```
x =
1 至 13 列
    2.9410 4.8405 3.8779 6.9431 1.3033 0.0221 0.0590 0.1595 0.1221
    0.0569 4.6967 10.9779 5.7298
  14 至 16 列
    4.9758 7.2500 7.7500
  fval =
    90.4920
```

即由新料场 A、B 向 6 个工地运送的方案如表 8-8 所示。

表 8-8    由新料场 A、B 向 6 个工地运送的方案

| 方　案 | 1 | 2 | 3 | 4 | 5 | 6 |
| --- | --- | --- | --- | --- | --- | --- |
| 料场 A | 3 | 5 | 4 | 7 | 1 | 0 |
| 料场 B | 0 | 0 | 0 | 0 | 5 | 11 |

总费用为 90.4920。

新料场的坐标为：$A(5.7298, 4.9758)$，$B(7.25, 7.75)$。

# 8.4    二次规划问题

如果某非线性规划问题的目标函数为自变量的二次函数，约束条件全是线性函数，就称这种最优化问题为二次规划问题，这是最简单的一种非线性规划问题。其数学模型为

$$\min_x \frac{1}{2} \boldsymbol{x}^{\mathrm{T}} \boldsymbol{H} \boldsymbol{x} + \boldsymbol{f}^{\mathrm{T}} \boldsymbol{x}$$

$$\text{s. t.} \quad \boldsymbol{A} \boldsymbol{x} \leqslant \boldsymbol{b}$$

$$\boldsymbol{Aeq} \cdot \boldsymbol{x} = \boldsymbol{beq}$$

$$\boldsymbol{lb} \leqslant \boldsymbol{x} \leqslant \boldsymbol{ub}$$

其中，$\boldsymbol{H}$、$\boldsymbol{A}$ 和 $\boldsymbol{Aeq}$ 为矩阵，$\boldsymbol{f}$、$\boldsymbol{b}$、$\boldsymbol{beq}$、$\boldsymbol{lb}$、$\boldsymbol{ub}$ 和 $\boldsymbol{x}$ 为向量。求解这类问题可调用 quadprog 函数，其调用格式如下：

```
[x,fval,exitflag,output,lambda] = quadprog(H,f,A,b,Aeq,beq,lb,ub,x0,options)
```

可根据需要对输入参数和输出参数进行删减。

一般地，如果问题不是严格凸性的，用 quadprog 函数得到的可能是局部最优解。如果用 Aeq 和 beq 明确地指定等式约束，而不是用 lb 和 ub 指定，则可以得到更好的数值解。若 x 的组分没有上限或下限，则 quadprog 函数希望将对应的组分设置为 inf（对于上限）或 -inf（对于下限），而不是强制性地给予上限一个很大的数或给予下限一个很小的负数。对于大型优化问题，若没有提供初值 x0 或 x0 不是严格可行，则 quadprog 函数会选择一个新的初始可行点。若为等式约束且 quadprog 函数发现负曲度（negative curvature），则优化过程终止，exitflag 的值等于 -1。当优化问题只有上界和下界，而没有线性不等式或等式约束，则缺省算法为大型算法。或者，如果优化问题中只有线性等式，而没有上界和下界或线性不等式，缺省算法也是大型算法。对于中型优化算法，quadprog 函数使用活动集法，它也是一种投影法，首先通过求解线性规划问题来获得初始可行解。当问题不定或负定时，常常无解（此时 exitflag 参数给出一个负值，表示优化过程不收敛）。若正定解存在，则 quadprog 函数可能只给出局部极小值，因为问题可能是非凸的。对于大型问题，不能依靠线性等式，因为 Aeq 必须是行满秩的，即 Aeq 的行数必须不多于列数。若不满足要求，必须调用中型算法进行计算。

**例 8-10**　假设有四种投资方案 1、2、3、4 的组合，第 $i$ 种投资的收益率 $r_i$ 的预期收益均值为 $\mu_i = E[r_i]$，方差 $\sigma_i^2 = E[(r_i - \mu_i)^2]$ 表示投资的风险大小，即收益率关于均值的偏离程

度。令 $x_i$ 为第 $i$ 个项目的投资额占总投资的比例,向量 $\boldsymbol{x}=[x_1,x_2,x_3,x_4]^{\mathrm{T}}$ 表示一个投资组合,向量 $\boldsymbol{r}=[r_1,r_2,r_3,r_4]^{\mathrm{T}}$ 是该投资组合对应的收益率,则其对应的总收益率为 $R=\boldsymbol{r}^{\mathrm{T}}\boldsymbol{x}$,对应的总预期收益为

$$E[R]=E[\boldsymbol{r}^{\mathrm{T}}\boldsymbol{x}]=\boldsymbol{\mu}^{\mathrm{T}}\boldsymbol{x}$$

这里,$\boldsymbol{\mu}=[\mu_1,\mu_2,\mu_3,\mu_4]^{\mathrm{T}}$。记第 $i$ 种和第 $j$ 种项目投资收益率的相关系数是

$$\rho_{ij}=\frac{E[(r_i-\mu_i)(r_j-\mu_j)]}{\sigma_i\sigma_j},\quad i,j=1,2,3,4$$

投资组合收益率 $R$ 的方差为

$$E[(R-E(R))^2]=E\left[\left(\sum_i x_i(r_i-\mu_i)\right)^2\right]=\sum_i\sum_j x_ix_j\rho_{ij}\sigma_i\sigma_j$$

令收益率的协方差矩阵为 $\boldsymbol{Q}=(q_{ij})$,其中 $q_{ij}=\rho_{ij}\sigma_i\sigma_j$,则上面的收益率 $R$ 的方差可记为 $\boldsymbol{x}^{\mathrm{T}}\boldsymbol{Q}\boldsymbol{x}$,令预期收益满足 $\boldsymbol{\mu}^{\mathrm{T}}\boldsymbol{x}\geqslant M$,这里 $M$ 为某个给定的值。这样,在满足收益率条件下的最小化风险模型为

$$\min_{\boldsymbol{x}}f(\boldsymbol{x})=\frac{1}{2}\boldsymbol{x}^{\mathrm{T}}\boldsymbol{Q}\boldsymbol{x}\quad(\times 2)$$

$$\mathrm{s.\,t.}\begin{cases}\boldsymbol{\mu}^{\mathrm{T}}\boldsymbol{x}\geqslant M\\\sum_{i=1}^{4}x_i=1\\0\leqslant x_i\leqslant 1,\quad i=1,2,3,4\end{cases}$$

这里的 $\boldsymbol{Q}$ 取值如表 8-9 所示。

**表 8-9　$Q$ 取值情况**

| $Q$ | 社 保 债 券 | 技术交易中心 | 管理咨询中心 | 游 乐 中 心 |
| --- | --- | --- | --- | --- |
| 社保债券 | 2 | 0.4 | 0.1 | 0 |
| 技术交易中心 | 0.4 | 4 | 3 | $-1$ |
| 管理咨询中心 | 0.1 | 3 | 6 | 1 |
| 游乐中心 | 0 | $-1$ | 1 | 10 |
| 预期收益 $\mu$ | 7 | 8 | 10 | 14 |

若预期收益不小于 8.5,试求解各项投资的最优比例组合,并求出最小的风险值。

**解**　由于模型是一个典型的二次规划问题,采用 quadprog 进行编程求解如下。

```
clc
clear all
Q = [2 0.4 0.1 0;0.4 4 3 -1;0.1 3 6 1;0 -1 1 10];
f = [0 0 0 0];
A = [-7 -8 -10 -14];
b = -8.5;
Aeq = [1 1 1 1];
beq = 1;
v = [0 0 0 0];
u = [1 1 1 1];
[x,fval,exitflag,output,lambda] = quadprog(Q,f,A,b,Aeq,beq,v,u)
```

求得

```
x =
  0.5418 0.2510 0.0503 0.1569
fval =
    0.6137
exitflag =
    1
lambda =
    1 × 1 struct
output =
    1 × 1 struct
```

得到各项投资比例为：0.5418,0.2510,0.0503,0.1569。

风险最小值：0.6137×2=1.2274。

# 8.5　多目标规划问题

前面介绍的最优化方法只有一个目标函数，是单目标最优化方法。但是，在许多实际工程问题中，往往希望多个指标都达到最优值，所以它有多个目标函数，此时的目标函数不是数量函数而是向量函数。这种问题称为多目标最优化问题。多目标最优化问题的数学模型为

$$\min_{x \in R^n} F(x)$$
$$\text{s. t.} \quad G_i(x) = 0, \quad i = 1, 2, \cdots, m_e$$
$$G_i(x) \leqslant 0, \quad i = m_e + 1, m_e + 2, \cdots, m$$
$$x_l \leqslant x \leqslant x_u$$

其中，$F(x)$为目标函数向量。由于多目标最优化问题中各目标函数之间往往是不可公度的，因此往往没有唯一解，此时必须引进非劣解的概念（非劣解又称为有效解或帕累托解）。

定义：若 $x^*(x^* \in \Omega)$ 的邻域内不存在 $\Delta x$，使得 $x^* + \Delta x \in \Omega$，且

$$F_i(x^* + \Delta x) \leqslant F_i(x^*), \quad i = 1, 2, \cdots, m,$$
$$F_j(x^* + \Delta x) < F_j(x^*), \quad 对于某些 j$$

则称 $x^*$ 为非劣解。

多目标规划有许多解法，下面列出常用的几种。

## 1. 权和法

该法将多目标向量问题转化为所有目标的加权求和的标量问题，即

$$\min_{x \in \Omega} f(x) = \sum_{i=1}^{m} \omega_i (F_i(x))^2$$

加权因子的选取方法很多，有专家打分法、$\alpha$ 方法、容限法和加权因子分解法等。该问题可以用标准的无约束最优化算法进行求解。

## 2. $\varepsilon$ 约束法

$\varepsilon$ 约束法是对目标函数向量中的主要目标 $F_p$ 进行最小化，它克服了权和法的某些凸性

问题,将其他目标用不等式约束的形式写出:

$$\min_{x \in \Omega} F_p(x)$$

$$\text{s.t.} \quad F_i(x) \leqslant \varepsilon_i, \quad i = 1, 2, \cdots, m, i \neq p$$

### 3. 目标达到法

目标函数系列为 $F(x) = \{F_1(x), F_2(x), \cdots, F_m(x)\}$,对应地有其目标值系列 $F^* = \{F_1^*, F_2^*, \cdots, F_m^*\}$。允许目标函数有正负偏差,偏差的大小由加权系数向量 $W = \{W_1, W_2, \cdots, W_m\}$ 控制,于是目标达到问题可以表达为标准的最优化问题。

$$\min_{\gamma \in R, x \in \Omega} \gamma$$

$$\text{s.t.} \quad F_i(x) - \omega_i \gamma \leqslant F_i^*, \quad i = 1, 2, \cdots, m$$

指定目标 $\{F_1^*, F_2^*\}$,定义目标点 $P$,权重向量定义从 $P$ 到可行域空间 $\gamma(\gamma)$ 的搜索方向,在优化过程中,$\gamma$ 的变化改变可行域的大小,约束边界变为唯一解点 $F_{1s}$、$F_{2s}$。

### 4. 目标达到法的改进

目标达到法的一个好处是可以将多目标最优化问题转化为非线性规划问题。但是,在序列二次规划求解过程中,一维搜索的目标函数选择不是一件容易的事情,因为在很多情况下,很难决定是使目标函数变大好还是变小好,这导致许多目标函数创建过程的提出,可以通过将目标达到问题变为下列最大最小化问题来获得更合适的目标函数:

$$\min_{x \in R^n} \max_i \{\Lambda_i\}$$

其中,$\Lambda_i = \dfrac{F_i(x) - F_i^*}{W_i}$,$i = 1, 2, \cdots, m$。

求解多目标规划问题需调用 fgoalattain 函数,其数学模型为

$$\min_{x, \gamma} \gamma$$

$$\text{s.t.} \quad F(x) - \text{weight} \cdot \gamma \leqslant \text{goal}$$

$$c(x) \leqslant 0$$

$$ceq(x) = 0$$

$$A \cdot x \leqslant b$$

$$Aeq \cdot x = beq$$

$$lb \leqslant x \leqslant ub$$

其中,$x$、weight、goal、$b$、$beq$、$lb$ 和 $ub$ 为向量,$A$ 和 $Aeq$ 为矩阵,$c(x)$、$ceq(x)$ 和 $F(x)$ 为(非线性)函数,返回向量。调用的完整格式为

```
[x, fval, attainfactor, exitflag, output, lambda] = fgoalattain(fun, x0, goal, weight, A, b, Aeq, beq, lb, ub, nonlcon, options, P1, P2, ...)
```

该格式能返回解 x 及其目标函数值 fval、目标达到因子 attainfactor、描述计算退出条件的 exitflag 参数、包含优化信息的输出参数 output 和包含拉格朗日乘子的 lambda 参数。goal 变量是目标希望达到的向量值,向量的长度与 fun 函数返回的目标数相等。fgoalattain 函数试图通过最小化向量 $F$ 中的值来达到 goal 参数给定的目标。options 变量是优化参数

选项,可以用 optimset 函数设置或改变这些参数的值。weight 变量为权重向量,可以控制低于或超过 fgoalattain 函数指定目标的相对程度。当 goal 的值都是非零值时,为了保证活动对象超过或低于的比例相当,将权重函数设置为 abs(goal)(活动对象为阻止解处目标改善的对象集合)。当目标值中的任意一个为零时,设置 weight＝abs(goal) 将导致目标约束看起来更像硬约束,而不像目标约束。当加权函数 weight 为正时,fgoalattain 函数试图使对象小于目标值。为了使目标函数大于目标值,将权重 weight 设置为负。为了使目标函数尽可能地接近目标值,使用 GoalsExactAchieve 参数,将 fun 函数返回的第一个元素作为目标。attainfactor 变量是超过或低于目标的个数。若 attainfactor 为负,则目标已经溢出;若 attainfactor 为正,则目标个数还未达到。

多目标优化同时涉及一系列对象。fgoalattain 函数求解该问题的基本算法是目标达到法,该法为目标函数建立起目标值。在实现过程中,使用了松弛变量 $\gamma$ 作为模糊变量同时最小化目标向量 $\boldsymbol{F}(x)$,goal 参数是一系列目标达到值。在进行优化之前,通常不知道对象是否会达到目标。使用权向量 weight 可以控制是没有达到还是溢出。fgoalattain 函数使用序列二次规划法,算法中对于一维搜索和 Hessian 矩阵进行了修改。

**例 8-11**　某化工厂拟生产两种新产品 A 和 B,其生产设备费用分别为 2 万元/吨和 5 万元/吨。这两种产品均将造成环境污染,设由公害所造成的损失可折算为:A,4 万元/吨;B,1 万元/吨。由于条件限制,工厂生产产品 A 和 B 的最大生产能力各为每月 5 吨和 6 吨,而市场需要这两种产品的总量每月不少于 7 吨。该工厂决策认为,这两个目标中环境污染应优先考虑,设备投资的目标值为 20 万元,公害损失的目标为 12 万元。试问工厂如何安排生产计划,在满足市场需要的前提下,使设备投资和公害损失均达最小。

**解**　设工厂每月生产产品 A 为 $x_1$ 吨,B 为 $x_2$ 吨,设备投资费为 $f_1(x)$,公害损失费为 $f_2(x)$,则这个问题可表达为多目标优化问题。

$$\min_{x \in \mathbb{R}^n} f_1(x) = 2x_1 + 5x_2$$

$$\min_{x \in \mathbb{R}^n} f_2(x) = 4x_1 + x_2$$

$$\text{s.t.}\quad x_1 \leqslant 5$$
$$x_2 \leqslant 6$$
$$x_1 + x_2 \geqslant 7$$
$$x_1, x_2 \geqslant 0$$

为求解该模型,首先需要编写目标函数的 M 文件 mgex.m,返回目标计算值

```
function f = myfun(x)
f(1) = 2 * x(1) + 5 * x(2);
f(2) = 4 * x(1) + x(2);
```

给定目标,权重按目标比例确定,给出初值

```
goal = [20 12];
weight = [20 12];
x0 = [2 5];
```

给出约束条件的系数

```
A = [1 0;0 1; -1 -1];
b = [5 6 -7];
lb = zeros(2,1);
```

最后调用 fgoalattain 函数

```
[x,fval,attainfactor,exitflag] = ...
fgoalattain(@mgex,x0,goal,weight,A,b,[],[],lb,[])
```

计算结果为

```
x =
    2.9167    4.0833
fval =
    26.2500   15.7500
attainfactor =
    0.3125
exitflag =
    1
```

故工厂每月生产产品 A 为 2.9167 吨,B 为 4.0833 吨。设备投资费和公害损失费的目标值分别为 26.2500 万元和 15.7500 万元。达到因子为 0.3125,计算收敛。

**例 8-12**　某厂生产两种产品 A 和 B,已知生产 A 产品 100 千克需 8 个工时,生产 B 产品 100 千克需 10 个工时。假定每日可用的工时数为 40,且希望不雇临时工,也不加班生产。这两种产品每 100 千克均可获利 100 元。此外,有个顾客每日需求 B 种产品 600 千克。问应如何安排生产计划。

**解**　设生产 A、B 两种产品的数量分别为 $x_1$ 和 $x_2$(均以百千克为单位),为了使生产计划比较合理,要求用人尽量少,获利尽可能多,另外 B 种产品的产量尽量多。由题意,建立下面的数学模型。

$$\min_{x} z_1 = 8x_1 + 10x_2$$
$$\max_{x} z_2 = 100x_1 + 100x_2$$
$$\max_{x} z_3 = x_2$$
$$\text{s. t.}\quad 8x_1 + 10x_2 \leqslant 40$$
$$x_2 \geqslant 6$$
$$x_1, x_2 \geqslant 0$$

首先需要编写目标函数的 M 文件 opt26_3o.m,返回目标计算值

```
function f = myfun(x)
f(1) = 8 * x(1) + 10 * x(2);
f(2) = -100 * x(1) - 100 * x(2);
f(3) = -x(2);
```

给定目标,权重按目标比例确定,给出初值

```
goal = [40 -800 -6];
weight = [40 -800 -6];
```

```
x0 = [2 2];
```

给出约束条件的系数

```
A = [8 10;0 - 1];
b = [40 - 6];
lb = zeros(2,1);
options = optimset('MaxFunEvals',5000);    % 设置函数评价的最大次数为 5000 次
[x, fval, attainfactor, exitflag] = …
fgoalattain(@opt26_3o, x0, goal, weight, A, b, [ ], [ ], lb, [ ], [ ], options);
```

计算结果为

```
x =
    2.0429    1.9458
fval =
    35.8007 - 398.8648   - 1.9458
attainfactor =
    - 0.0646
exitflag =
    0
```

经过 5000 次迭代以后,生产 A、B 两种产品的数量各为 204.29 千克和 194.58 千克。

**例 8-13**　某工厂因生产需要欲采购一种原材料,市场上的这种原料有两个等级,甲级单价 2 元/千克,乙级单价 1 元/千克。要求所花总费用不超过 200 元,购得原料总量不少于 100 千克,其中甲级原料不少于 50 千克,问如何确定最好的采购方案。

**解**　设 $x_1$、$x_2$ 分别为采购甲级和乙级原料的数量(千克),要求采购总费用尽量少,采购总重量尽量多,采购甲级原料尽量多。由题意可得

$$\min_x z_1 = 2x_1 + x_2$$

$$\max_x z_2 = x_1 + x_2$$

$$\max_x z_3 = x_1$$

$$\text{s. t.}\quad 2x_1 + x_2 \leqslant 200$$

$$x_1 + x_2 \geqslant 100$$

$$x_1 \geqslant 50$$

$$x_1, x_2 \geqslant 0$$

首先需要编写目标函数的 M 文件 opt26_4o.m,返回目标计算值

```
function f = myfun(x)
f(1) = 2 * x(1) + x(2);
f(2) = - x(1) - x(2);
f(3) = - x(1);
```

给定目标,权重按目标比例确定,给出初值

```
goal = [200 - 100 - 50];
weight = [200 - 100 - 50];
x0 = [55 55];
```

给出约束条件的系数

```
A = [2 1; -1 -1; -1 0];
b = [200 -100 -50];
lb = zeros(2,1);
[x,fval,attainfactor,exitflag] =
fgoalattain(@opt26_4o,x0,goal,weight,A,b,[],[],lb,[]);
```

输出计算结果

```
x =
    50    50
fval =
   150   -100   -50
attainfactor =
  1.3235e-023
exitflag =
     1
```

所以,最好的采购方案是采购甲级原料和乙级原料各 50 千克。此时采购总费用为 150
元,总重量为 100 千克,甲级原料总重量为 50 千克。

**例 8-14**　生产问题

某工厂生产两种产品,产品 A 每单位利润为 10 元,而产品 B 每单位利润为 8 元;产品
A 每单位需 3 小时装配而 B 为 2 小时,每周总装配有效时间为 120 小时。工厂允许加班,但
加班生产出来的产品利润要减去 1 元。根据最近的合同,厂商每周最少得向用户提供两种
产品各 30 单位。要求:①必须遵守合同;②尽可能少加班;③利润最大。问:应怎样安排
生产?

**解**　令 $x_1$ 和 $x_2$ 分别为每周正常时间和加班时间生产的 A 产品的数量,$x_3$ 和 $x_4$ 分别
为每周正常时间和加班时间生产的 B 产品的数量。则建立数学模型为

$$\max_x 10x_1 + 9x_2 + 8x_3 + 7x_4 \quad (\text{利润最大})$$

$$\min_x 3x_2 + 2x_4 \qquad\qquad (\text{加班时间最少})$$

$$\text{s. t.}\quad x_1 + x_2 \geqslant 30$$

$$x_3 + x_4 \geqslant 30$$

$$3x_1 + 2x_3 \leqslant 120$$

$$x_i \geqslant 0, \quad i = 1,2,3,4$$

首先需要编写目标函数的 M 文件 goal4.m,返回目标计算值

```
function f = myfun(x)
f(1) = -10 * x(1) - 9 * x(2) - 8 * x(3) - 7 * x(4);
f(2) = 3 * x(2) + 2 * x(4);
```

给定目标,权重按目标比例确定,给出初值

```
goal = [-600 0];
weight = [-600 0];
x0 = [15 15 15 15];
```

给出约束条件的系数

```
A = [ -1 -1 0 0;0 0 -1 -1;3 0 2 0];
b = [ -30 -30 120];
lb = zeros(4,1);
[x,fval,attainfactor,exitflag] =
fgoalattain(@goal4,x0,goal,weight,A,b,[],[],lb,[])
```

输出计算结果

```
x =
    14.9843   15.0199   14.9867   15.0175
fval =
  -510.0377   75.0947
attainfactor =
    -0.1053
exitflag =
     0
```

所以,安排的最好方案是每周正常时间和加班时间生产的 A 和 B 产品的数量分别为 14.9843、15.0199、14.9867、15.0175。此时获得的利润为 510.0377 元,加班时间最少为 75.0947 小时。达到因子为 -0.1053,经过 500 次迭代退出。

# 8.6 最大最小化问题

通常我们遇到的都是目标函数的最大化和最小化问题,但是在某些情况下,则要求最大值的最小化才有意义。例如城市规划中需要确定急救中心、消防中心的位置,可取的目标函数应该是到所有地点最大距离的最小值,而不是到所有目的地的距离和为最小。这是两种完全不同的准则,在控制理论、逼近论、决策论中也使用最大最小化原则。最大最小化问题的数学模型为

$$\min_{x} \max_{\{F_i\}} \{F_i(x)\}$$

$$\text{s. t.} \quad c(x) \leqslant 0$$
$$ceq(x) = 0$$
$$A \cdot x \leqslant b$$
$$Aeq \cdot x = beq$$
$$lb \leqslant x \leqslant ub$$

其中,$x$、$b$、$beq$、$lb$ 和 $ub$ 为向量,$A$ 和 $Aeq$ 为矩阵,$c(x)$,$ceq(x)$ 和 $F(x)$ 为(非线性)函数,返回向量。

MATLAB 优化工具箱中采用序列二次规划法求解最大最小化问题。调用 fminimax 函数进行求解。完整的调用格式为

```
[x, fval, maxfval, exitflag, output, lambda] = fminimax(fun, x0, A, b, Aeq, beq, lb, ub, nonlcon,
options, P1, P2, ...)
```

fminimax 使多目标函数中的最坏情况达到最小化。给定初值估计,该值必须服从一定

的约束条件。maxfval 变量是解 x 处函数值的最大值，即 maxfval ＝ max{fun(x)}。在 options.MinAbsMax 中设置 F 为最坏绝对值最小化的目标数。该目标应该放到 F 的第一个元素中去。当提供了等式约束并且在二次子问题中发现并剔除了因等式，则在过程标题中打印 'dependent'字样(当输出选项设置为 options.Display ＝ 'iter')。因等式只有在等式连续的情况下才被剔除。若系统不连续，则子问题不可行并且在过程标题中打印 'infeasible' 字样。fminimax 函数使用序列二次规划法进行计算。对一维搜索法和 Hessian 矩阵的计算进行了修改。

**例 8-15**　定位问题

设某城市有某种物品的 10 个需求点，第 $i$ 个需求点 $P_i$ 的坐标为 $(a_i, b_i)$，$P_i$ 点的坐标为：$a_i$：1　4　3　5　9　12　6　20　17　8；$b_i$：2　108　181　4　5　10　8　9。道路网与坐标轴平行，彼此正交。现打算建一个该物品的供应中心，且由于受到城市某些条件的限制，该供应中心只能设在 $x$ 界于 [5,8]、$y$ 界于 [5,8] 的范围内。问该中心应建在何处为好。

**解**　设供应中心的位置为 $(x, y)$，要求它到最远需求点的距离尽可能小，由于此处应采用沿道路行走的距离，可知用户 $P_i$ 到该中心的距离为 $|x - a_i| + |y - b_i|$，从而可得模型为

$$\min_{x,y} \max_{1 \leq i \leq m} |x - a_i| + |y - b_i|$$

$$\text{s.t.} \quad 5 \leq x \leq 8$$
$$5 \leq y \leq 8$$

为求解该模型，首先编写一个计算 $x$ 处 10 个目标函数的 M 文件 fmmex.m。

```
function f = myfun(x)
%输入各个点的坐标值
a = [1  4  3  5  9  12  6  20  17  8];
b = [2  108  181  4  5  10  8  9];
f(1) = abs(x(1) - a(1)) + abs(x(2) - b(1));
f(2) = abs(x(1) - a(2)) + abs(x(2) - b(2));
f(3) = abs(x(1) - a(3)) + abs(x(2) - b(3));
f(4) = abs(x(1) - a(4)) + abs(x(2) - b(4));
f(5) = abs(x(1) - a(5)) + abs(x(2) - b(5));
f(6) = abs(x(1) - a(6)) + abs(x(2) - b(6));
f(7) = abs(x(1) - a(7)) + abs(x(2) - b(7));
f(8) = abs(x(1) - a(8)) + abs(x(2) - b(8));
f(9) = abs(x(1) - a(9)) + abs(x(2) - b(9));
f(10) = abs(x(1) - a(10)) + abs(x(2) - b(10));
```

然后输入初值、约束条件并调用优化过程进行计算(M 文件为 fmmex.m)：

```
x0 = [6; 6];        %  提供解的初值
AA = [-1 0;1 0;0 -1;0 1];
bb = [-5;8;-5;8];
[x,fval] = fminimax(@fmmex,x0,AA,bb)
```

计算结果为

```
x =
     8     8
fval =
    13     6     5    13     8     8     5    14     9     1
```

可见,在限制区域内的东北角$(8,8)$的位置设置供应中心可以使该点到各需求点的最大距离最小,最小最大距离为 14 个距离单位。

**例 8-16** 投资的收益和风险问题

市场上有 $n$ 种资产项目(如股票、债券)$S_i(i=1,2,\cdots,n)$ 可以选择,现用数额为 $M$ 的相当大的资金做一个时期的投资。这 $n$ 种资产在这一时期内购买 $S_i$ 的平均收益率为 $r_i$,风险损失率为 $q_i$,投资越分散,总的风险越小,总体风险可用投资的 $S_i$ 中最大的一个风险来度量。购买 $S_i$ 时要付交易费(费率为 $p_i$),当购买额不超过给定值 $u_i$ 时,交易费按购买 $u_i$ 计算。另外,假定同期银行存款利率是 $r_0(r_0=5\%)$,既无交易费又无风险。已知 $n=4$ 时的相关数据如表 8-10 所示。

表 8-10　$n=4$ 时的投资相关数据

| $S_i$ | $r_i/\%$ | $q_i/\%$ | $p_i/\%$ | $u_i$ |
|-------|----------|----------|----------|-------|
| $S_1$ | 28 | 2.5 | 1 | 103 |
| $S_2$ | 21 | 1.5 | 2 | 198 |
| $S_3$ | 23 | 5.5 | 4.5 | 52 |
| $S_4$ | 25 | 2.6 | 6.5 | 40 |

试给该公司设计一种最佳投资组合方案,即用给定相当大的资金 $M$,有选择地购买若干种资产或存银行生息,使净收益尽可能大,而总体风险尽可能小。

**解**

**1. 问题提出**

资产投资的经济目的就是价值增值,这是投资的效益特性;宏观经济环境和微观经济条件的变化均会造成投资预期收益的不确定性,这是投资的风险特征。投资风险和预期收益就是资产投资的两大制约因素。组合投资可以分散总体投资风险,若既要使投资风险最小,又要预期收益最大的投资组合,无论是在理论上还是在实际运作中往往是行不通的,这样投资者必须在投资风险和预期收益两者中做出权衡,找到最佳结合点。

**2. 问题分析**

这是一个资产的投资组合问题,投资的期望收益和风险是投资者需要综合考虑的两个目标,为此在建模的过程中引入参数 $s$ 表示投资者对期望收益的偏好系数,$(1-s)$ 表示投资者对投资风险的偏好系数(即 $s$ 越大,说明投资者更看重于收益大小,不敢冒太大的投资风险;$s$ 越小,说明投资者敢于冒大的投资风险),可以将两个优化目标合并成一个优化目标,建立一个单目标的非线性规划模型来求解最佳投资组合决策方案。

**3. 模型假设**

基本假设如下。

(1) 公司财务分析人员的资产评估数据可靠。

(2) 投资数额 $M$ 相当大。为了便于计算，假设 $M=1$。

(3) 投资越分散，总的风险越小。

(4) 总体风险用投资项目 $S_i$ 中最大的一个风险来度量。

(5) $n$ 种资产项目 $S_i(i=1,2,\cdots,n)$ 之间是相互独立的。

(6) 在投资的这一时期内，$r_i$、$p_i$、$q_i$ 和 $r_0$ 为定值，不受意外因素影响。

(7) 净收益和总体风险只受 $r_i$、$p_i$、$q_i$ 影响，不受其他因素干扰。

另外，假定只考虑一个投资周期，且平均收益率＝期望收益率/总投资；风险损失率＝风险/总投资；这里的风险定义为实际因素会给投资者带来的最大可能损失额。

### 4. 模型建立

$Q_1$ 为总体收益的增量。

(1) 设 $x_i$ 为投资项目 $S_i$ 的资金，总体风险用所投资的项目中最大的一个风险来衡量，即 $\max\{q_i x_i \mid i=1,2,\cdots,n\}$。

(2) 购买 $S_i$ 所付交易费是一个分段函数，即交易费为

$$F(x)=\begin{cases}0, & x_i=0,\\ p_i u_i, & 0<x_i\leqslant u_i\\ p_i x_i, & x_i>u_i\end{cases}$$

由于题目所给定的定值 $u_i$（单位：元）相对总投资 $M$ 很小，$p_i u_i$ 更小，可以忽略不计，这样购买 $S_i$ 的净收益为 $(r_i-p_i)x_i$。将银行看作一种资产，则 $r_0=5\%$，$q_0=0$，$p_0=0$，$u_0=0$。建立的模型要净收益尽可能大，总体风险尽可能小，这是一个多目标规划模型：

$$\begin{cases}\max\limits_{x_i}\sum\limits_{i=0}^{n}(r_i-p_i)x_i\\[2mm]\min\limits_{x_i}\ \max\limits_{1\leqslant i\leqslant n}\{q_i x_i\}\end{cases}$$

$$\text{s. t.}\begin{cases}\sum\limits_{i=0}^{n}(1+p_i)x_i=M\\[2mm]x_i\geqslant 0, \quad i=1,2,\cdots,n\end{cases}$$

由于模型太复杂，不便求解，故对模型简化。现分三种情况进行考虑。

① 在实际投资中，投资者承受风险的程度不一样，若给定风险一个界限 $a$（这里 $a$ 为投资风险度）使最大的一个风险 $q_i x_i/M\leqslant a$，可找到相应的投资方案，这样就把多目标规划变成单目标的线性规划了。故我们建立的固定风险水平、优化收益的模型 I 为

$$\max\limits_{x_i}\sum\limits_{i=0}^{n}(r_i-p_i)x_i$$

$$\text{s. t.}\begin{cases}\dfrac{q_i x_i}{M}\leqslant a, \quad i=1,2,\cdots,n\\[3mm]\sum\limits_{i=0}^{n}(1+p_i)x_i=M\\[3mm]x_i\geqslant 0, \quad i=1,2,\cdots,n\end{cases}$$

② 若投资者希望总盈利达到水平 $k$ 以上,在风险最小的情况下寻找相应的投资组合,则建立的固定盈利水平、极小化风险的模型Ⅱ为

$$\min_{x_i} \max_{1 \leqslant i \leqslant n} \{q_i x_i\}$$

$$\text{s. t.} \quad \begin{cases} \displaystyle\sum_{i=0}^{n} (r_i - p_i) x_i \geqslant k, \\ \displaystyle\sum_{i=0}^{n} (1 + p_i) x_i = M, \quad x_i \geqslant 0, i = 0, 1, \cdots, n \end{cases}$$

③ 投资者在权衡资产风险和预期收益两方面时,希望选择一个令自己满意的投资组合。因此对风险、收益赋予权重 $s(0 < s \leqslant 1)$,$s$ 称为投资偏好系数,这样建立的模型Ⅲ为

$$\min_{x_i} s\{\max_{1 \leqslant i \leqslant n}\{q_i x_i\}\} - (1-s)\sum_{i=0}^{n}(r_i - p_i)x_i$$

$$\text{s. t.} \quad \sum_{i=0}^{n}(1 + p_i)x_i = M, \quad x_i \geqslant 0, i = 0, 1, \cdots, n$$

### 5. 模型求解与分析

(1) 模型Ⅰ的求解。将 $n = 4, M = 1$ 及平均收益率 $r_i$、风险损失率 $q_i$、交易费率 $p_i$ 代入模型Ⅰ得

$$\min_{x} z = -0.05x_0 - 0.27x_1 - 0.19x_2 - 0.185x_3 - 0.185x_4$$

$$\text{s. t.} \quad x_0 + 1.01x_1 + 1.02x_2 + 1.045x_3 + 1.065x_4 = 1$$

$$0.025x_1 \leqslant a$$

$$0.015x_2 \leqslant a$$

$$0.055x_3 \leqslant a$$

$$0.026x_4 \leqslant a$$

$$x_i \geqslant 0, \quad i = 0, 1, \cdots, 4$$

由于 $a$ 是任意给定的风险度,到底怎样给定没有一个准则,不同的投资者有不同的风险度。现从 $a = 0$ 开始,以步长 $\Delta a = 0.001$ 进行循环搜索,编程如下:

```
a = 0;
while 1.1 - a > 1
    f = [-0.05 -0.27 -0.19 -0.185 -0.185];
    Aeq = [1 1.01 1.02 1.045 1.065];
    beq = 1;
    A = [0 0.025 0 0 0;0 0 0.015 0 0;0 0 0 0.055 0;0 0 0 0 0.026];
    b = [a;a;a;a];
    vlb = [0 0 0 0 0];
    vub = [];
    [x, val] = linprog(f, A, b, Aeq, beq, vlb, vub);
    a
    x = x'
```

```
        Q = - val
        plot(a, Q, '.');
        axis([0 0.1 0 0.5]);
        hold on
        a = a + 0.001;
    end
end
xlabel('a')
ylabel('Q')
```

运行后的计算结果为图 8-3,部分数据见表 8-11,其中的 $Q$ 为总体收益率。

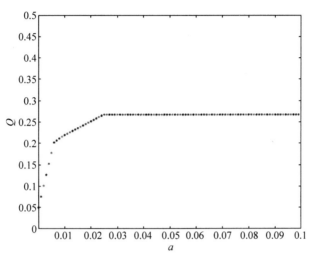

图 8-3　总体收益率的变化

表 8-11　运 行 结 果

| $a$ | $x_0$ | $x_1$ | $x_2$ | $x_3$ | $x_4$ | $Q$ |
|---|---|---|---|---|---|---|
| 0.0030 | 0.4949 | 0.1200 | 0.2000 | 0.0545 | 0.1154 | 0.1266 |
| 0.0060 | 0 | 0.2400 | 0.4000 | 0.1091 | 0.2212 | 0.2019 |
| 0.0080 | 0.0000 | 0.3200 | 0.5333 | 0.1271 | 0.0000 | 0.2112 |
| 0.0100 | 0 | 0.4000 | 0.5843 | 0 | 0 | 0.2190 |
| 0.0200 | 0 | 0.8000 | 0.1882 | 0 | 0 | 0.2518 |
| 0.0400 | 0.0000 | 0.9901 | 0.0000 | 0 | 0 | 0.2673 |

从图 8-3 可以看出,在 $a=0.006$ 附近有一个转折点,在这一点左边,风险增加很少时,利润增长很快。在这一点右边,风险增加很大时,利润增长很缓慢,所以,对于风险和收益没有特殊偏好的投资者来说,应该选择曲线的拐点作为最优投资组合,大约是 $a^*=0.6\%$, $Q^*=20\%$,所对应的投资方案如表 8-12 所示。

表 8-12　最优投资方案

| $a$ | $Q$ | $x_0$ | $x_1$ | $x_2$ | $x_3$ | $x_4$ |
|---|---|---|---|---|---|---|
| 0.0060 | 0.2019 | 0 | 0.2400 | 0.4000 | 0.1091 | 0.2212 |

(2) 模型 Ⅱ 可改为

$$\min y$$

$$\text{s. t.} \quad \sum_{i=0}^{n} (r_i - p_i) x_i \geqslant k$$

$$\sum_{i=0}^{n} (1 + p_i) x_i = M$$

$$x_i q_i < y$$

$$x_i \geqslant 0, y \geqslant 0, \quad i = 0, 1, \cdots, n$$

代入数值就是

$$\min y$$

$$\text{s. t.} \quad 0.05 x_0 + 0.27 x_1 + 0.19 x_2 + 0.185 x_3 + 0.185 x_4 \geqslant k$$

$$x_0 + 1.01 x_1 + 1.02 x_2 + 1.045 x_3 + 1.065 x_4 = 1$$

$$0.025 x_1 \leqslant y$$

$$0.015 x_2 \leqslant y$$

$$0.055 x_3 \leqslant y$$

$$0.026 x_4 \leqslant y$$

$$x_i \geqslant 0, \quad i = 0, 1, \cdots, 4$$

$$y \geqslant 0$$

由于 $k$ 是任意给定的盈利，到底怎样给定没有一个准则，不同的投资者有不同的盈利。我们从 $k = 0.05$ 开始，以步长 $\Delta k = 0.01$ 进行循环搜索，编制程序如下：

```
k = 0.05
while k < 0.27/1.01
    C = [0 0 0 0 0 1];
    A = [-0.05 -0.27 -0.19 -0.185 -0.185 0;0 0.025 0 0 0 -1;0 0 0.015 0 0 -1;
        0 0 0 0.055 0 -1;0 0 0 0 0.026 -1];
    B = [-k;0;0;0;0];
    Aeq = [1 1.01 1.02 1.045 1.065 0];
    beq = [1];
    vlb = zeros(6,1);
    vub = [];
    [x, fval] = linprog(C, A, B, Aeq, beq, vlb, vub);
    k
    Q = fval
    x = x'
    plot(k, Q, 'm.')
    axis([0 0.5 0 0.05])
    xlabel('收益 k')
    ylabel('最小风险度 Q')
    title('最小风险度 Q 随收益 k 的变化趋势图')
    hold on
    k = k + 0.01
    grid on
end
```

运行后的计算结果为图 8-4。

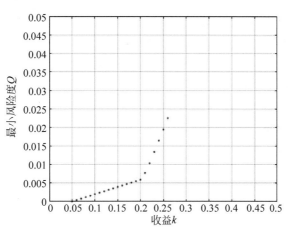

**图 8-4　最小风险度 $Q$ 随收益 $k$ 的变化趋势**

从表 8-13 看出,对低收益水平,除了存入银行外,投资首选风险率最低的资产 $S_2$,然后是 $S_1$ 和 $S_4$,总收益当然较低。对高收益水平,总风险自然也高,应首选净收益率$(r_i - p_i)$最大的 $S_1$ 和 $S_4$,这与人们的经验一致。

**表 8-13　变 化 结 果**

| $k$ | $Q$ | $x_0$ | $x_1$ | $x_2$ | $x_3$ | $x_4$ |
| --- | --- | --- | --- | --- | --- | --- |
| 0.002 | 0.1 | 0.6702 | 0.0783 | 0.1306 | 0.0356 | 0.0753 |
| 0.0047 | 0.17 | 0.2086 | 0.188 | 0.3134 | 0.0855 | 0.1808 |
| 0.0055 | 0.19 | 0.0767 | 0.2194 | 0.3656 | 0.0997 | 0.2109 |
| 0.0059 | 0.2 | 0.0107 | 0.235 | 0.3917 | 0.1068 | 0.226 |
| 0.0078 | 0.21 | 0 | 0.3114 | 0.519 | 0.0569 | 0.0908 |
| 0.0195 | 0.25 | 0 | 0.7784 | 0.2096 | 0 | 0 |

从图 8-4 可以看出,对于风险与收益没有特殊偏好的投资者来说,应该选择图中曲线的拐点$(0.059, 0.2)$,这时对 $S_i$ 的投资比例为$(0.0107\ 0.235\ 0.3917\ 0.1068\ 0.226)$。

(3) 模型Ⅲ可改为

$$\min_{x,y} sy - (1-s)\sum_{i=0}^{n}(r_i - p_i)x_i$$

$$\text{s.t.}\quad \sum_{i=0}^{n}(1+p_i)x_i = M$$

$$x_i q_i < y, \quad i = 0,1,\cdots,n$$

$$x_i \geq 0, y \geq 0, \quad i = 0,1,\cdots,n$$

代入数值就是

$$\min_{x,y} sy - (1-s)(0.05x_0 + 0.27x_1 + 0.19x_2 + 0.185x_3 + 0.185x_4)$$

$$\text{s.t.}\quad x_0 + 1.01x_1 + 1.02x_2 + 1.045x_3 + 1.065x_4 = 1$$

$$0.025x_1 \leqslant y$$

$$0.015x_2 \leqslant y$$

$$0.055x_3 \leqslant y$$

$$0.026x_4 \leqslant y$$

$$x_i \geqslant 0,\quad i = 0,1,\cdots,4$$

$$y \geqslant 0$$

编制程序如下：

```
s = 0
while s < 1;
    C = [ -0.05 * (1 - s), -0.27 * (1 - s), -0.19 * (1 - s), -0.185 * (1 - s), -0.185 * (1 - s), s];
    A = [0 0.025 0 0 0 -1;0 0 0.015 0 0 -1;0 0 0 0.055 0 -1;0 0 0 0 0.026 -1];
    B = [0;0;0;0];
    Aeq = [1 1.01 1.02 1.045 1.065 0];
    beq = [1];
    vlb = zeros(6,1);
    [x,fval] = linprog(C,A,B,Aeq,beq,vlb);
    s
    Q = x(6)
    x = x'
    plot(s,Q,'r.')
    axis([0 1 0 0.025])
    xlabel('s')
    ylabel('Q')
    hold on
    s = s + 0.001
    grid on
end
```

运行后的计算结果为图 8-5。

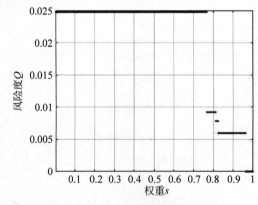

图 8-5　风险度 $Q$ 随权重 $s$ 的变化

从图 8-5 可以看出,模型Ⅲ的风险与收益关系与模型Ⅰ和模型Ⅱ的结果几乎完全一致。由模型Ⅰ~Ⅲ可知:

(1) 风险大,收益也大。

(2) 投资越分散,投资者承担的风险越小,这与题意一致,即冒险的投资者会出现集中投资的情况,保守的投资者则尽量分散投资。

(3) 曲线上的任一点都表示该风险水平的最大可能收益和该收益要求的最小风险。对于不同风险的承受能力,选择不同风险水平下的最优投资组合。

# 8.7　边界约束下的非线性规划问题

该问题适用于单变量非线性规划的求解,其数学模型为

$$\min_{x_1 \leqslant x \leqslant x_2} f(x)$$

其中,$x$、$x_1$ 和 $x_2$ 为标量,$f(x)$ 为目标函数,返回标量。可调用的 MATLAB 函数是 fminbnd,调用格式是

```
[x,fval,exitflag,output] = fminbnd(fun,x1,x2,options,P1,P2,...)
```

fminbnd 用于求取固定区间内单变量函数的最小值,返回区间[x1,x2]上 fun 参数描述的标量函数的最小值 x 及其目标函数值 fval、描述 fminbnd 函数退出条件的 exitflag 值以及包含优化信息的结构输出 output,用 options 指定的优化参数进行最小化,提供另外的参数 P1、P2 等,传输给目标函数 fun。

**注意**:fminbnd 要求目标函数必须是连续的,fminbnd 函数可能只给出局部最优解,当问题的解位于区间边界上时,fminbnd 函数的收敛速度常常很慢,fmincon 函数的计算速度更快,计算精度更高;fminbnd 函数只用于实数变量。

**例 8-17**　有边长为 3 米的正方形铁板,在四个角剪去相等的正方形以制成方形无盖水槽,问如何剪法使水槽的容积最大。

**解**　设剪去的正方形的边长为 $x$,则水槽的容积为 $(3-2x)^2 x$,建立界约束优化模型:

$$\min_{0 \leqslant x \leqslant 1.5} Z = -(3-2x)^2 x$$

先编写 M 文件 fun0.m 如下:

```
function f = fun0(x)
        f = -(3-2*x).^2*x;
```

主程序为 wliti2.m:

```
[x,fval] = fminbnd('fun0',0,1.5);
xmax = x
fmax = -fval
```

运算结果为:xmax=0.5000,fmax=2.0000,即剪掉的正方形的边长为 0.5 米的水槽的容积最大,最大容积为 2 立方米。

## 8.8    模型输入时需要注意的问题

使用优化工具箱时,由于优化函数要求目标函数和约束条件满足一定的格式,所以需要用户在进行模型输入时注意以下几个问题。

(1) 目标函数最小化。优化函数 fminbnd、fminsearch、fminunc、fmincon、fgoalattain、fminmax 和 lsqnonlin 都要求目标函数最小化。如果优化问题要求目标函数最大化,可以通过使该目标函数的负值最小化即 $-f(x)$ 最小化来实现,近似地,对于 quadprog 函数提供 $-H$ 和 $-f(x)$,对于 linprog 函数提供 $-f(x)$。

(2) 约束非正。优化工具箱要求非线性不等式约束的形式为 $C_i(x) \leqslant 0$,通过对不等式取负可以达到使大于零的约束形式变为小于零的不等式约束形式的目的,如 $C_i(x) \geqslant 0$ 形式的约束等价于 $-C_i(x) \leqslant 0$; $C_i(x) \geqslant b$ 形式的约束等价于 $-C_i(x) + b \leqslant 0$。

(3) 避免使用全局变量。

## 本 章 小 结

本章介绍了用 MATLAB 对生产系统中的问题进行优化求解的步骤及程序编写,主要涉及线性规划问题、混合整数线性规划问题、非线性规划问题、二次规划问题、多目标规划问题、最大最小化问题及边界约束下的非线性规划问题,并在每个生产问题的部分都进行了相应实例的建模及程序编写。最后对于模型输入时需要注意的问题进行了说明。同学们需要结合本章教材熟练掌握生产系统中的优化问题的建模及程序编写,进一步加深对 MATLAB 软件的应用。

## 复习思考题

1. 某工厂生产 A、B 两种产品,所用原料均为甲、乙、丙三种:生产产品所需原料和所获利润以及库存原料情况如表 8-14 所示。

表 8-14    生产产品所需原料和所获利润以及库存原料情况

| 产　　品 | 原料甲/千克 | 原料乙/千克 | 原料丙/千克 | 利润/元 |
|---|---|---|---|---|
| 产品 A | 8 | 4 | 4 | 7000 |
| 产品 B | 6 | 8 | 6 | 10000 |
| 库存原料量 | 380 | 300 | 220 | |

在该厂只有表 8-14 中所列库存原料的情况下,问如何安排 A、B 两种产品的生产数量可以获得最大利润。

2. 某厂向用户提供发动机,合同规定,第一、二、三季度末分别交货 50 台、70 台、90 台。每季度的生产费用为 $f = ax + bx^2$(元),其中 $x$ 是该季度生产的台数,若交货有剩余可用于下季度交货,但需支付存储费,每季度每台 $c$ 元。已知工厂每季度最大生产能力为 100 台,第一季度开始时无存货,设 $a = 50, b = 0.2, c = 4$,问工厂如何安排每月生产计划,才能既满足合同又使总费用最低(包括生产费用和库存费用)。

3. 某工厂在一个计划期内生产甲、乙两种产品,各产品都要消耗 A、B、C 三种不同资源。每件产品对资源的单位消耗、资源限量以及单位价格、利润和污染情况如表 8-15 所示。假定产品能全部销售出去,问每期怎样安排生产,才能使利润和产值都最大,且造成的污染最小。

表 8-15　每件产品对资源的单位消耗、资源限量以及单位价格、利润和污染情况

| 项　　目 | 甲 | 乙 | 资 源 限 量 |
|---|---|---|---|
| 资源 A 单位消耗 | 9 | 4 | 240 |
| 资源 B 单位消耗 | 4 | 5 | 200 |
| 资源 C 单位消耗 | 3 | 10 | 300 |
| 单位产品的价格 | 400 | 600 | |
| 单位产品的利润 | 70 | 120 | |
| 单位产品的污染 | 3 | 2 | |

# 基于蚁群算法的作业车间调度问题

## 9.1 作业车间调度问题

作业车间调度问题是在时间上对系统有限的资源进行合理有效的配置,以达到满足特定目标要求的问题,是典型的组合优化问题,具有计算和约束复杂性的特点。随着问题规模的增大,系统中任务数目和设备数量的增加,出现解的数量可能会呈几何级数增长,从而使计算过程更加复杂。由于问题中每道工序都有一定的约束,因此,约束条件也随着问题规模的增大而增加,并随着工序间的相互制约关系而更加复杂。JSP 是生产调度中的一个 NP-hard 问题。

**例 9-1** 一个 $n \times m$ 的 JSP

$n$ 个工件在 $m$ 台机器上进行加工:①每个工件都有其特定的加工次序,在同一时刻每个工件仅能在一个机器上进行加工,且加工某一工件一旦开始,不允许中断,直到完成该工件的加工;②在同一时刻,每台机器不能同时完成不同的工件。如何安排才能使在整个加工过程中总的加工时间(makespan)最短。

**解** 要使整个加工过程的总加工时间最短,只需做到运行时间最长的那台机器加工的最后一个工件的完工时间最短即可,而工件的完工时间等于该工件的开始加工时间和进行加工的时间之和,故我们可以考虑各工件的加工开始时间和进行加工的时间进行解决。

令 $I_k = \{1, 2, \cdots, k\}$ 为 $k$ 个工件或机器的集合。记第 $i \in I_n$ 个工件在第 $j \in I_m$ 台机器上进行加工的开始时间和加工时间为 $t_{ij}^s$ 和 $t_{ij}^p$,则求解的目标可表示为 $\min \max_{j \in I_m} \max_{i \in I_n} t_{ij}^s + t_{ij}^p$。考虑到约束①,定义这些工件的加工次序集为 $Q$,在这个集内各工件有加工时间先后的限制,为表示出不允许中断的工件的加工,对于任意的有序集 $Q$ 内的两个工件 $i, l \in Q, i$ 先于 $l(i < l)$ 进行加工时,加工的工件 $l$ 只能等待工件 $i$ 加工完成后才行,这样,有 $t_{lj}^s \geqslant t_{ij}^s + t_{ij}^p$。我们再考虑约束②,对于任意两个需要在 $j \in I_m$ 台机器上进行加工的工件 $i, l \in M_j$,其中 $M_j$ 表示在 $j \in I_m$ 台机器上进行加工的工件集合。在第 $j \in I_m$ 台机器上只能选择一个进行加工,另一个需要等待这个工件加工完成后再进行加工。这样,有 $t_{ij}^s \geqslant t_{lj}^s + t_{lj}^p$ 或 $t_{ij}^s \geqslant t_{lj}^s + t_{lj}^p$。显然,决策变量 $t_{ij}^s \geqslant 0, t_{ij}^p \geqslant 0; i \in I_n, j \in I_m$。

由以上分析,我们建立模型如下。

$$\min_{j \in I_m} \max_{i \in I_n} t_{ij}^s + t_{ij}^p$$

$$\text{s.t.} \quad t_{lj}^s \geqslant t_{ij}^s + t_{ij}^p, \quad i < l, i \in Q, j, l \in Q$$

$$t_{lj}^s \geqslant t_{ij}^s + t_{ij}^p \quad \text{or} \quad t_{ij}^s \geqslant t_{lj}^s + t_{lj}^p, \quad i \in M_j, l \in M_j, j \in I_m$$

$$t_{ij}^s \geqslant 0, t_{ij}^p \geqslant 0, \quad i \in I_n, j \in I_m$$

加工时段分配问题是作业车间调度问题的一种特殊情形。该问题可描述为：$n$ 个工件在一台机器上加工,这些工件各自的加工时间不同,而且某些工件必须在给定的时间内完成,问如何分配能使总等待时间最少。看下面的例子。

**例 9-2**　加工时段分配问题

一台加工设备有 9 个工件需要加工,各工件的加工时间分别为(单位：分钟)6、18、14、23、13、29、32、22、40,其中,第 4 个工件务必在第 60 分钟前完成,第 7 个工件务必在第 85 分钟前完成,试建立工件的优化排序模型。

**解**　以所有工件的总等待时间最短为目标建立模型。设 $x_i$ 表示排序在第 $i$ 个位置进行加工的工件号,如 $x_5 = 8$ 表示工件号为 8 的工件排在第 5 位进行加工。设 $t_{x_i}$ 为工件号为 $x_i$ 的工件的加工时间,如对于 $x_5 = 8, t_{x_5} = t_8 = 22$,则排序为 $j$ 的工件的等待时间为 $\sum_{i=1}^{j-1} t_{x_i}$。从而所有工件的总等待时间为 $\sum_{j=2}^{9} \sum_{i=1}^{j-1} t_{x_i}$。故建立优化模型如下。

$$\min_x \sum_{j=2}^{9} \sum_{i=1}^{j-1} t_{x_i}$$

$$\text{s.t.} \quad \sum_{i=1}^{k} t_{x_i} \leqslant 60, \quad x_k = 4$$

$$\sum_{i=1}^{l} t_{x_i} \leqslant 85, \quad x_l = 7$$

$$x_i \geqslant 0, \quad \text{且为整数}, i = 1, 2, \cdots, 9$$

JSP 是一个非常复杂的问题,求解该问题可以采用传统的最优化方法,像线性规划、非线性规划、整数规划、多目标规划、动态规划、拉格朗日乘子方法、分支定界以及割平面法等,常常需要排队论、库存论、决策论和对策论等相关内容。这些方法对于连续性和小规模问题比较有效,主要以微积分为基础,追求结果的准确性和理论的完美化。采用极限理论从算法的收敛性和收敛速度(线性、超线性、二次收敛等)等方面评价算法的优劣。而现代问题常常是一些离散、不确定性、半结构或非结构化和大规模的问题。这些问题主要以组合优化理论为基础,建立随机性数学模型,采用计算机模拟以及并行计算等方法求解,需要大型分解、决策支持系统和近似理论等相关知识。求解结果无须精确,只需获得一个令人满意的近似解即可,实用性强,便于解决一些实际问题。一般从算法的复杂性方面评价算法的优劣,算法的优劣一般从计算时间的多少、解的偏离程度等方面衡量。算法的复杂性一般要讨论计算时间与问题规模之间的关系。以目前的二进制计算机中的存储和计算为基础,以理论的形式系统描述来评估算法性能。

比较典型的现代优化方法是启发式算法(heuristic algorithm),主要有禁忌搜索(tabu

search)、模拟退火(simulated annealing)、遗传算法(genetic algorithm,GA)、免疫算法(immune algorithm)、神经网络(neural networks)和群智能(swarm intelligence)算法等仿生算法。蚁群算法(ant colony optimization,ACO)和粒子群优化(particle swarm optimization,PSO)都属于群智能算法,即无智能或简单智能的主体通过任何形式的聚集协同而表现出智能行为的特性所形成的算法。这些算法是基于直观或经验构造的算法,在可接受的计算费用(时间、空间)内寻找最好解,但不保证该解的可行性和最优性,也无法描述该解与最优解的近似程度。其优点是:一般速度较快,直观易行,容易编程和修改,有可能比简化的数学模型解的误差小。对有些难题,其计算时间是可接受的,可用于某些最优化算法(如分支定界算法)之中的估界。美中不足的是,解的精度不稳定,时好时坏;不同算法之间难以比较;算法设计与问题、设计者的经验和技术都有关系,缺乏规律性;而且无法保证求得全局最优解。启发式算法可分为一步算法、改进算法(迭代算法)、数学规划算法和解空间松弛法等。利用启发式算法进行性能分析时需要从最坏情形分析,利用最坏实例分析计算复杂性和解的效果。但这样会因一个最坏实例影响总体评价,因此需要在实例数据服从一定概率分布情形下进行研究,并通过大量实例计算来评价算法的效果,这些数据的随机性和代表性是需要注意的。

# 9.2　蚁群算法

蚁群算法是 20 世纪 90 年代意大利学者 M. Dorigo 等从生物进化的机制中受到启发,通过模拟自然界蚂蚁搜索路径的行为而提出的一种模拟进化算法,是群智能理论研究领域的一种主要算法。在求解旅行商问题、分配问题、作业车间调度问题上,蚁群算法均能实现较好的求解实验结果,其应用逐渐扩展到多目标优化、数据分类、数据聚类、模式识别、电信管理、生物系统建模、流程规划、信号处理、机器人控制、决策支持等领域解决出现的优化问题。

与基于梯度的优化算法相比,群智能算法依靠概率搜索算法,通常采用较多的评价函数。但算法实现简单,数据处理过程对 CPU 和内存要求不高,对问题定义的连续性无特殊要求,无集中控制约束,不会因个别个体的故障影响整个问题的求解,确保了系统具备更强的鲁棒性,能够有效解决大多数全局优化问题;以非直接的信息交流方式确保了系统的扩展性,采用并行分布式算法模型,可充分利用多处理器处理大量以数据库形式存在的数据。

蚁群算法基本原理来源于自然界蚂蚁觅食的最短路径原理,根据生物学家的观察,发现蚂蚁可以在没有任何提示的情况下寻找到从巢穴到食物源的最短路径,并且在环境发生变化后自适应地搜索新的最短路径。经过研究发现,蚂蚁在寻找食物时,会在其路径释放一种化学物质(信息素),这种信息素可以影响一定范围内其他蚂蚁对路径的选择,指导它们的移动方向。某条路径上经过的蚂蚁越多,其留下的信息素越浓,由此蚂蚁选择该路径的概率也会越高,从而更增加了该路径的信息素浓度,这种选择过程被称为"蚂蚁的自催化行为"。这种利用信息作为正反馈使系统中较强的解自增强,使问题的解向全局最优的方向不断进化,最终有效地获得相对最优的解。蚁群算法的搜索过程不是从一点出发的,是同时从多个点并发性同时进行的,在问题空间中同时构造问题的多个解。蚁群算法有较强的鲁棒性,即使环境改变也可以找到最优解,易于改进后应用于其他不同类型的问题,并与其他方法像遗传算法、免疫算法等融合。蚁群算法的不足之处就是搜索时间长,当群体规模较大时很难在较短的时间内收敛于最优解,而且易出现停滞现象,搜索到一定程度时可能发生局部最优的情况。但是,信息素的蒸发和小概率的"错误"都可以在一定程度上防止局部最优和停滞现象。

蚂蚁的觅食规则就是蚂蚁在感知范围内寻找食物,若有,便直接朝食物方向移动;若无,则朝信息素最浓的方向移动,并以小概率犯错误(并非朝信息素最浓的方向移动)。蚂蚁的小概率错误也能有效地避免局部最优并进行"创新",找到新的最优解。蚂蚁移动时若没有信息素的指引,则按照惯性或者随机选择移动方向,并伴有随机的小扰动。蚂蚁移动过程中会记住走过的点,尽量避免重复经过这些已经走过的点。当蚂蚁移动遇到障碍时会随机选择移动方向,但若有信息素的指引,则按照觅食规则选择路径,并动态地找到新的最短路径。蚂蚁在经过的路径上会释放信息素,并且信息素也在以一定的速率消失。

图 9-1 为蚂蚁觅食原理。如图 9-1(a)所示,蚂蚁从 $A$ 点出发,以相同的速度向 $D$ 点(食物端)爬行,可以选择的路径为 $ABD$ 或 $ACD$。假定开始时每条路径有一只蚂蚁从 $A$ 点出发,经过 9 个时间单位,选择 $ABD$ 的蚂蚁爬行到终点,而选择 $ACD$ 的蚂蚁爬行了路径的一半距离。如图 9-1(b)所示 18 个时间单位后,选择 $ABD$ 路径的蚂蚁到达终点后得到食物又返回起点 $A$,而选择 $ACD$ 路径的蚂蚁刚好爬行到 $D$ 点。

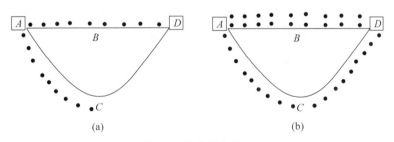

(a)　　　　　　　　　　(b)

**图 9-1　蚂蚁觅食原理**

假设蚂蚁每经过一处留下一个单位的信息素,经过 36 个时间单位后,沿 $ABD$ 的路径往返两次,每一处有 4 个单位的信息素,沿 $ACD$ 路径往返一次,每一处有 2 个单位的信息素,最终随着信息素的不断积累,所有的蚂蚁会放弃 $ACD$ 路线而选择 $ABD$ 路线。

在蚁群算法循环过程中,蚂蚁在经过的路径上释放信息素,概率地选择下一个移动方向或目标,不允许在一次循环中访问已经过的目标。这个概率是信息素和启发式因子的函数。开始时,对所有蚂蚁进行初始化(设定蚂蚁数量、最大信息素量、启发式因子系数和信息素挥发系数等),之后,蚂蚁开始搜索过程,根据目标函数对每只蚂蚁的适应度做出评价,并判断是否满足终止条件。若满足,终止计算;否则,更新信息素进入下一次循环迭代。根据适应度对蚂蚁所经过的路径按照一定的比例释放信息素,适应度越高,释放的信息素越高,下一次蚂蚁进入循环时则根据信息素和启发式信息来选择移动的方向。标准蚁群算法如下。

**步骤 0**:初始化蚂蚁数量 $k$、位置坐标等参数,初始化信息素轨迹。令时刻 $t=0$,循环次数 $N=0$,设置最大循环次数 $N_{max}$。

**步骤 1**：根据信息素规则移动蚂蚁。在蚂蚁系统中，状态转移概率 $p_{ij}^k(t)$ 如下。

$$p_{ij}^k(t) = \begin{cases} \dfrac{[\tau_{ij}(t)]^\alpha [\eta_{ij}(t)]^\beta}{\sum\limits_{s \in J_k(i)} [\tau_{is}(t)]^\alpha [\eta_{is}(t)]^\beta}, & j \in J_k(i) \\ 0, & \text{其他} \end{cases} \tag{9-1}$$

式中，$p_{ij}^k(t)$ 为在 $t$ 时刻蚂蚁 $k$ 从 $i$ 点转移到 $j$ 点的概率；参数 $\alpha$ 为信息素因子，其值越大，信息素强度影响越大；参数 $\beta$ 为启发函数因子，其值越大，启发函数影响越大；$\tau_{ij}(t)$ 为在 $t$ 时刻路径 $(i,j)$ 上的信息素量；$\eta_{ij}(t)$ 为在 $t$ 时刻路径 $(i,j)$ 上的启发式因子；$J_k(i)$ 为蚂蚁 $k$ 下一步允许选择的移动地点集合。

**步骤 2**：满足终止条件，结束。否则，判断迭代次数或目标值是否达到要求，达到结束；未达到，$t := t+1$，$N := N+1$，转向步骤 3。

**步骤 3**：更新信息素，转向步骤 1。信息素更新公式为

$$\tau_{ij}(t+n) = (1-\rho)\tau_{ij}(t) + \Delta\tau_{ij} \tag{9-2}$$

$$\Delta\tau_{ij} = \sum_{k=1}^m \Delta\tau_{ij}^k \tag{9-3}$$

$$\Delta\tau_{ij}^k = \begin{cases} \dfrac{Q}{L_k}, & \text{若蚂蚁 } k \text{ 经过路径}(i,j) \\ 0, & \text{其他} \end{cases} \tag{9-4}$$

式中，$\rho \in (0,1)$ 为信息素蒸发系数；$\Delta\tau_{ij}^k$ 为第 $k$ 只蚂蚁在本次迭代中留在路径 $(i,j)$ 上的信息素量；$Q$ 为一正常数，表示信息素的强度，它在一定程度上影响算法的收敛速度；$L_k$ 为第 $k$ 只蚂蚁在本次周游中的路径长度。

式 (9-4) 的信息素更新模型称为蚁周（ant-cycle）模型。另外，还有蚁量（ant-quantity）模型

$$\Delta\tau_{ij}^k = \begin{cases} \dfrac{Q}{d_{ij}}, & \text{若蚂蚁 } k \text{ 经过路径}(i,j) \\ 0, & \text{其他} \end{cases} \tag{9-5}$$

和蚁密（ant-density）模型

$$\Delta\tau_{ij}^k = \begin{cases} Q, & \text{若蚂蚁 } k \text{ 经过路径}(i,j) \\ 0, & \text{其他} \end{cases} \tag{9-6}$$

式中，$d_{ij}$ 为路径 $(i,j)$ 的长度。

# 9.3  TSP 模型和蚁群算法求解

## 9.3.1  TSP 数学模型的建立

为了真正地了解蚁群算法，还需针对实际问题建立相应的数学模型，现以 TSP 为例进一步阐述如何基于蚁群算法来求解实际问题。

TSP，即旅行商问题，又译为旅行推销员问题、货郎担问题，是数学领域中的著名问题之一。数学家 Karl Menger 教授于 19 世纪 30 年代首次提出并研究了这一问题。该 TSP 是：

假设有一个旅行商人要拜访 $n$ 个城市,他必须选择所要走的路径,路径的限制是每个城市只能拜访一次,而且最后要回到原来出发的城市。路径的选择目标是要求得到的路径路程为所有路径之中的最小值。

由上可知,旅行商除出发点的城市外,其他的城市都是进入一次、出来一次,在没有走遍所有城市之前不允许回到出发点。这样,令 $d_{ij}$ 为城市 $i$ 和城市 $j$ 之间的距离,$|s|$ 为城市集合 $s$ 中元素的个数,$x_{ij}$ 为决策变量,表示是否走城市 $i$ 和城市 $j$ 之间的路径,是为 1,否为 0,即

$$x_{ij} = \begin{cases} 1, & \text{走城市 } i \text{ 和城市 } j \text{ 之间的路径} \\ 0, & \text{不走城市 } i \text{ 和城市 } j \text{ 之间的路径} \end{cases}$$

这样,建立 TSP 数学模型如下。

$$\min_{x} \sum_{\substack{i,j=1 \\ i \neq j}}^{n} d_{ij} x_{ij}$$

$$\text{s.t.} \quad \sum_{j=1}^{n} x_{ij} = 1, \quad i = 1,2,\cdots,n$$

$$\sum_{i=1}^{n} x_{ij} = 1, \quad j = 1,2,\cdots,n$$

$$\sum_{i,j \in s} x_{ij} \leqslant |s| - 1, 2 \leqslant |s| \leqslant n-1, \quad s \subset \{1,2,\cdots,n\}$$

$$x_{ij} \in \{0,1\}, \quad i,j = 1,2,\cdots,n, i \neq j$$

如果是对称距离的 TSP,则 $d_{ij} = d_{ji}, \forall i,j$;否则 $d_{ij} \neq d_{ji}, \exists i,j$。对于以上模型,目标函数代表遍历所有城市的总长度,第一个约束和第二个约束分别表示只从城市 $i$ 出来一次和只走入城市 $j$ 一次,第三个约束指在任意城市子集中不形成回路,第四个约束指决策变量是一个 0-1 变量。

对于一个非对称距离 TSP 的算法实现,如果采用所有路径枚举,其计算时间随着城市数的增加而增加得相当迅速!对于 $n$ 个城市,固定 1 个为起终点需要 $(n-1)!$ 个枚举,求和运算次数为 $n \times (n-1)! = n!$;枚举所有路径进行 $(n-1)!$ 次比较可得最优路径,基本计算总次数为总计算量 $n! + (n-1)!$。设计算机 1 秒能完成 24 个城市的枚举,则城市数与计算时间的关系如表 9-1 所示。

表 9-1 城市数与计算时间的关系

| 城市数/个 | 24 | 25 | 26 | 27 | 28 | 29 | 30 | 31 |
|---|---|---|---|---|---|---|---|---|
| 计算时间 | 1 秒 | 24 秒 | 10 分钟 | 4.3 小时 | 4.9 天 | 136.5 天 | 10.8 年 | 325 年 |

也就是说,随着城市的个数增到 31 个,需要计算 325 年才能完成!这是令人无法忍受的数字。因此,人们在不断寻求一些新的方法进行求解,蚁群算法是求解该类问题比较有效的方法之一。另外,遗传算法、粒子群优化算法、模拟退火算法等智能优化算法求解 TSP 也比较有效。

## 9.3.2 蚁群算法求解旅行商问题

设蚂蚁的数量为 $m$,城市的数量为 $n$,城市 $i$ 与城市 $j$ 之间的距离为 $d_{ij}$,$i = 1,2,\cdots,n$,

$j=1,2,\cdots,n,t$ 时刻城市 $i$ 与城市 $j$ 连接路径的信息素浓度为 $\tau_{ij}(t)$。初始时刻,蚂蚁被放置在不同的城市中,且各城市的信息浓度均为 $\tau_0$,然后蚂蚁将会依据信息素浓度按照一定的概率(轮赌方法)选择路线。与此同时,蚂蚁路径选择策略还会受到访问某城市的期望值的影响。设 $p_{ij}^k(t)$ 为 $t$ 时刻蚂蚁 $k$ 从城市 $i$ 转移到城市 $j$ 的概率,对 $p_{ij}^k(t)$ 进行定义如式(9-1)所示。其中 $\eta_{ij}(t)$ 为启发函数,表示 $t$ 时刻蚂蚁从城市 $i$ 转移到城市 $j$ 的期望程度,计算公式为

$$\eta_{ij}(t)=\frac{1}{d_{ij}}$$

当蚂蚁选择某个城市后,这个城市就放入在本次循环不得再次进行选择的禁忌表 tabuk 中,同时,蚂蚁允许选择的城市集合 $J_k(i)$ 中删除该城市,$J_k(i)$ 表示蚂蚁 $k$ 从城市 $i$ 出发的下一步允许待访问城市集合。开始时 $J_k(i)$ 有 $n-1$ 个集合,即包括除了蚂蚁 $k$ 出发城市之外的其他城市集合。随着时间的推移,$J_k(i)$ 中的元素越来越少,直至为空时,蚂蚁一次循环结束,计算周游路径并按照式(9-2)~式(9-4)进行信息素的更新。迭代次数 $N$ 自增 1,直到迭代次数达到最大值 $N_{\max}$,算法结束,输出结果。

式(9-2)~式(9-4)表示在蚂蚁遍历各个城市的过程中,在蚂蚁释放信息素的同时,各个城市连接路径上的信息素也会通过挥发等方式以一定的速度逐渐消失。在式(9-2)~式(9-4)中,$\rho(0<\rho<1)$ 表示信息素的消失程度,$1-\rho$ 表示信息素的持久程度。$\Delta\tau_{ij}$ 表示所有蚂蚁在城市 $i$ 与城市 $j$ 连接路径上释放信息素而增加的信息素浓度。$\Delta\tau_{ij}^k$ 表示第 $k$ 只蚂蚁在城市 $i$ 与城市 $j$ 连接路径上释放信息素而增加的信息素浓度。$Q$ 表示蚂蚁释放的信息素量,为正常数。$L_k$ 为第 $k$ 只蚂蚁在本次周游中所走过路径的长度。

蚁群算法求解 TSP 的算法流程如图 9-2 所示。

每一步骤的含义如下。

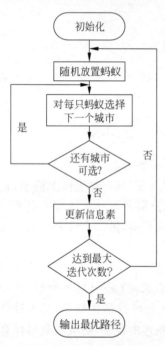

**图 9-2 蚁群算法求解 TSP 的算法流程**

**步骤 1**：对相关参数进行初始化,包括蚁群规模、信息素因子、启发函数因子、信息素挥发因子、信息素常量、最大迭代次数等,将城市的坐标位置转化为城市间的矩阵。

**步骤 2**：随机将蚂蚁放于不同的出发点,对每个蚂蚁计算其下一个访问城市,直至所有蚂蚁访问所有城市。

**步骤 3**：计算各个蚂蚁经过的路径长度 $L_k$,记录当前迭代次数中的最优解,同时对各个城市连接路径上的信息素浓度进行更新。

**步骤 4**：判断是否达到最大迭代次数,若否,则返回步骤 2;若达到最大迭代次数就终止程序。

**步骤 5**：输出程序结果。

**例 9-3** 52 座城市的位置坐标如表 9-2 所示,求解旅行商不重复地走完所有城市的最优路径。

表 9-2　30 座城市的位置坐标

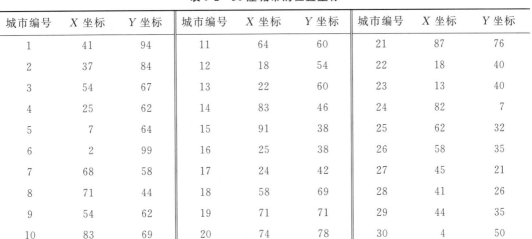

| 城市编号 | X 坐标 | Y 坐标 | 城市编号 | X 坐标 | Y 坐标 | 城市编号 | X 坐标 | Y 坐标 |
|---|---|---|---|---|---|---|---|---|
| 1 | 41 | 94 | 11 | 64 | 60 | 21 | 87 | 76 |
| 2 | 37 | 84 | 12 | 18 | 54 | 22 | 18 | 40 |
| 3 | 54 | 67 | 13 | 22 | 60 | 23 | 13 | 40 |
| 4 | 25 | 62 | 14 | 83 | 46 | 24 | 82 | 7 |
| 5 | 7 | 64 | 15 | 91 | 38 | 25 | 62 | 32 |
| 6 | 2 | 99 | 16 | 25 | 38 | 26 | 58 | 35 |
| 7 | 68 | 58 | 17 | 24 | 42 | 27 | 45 | 21 |
| 8 | 71 | 44 | 18 | 58 | 69 | 28 | 41 | 26 |
| 9 | 54 | 62 | 19 | 71 | 71 | 29 | 44 | 35 |
| 10 | 83 | 69 | 20 | 74 | 78 | 30 | 4 | 50 |

蚁群算法设计步骤如下。

### 1. 数据准备

先清空环境变量以防止既有变量的干扰,然后输入城市的位置坐标矩阵。

### 2. 计算城市距离矩阵

根据平面几何两点间距离公式,由城市坐标矩阵计算出任意两个城市之间的距离。需要注意的是,计算出的矩阵对角线上的元素为 0,为了保证启发函数的分母不为零,需将对角线上的元素修正为一个足够小的正数。

### 3. 初始化参数

计算之前需要对各个参数进行初始化,同时为了加快程序的执行速度,对于程序中涉及的一些过程变量,需要预分配其储存容量。

### 4. 迭代寻找最佳路径

此步骤是整个算法的核心。首先要根据蚂蚁的转移概率构建解空间,即逐个蚂蚁逐个访问各个城市,直至访问所有的城市。然后计算各个蚂蚁经过路径的长度,并在每次迭代后根据信息素实时更新各个城市连接路径上的信息浓度。经过循环迭代,记录下最优的路径及其长度。

### 5. 结果显示

程序结果报告不仅给出了最短距离和最短路径,还给出了评价程序运行性能的收敛迭代次数和程序执行时间,这样就可以根据这些指标调整算法中的参数,以达到更好的效果。求解 TSP 的整个 MATLAB 算法程序见附录,其运行结果如图 9-3 所示。

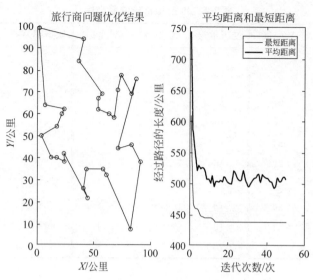

图 9-3　蚁群算法求解 TSP 运行结果

# 9.4　蚁群算法求解作业车间调度问题

作业车间调度、旅行商问题与蚂蚁觅食之间的对应关系如表 9-3 所示。

表 9-3　作业车间调度、旅行商问题与蚂蚁觅食之间的对应关系

| 作业车间调度 | 旅行商问题 | 蚂蚁觅食 |
|---|---|---|
| 开始 | 出发城市 | 蚂蚁穴 |
| 结束 | 最终的城市 | 食物源 |
| 工件 | 旅行商 | 蚂蚁 |
| 机器 | 城市 | 一段路径 |
| 工件选择加工的机器 | 旅行商选择旅行的城市 | 蚂蚁选择移动的路段 |
| 加工时间的差异 | 不同城市间距离的差异 | 不同路段的长短差异 |
| 优化的调度,加工件加工时间较短 | 较短的路线,即旅行商遍历城市距离最短 | 较短的路径,即蚂蚁觅食时间较短 |

在采用蚁群算法求解 JSP 的过程中,信息素反映了机器加工某工件对调度性能的改进程度。如果机器不能完成该工件的加工,则令信息素为 0,并在加工过程中根据试错结果不断更新。为了利用最新的试错信息决策,蚁群算法并非在加工之前就为工件指定加工路径,而是在加工过程中动态地寻求加工路径,通过为工件选择机器进行加工的概率选择加工路径。和 TSP 相比,约束条件增加了工艺约束和设备约束,且相互关联,对时间的要求也更加严格,因此在解决 JSP 时,对求解 TSP 的算法有相应的修改。

利用 JSP 析取图模型求解 JSP 时,首先将 $m$ 只蚂蚁放入析取图的虚节点 0 处。接下来,每只蚂蚁根据规则选择下一个尚未访问的工序,同时在完成一步或一个循环后再更新所有路径上的残留信息素浓度。这里,选择下一步工序的规则主要由 $t$ 时刻连接工序 $i$ 和工序 $j$ 的路径上残留信息素的浓度和由工序 $i$ 转移到工序 $j$ 的启发信息,该启发信息由要解

决的问题给出并由一定的算法实现。这样，$t$ 时刻在工序 $i$ 的蚂蚁 $k$ 选择目标工序 $j$ 的概率 $p_{ij}^k(t)$ 见式(9-1)，式中，$\alpha$、$\beta$ 分别表示残留信息素和期望值的相对重要程度，$J_k(i)$ 表示所有尚未访问的操作。$\eta_{ij}$ 取该工序加工时间的倒数，即加工时间越短，可见度越高，对蚂蚁的吸引越大，蚂蚁越倾向于选择该节点(工序)。在每只蚂蚁完成对所有 $n$ 个工序的访问后，新的信息素 $\tau_{ij}(t+n)$ 将由式(9-2)~式(9-4)求出。式中的 $L_k$ 表示蚂蚁 $k$ 在本次周游中的完工时间。

　　面向 JSP 的蚁群算法的基本思想是令每只蚂蚁一次走完所有工序，可暂时把工序看成一个析取图中的节点。所有蚂蚁从 0 节点出发，然后每一步它们均须在余下的节点中依据式(9-1)计算得到的概率选择一个节点。蚂蚁的每一步选择都需利用蚂蚁本身的禁忌(tabu)集和 JSP 本身所决定的集合。tabu 集是添加的一些已经访问过的节点集合，存储并记录生成的节点，避免重复访问。对任一蚂蚁 $k$，将要访问的节点集合设为下一步允许访问的节点集合。这样，每只蚂蚁 $k$ 的结构都含有未访问的节点集合 $G_k$、将要访问的节点集合 $S_k$ 和已经访问过的节点集合 $\text{tabu}_k$。

　　以图 4-1 为例。初始化时令 $G_k=\{1,2,3,4,5,6,7,8,9\}$，$S_k=\{1,4,6\}$，$\text{tabu}_k=\{0\}$，概率由式(9-1)计算。蚂蚁 $k$ 选择了一个节点 $v$ 以后，该节点将被添加到 $\text{tabu}_k$ 集合中，同时从 $S_k$ 和 $G_k$ 中删除该节点。如果 $v$ 在它所属作业中不是最后一道工序，那么 $v$ 的后继工序将被添加到 $S_k$。重复上面的过程，直到 $G_k$ 空为止。最后，蚂蚁 $k$ 的集合 $\text{tabu}_k$ 所给出的节点序列就是这次循环所得的一个解，本次循环过程结束。更新总加工时间、信息素和迭代次数，直到迭代次数达到最大值时整个算法结束，输出结果。

　　假设蚂蚁 $k$ 的集合 $\text{tabu}_k$ 的节点序列是 $\{0,1,2,3,4,5,6,7,8,9\}$，图 9-4 为蚂蚁 $k$ 所走的路径。集合 $\text{tabu}_k$ 的节点序列中各工序的前后顺序就表示机器上各工序的加工顺序，机器 $M_1$ 上的加工顺序为 $\{1,5,7\}$，机器 $M_2$ 上的加工顺序为 $\{2,6,4\}$，机器 $M_3$ 上的加工顺序为 $\{8,3\}$，这样，在机器 $M_1$ 上的加工工序对的集合为 $\{(1,5),(5,7),(1,7)\}$，在机器 $M_2$ 上的加工工序对的集合为 $\{(2,6),(6,4),(2,4)\}$，在机器 $M_3$ 上的加工工序对的集合为 $\{(8,3)\}$，如图 4-2 所示。这样，各台机器上工序的加工顺序确定了，同时也得到了完工时间。

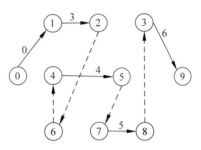

图 9-4　蚂蚁 $k$ 所走的路径

　　由于蚁群算法的特点，当循环多次时蚂蚁就会倾向于选择最短完工时间对应的路径。如果简单地按照概率最大选择，那么很难得到结果。因为若所有蚂蚁都按照最大概率选择自己的路径，将导致所有的蚂蚁走一条路，从而易陷入局部最优解。初始节点的选择采用概率优先权规则：设有 $N_j$ 只蚂蚁(选取蚂蚁数与作业数相等)，令第一只蚂蚁选择概率最大的节点，第二只蚂蚁选择概率第二大的节点，依此类推。若可供选择的节点数少于蚂蚁数，则后面的几只蚂蚁选择同一概率的节点。

　　蚁群算法求解 JSP 的算法流程如图 9-5 所示。

　　由于甘特图能够直观形象地表示出按照时间推进的活动，因此 JSP 的结果一般用甘特图表示，求解析取图的 JSP 的一个最优解为 $\{0,1,2,7,9,5,8,6,3,4\}$，如图 9-6 所示。图 9-6 中工件 1 的加工顺序是 11、12、13；工件 2 的加工顺序是 21、22；工件 3 的加工顺序是 31、32、33，总用时 17 分钟。

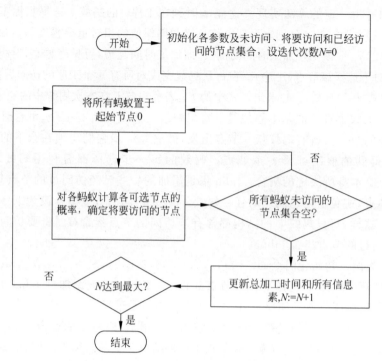

图 9-5　蚁群算法求解 JSP 的算法流程

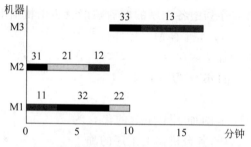

图 9-6　蚁群算法求解 JSP 的甘特图

# 本 章 小 结

　　作业车间调度问题是在企业生产中普遍遇到的问题,也是调度领域和 CIMS(计算机集成制造系统)领域中最为关注的问题之一。蚁群算法是一种用来寻找优化路径的概率型算法,具有分布计算、信息正反馈和启发式搜索的特征。近年来,许多专家学者致力于蚁群算法的研究,并将其应用于交通、通信、化工、电力等领域,成功解决了许多组合优化问题,如作业车间调度问题、旅行商问题等。本章详细阐述蚁群算法的基本思想及原理,以实例的形式解决 TSP,并优化求解在作业车间调度过程中,如何确定每台机器上各工件工序的加工顺序及开工时间,使某个性能指标(如制造周期)最小。

# 复习思考题

1. 求解一元非线性函数的最大值。
$$f(x) = x + 10\sin(5x) + 7\cos(4x)， \quad x \in [0,9]$$
2. 求解多元非线性函数的最小值。
$$f(x,y) = x^2 + y^2$$
3. 求解一元非线性方程的近似解。
$$f(x) = x + 10\sin(5x) + 7\cos(4x) = 0$$

# 第10章 基于遗传算法的车间布局建模与仿真

在工业工程中，许多最优化问题性质十分复杂，很难用传统的优化方法来求解。自1960年以来，人们对求解这类难解问题的兴趣日益增加。遗传算法是迄今为止进化算法中应用最多、比较成熟、广为人知的算法。由于其在求解复杂优化问题的巨大潜力及其在工业工程领域的成功应用，这种算法受到了广泛的注意。其成功的应用包括作业调度与排序、可靠性设计、作业路径选择与调度、成组技术、设备布置与分配、交通问题及其他的许多优化问题。

## 10.1 遗传算法的原理

遗传算法，也称进化算法，是受达尔文的进化论的启发，借鉴生物进化过程而提出的一种启发式搜索算法。它最先是由 John Holland 于 1975 年提出的。它是以生物进化的适者生存法则为依据而设计的，把问题的求解过程模拟为群体的适者生存过程，通过群体一代代地不断进化（竞争、繁殖、变异）出现新种群，也就是寻找到问题的新解，最终收敛到"最适环境"的个体，从而求出问题的最优解或满意解。

作为一种新的全局优化搜索算法，遗传算法以其简单通用、鲁棒性强、适于并行处理及高效实用等显著特点，在各个领域得到了广泛应用，取得了良好的效果。遗传算法在求解优化问题时，都是将实际问题的求解空间按一定的编码方式表现出来，即对解空间的各个解进行编码。解的编码就是把各个解用一定数目的字符串（如 0 和 1）表示，字符串中的每一位数称为遗传基因，每一个字符串（即一个解的编码）称为染色体或个体，即个体是模拟生物个体而对问题中的对象（一般就是问题的解）的一种称呼。一个个体也就是搜索空间中的一个点。个体的集合为种群（population），或者说，种群就是模拟生物种群而由若干个体组成的群体，它一般是整个搜索空间的一个很小的子集。遗传算法的寻优过程就是通过染色体的结合，即通过双亲的基因遗传、变异和交配等，使解的编码发生变化，从而根据适者生存的规律找出最优解。生物遗传的基本概念在遗传算法中的体现如表 10-1 所示。

表 10-1    生物遗传的基本概念在遗传算法中的体现

| 遗传的基本概念 | 个体和群体 | 染色体和基因 | 适 者 生 存 | 种　　群 | 交配和变异 |
|---|---|---|---|---|---|
| 遗传算法中的应用 | 解和解空间 | 解的编码和编码字符串中的元素 | 具有最好适应度值的解将有最大可能生存 | 根据适应度函数选定的一组解 | 一种遗传算子产生新解的方法 |

遗传算法一般由编码与解码、适应度函数、遗传算子和控制参数四部分组成。由设计空间向遗传算法编码空间的映射称为编码；由编码空间向设计空间的映射称为解码。用遗传算法求解优化问题时，必须先建立设计变量与染色体之间的对应关系，即确定编码与解码的规则。这样在遗传算法中，其优化问题求解的一切过程都通过设计解的编码与解码进行。适应度(fitness)是借鉴生物个体对环境的适应程度对问题中的个体对象所设计的表征其优劣的一种测度。适应度函数(fitness function)就是问题中的全体个体与其适应度之间的一种对应关系，表示个体对环境的适应性程度，也是生物进化中决定哪些染色体可以产生优良后代的依据。它一般是一个实值函数，该函数就是遗传算法中指导搜索的评价函数，通常的规则是个体适应度值越大，其生存可能性越大；个体适应度值越小，其被淘汰的可能性越大。遗传操作又称遗传算子(genetic operator)，它包括选择-复制(selection-reproduction)算子、交叉(crossover，也称交换、交配或杂交)算子和变异(mutation，也称突变)算子。

　　选择-复制算子是根据个体的适应度决定其在下一代是被淘汰还是被选择和复制；交叉算子是指两个相互配对的染色体依照某种方式相互交换其部分基因而产生两个新个体；变异算子是将编码字符中的某些基因用其他等位基因来替换从而生成一个新的个体。种群按照一定的复制(选择)概率、交叉概率和变异概率产生下一代。遗传算法有四个运行参数需要提前设定：群体大小(规模)，即种群中所含个体的数量，一般取为 20～100；遗传操作的终止进化代数(最大换代数)，一般取为 100～500；交叉概率(crossover rate)就是参加交叉运算的染色体个数占全体染色体总数的比例，一般取为 0.4～0.99；变异概率(mutation rate)是指发生变异的基因位数占全体染色体的基因总位数的比例，一般取为 0.0001～0.1。此外，为避免种群的早熟，应随机初始化种群，尽量进行一个大概的区间估计。

## 10.2　遗传算法操作

　　本节介绍遗传算法操作中的几个关键方面，然后给出基本遗传算法的具体步骤。

### 1. 编码与解码

　　遗传算法的编码策略是在目标问题实际表示与遗传算法染色体位串结构之间建立联系，确定编码和编码运算。编码的方法有二进制编码、顺序编码、整数编码等。

　　对于二进制编码，假设某一参数的取值范围是 $[u_{min}, u_{max}]$，用长度为 $\lambda$ 的二进制编码符号串来表示该参数，则它可以产生 $2^{\lambda}$ 种不同的编码，参数编码的对应关系如下：$00\cdots00 = 0 \leftrightarrow u_{min}, 00\cdots001 = 2^{0} \leftrightarrow u_{min} + \delta, 00\cdots0010 = 2^{1} \leftrightarrow u_{min} + 2\delta, \cdots, 11\cdots11 = 2^{\lambda} - 1 \leftrightarrow u_{max}$。其中 $\delta$ 表示二进制编码的精度，其公式为

$$\delta = \frac{u_{max} - u_{min}}{2^{\lambda} - 1}$$

　　假设某一个体 $x$ 的染色体编码为 $b_{\lambda}b_{\lambda-1}\cdots b_{2}b_{1}$。则对应的解码公式为

$$x = u_{min} + \sum_{i=1}^{\lambda} b_{i} \cdot 2^{i-1} \cdot \frac{u_{max} - u_{min}}{2^{\lambda} - 1}$$

　　对于顺序编码，用 1 到 $N$ 的自然数的不同顺序来编码，此种编码不允许重复，又称为自然数编码，适应于指派问题、旅行商问题、单机跳读问题等；而对于整数编码，类似于顺序编

码,但允许编码重复,适用于新产品投入、时间优化、伙伴挑选等问题。

### 2. 评价个体适应度值

遗传算法本质上是一种无约束优化方法,但实际应用中的优化问题都含有一定的约束条件,在遗传算法中处理约束条件常用的方法有搜索空间限定法、可行解变换法和罚函数法。搜索空间限定法的思想是在搜索空间中将个体与解空间中可行解之间建立一一对应的关系;可行解变换法的思想是在由个体基因型到个体表现型的变换中增加满足约束条件的处理过程;罚函数法的思想是对解空间中无对应可行解的个体计算其适应度时处以一个罚函数降低适应度,减少此个体遗传到下一代的机会。另外,在遗传算法的研究和应用中开发了多种高级实现技术,利用这些技术可以有效地利用遗传算法解决广泛的应用问题。

用适应度函数计算个体的适应度值,个体适应度值越大,其环境适应性越好。为此,在算法的运行过程中,要不断调整适应度函数:在遗传算法运行的初始阶段,算法能够对一些适应度较高的个体进行控制,降低其适应度与其他个体适应度之间的差异程度,从而限制其复制数量以维护群体的多样性;而在遗传算法运行的后期阶段,算法能够对个体的适应度进行适当的放大,提高最佳个体适应度与其他个体适应度之间的差异程度,以提升个体之间的竞争性。通常选择将目标函数转变为适应度函数,这种转变分为以下两种方法。

(1)直接将待求解的目标函数映射为适应度函数。若目标函数为求最大值问题,则令适应度函数为 $\mathrm{Fit}(x)=f(x)$;若目标函数为求最小值问题,则适应度函数为 $\mathrm{Fit}(x)=-f(x)$。此种方法简单直观,但存在两个方面的问题:首先是可能不满足轮盘赌选择策略中概率非负的要求;其次是某些个体的函数值相差较大,会影响算法的性能。

(2)对第一种方法加以改进的方法。若目标函数为最大值问题,则适应度函数为

$$\mathrm{Fit}(x)=\begin{cases} c_{\max}-f(x), & f(x)<c_{\max} \\ 0, & f(x)\geqslant c_{\max} \end{cases}$$

其中,$c_{\max}$ 为 $f(x)$ 的最大值。若目标函数为最小值问题则适应度函数为

$$\mathrm{Fit}(x)=\begin{cases} f(x)-c_{\min}, & f(x)>c_{\min} \\ 0, & f(x)\leqslant c_{\min} \end{cases}$$

其中,$c_{\min}$ 为 $f(x)$ 的最小值。

上述方法采用了适应度比例的选择方式,即个体的选择概率与其适应度大小成比例。采用此种方式可能会出现收敛于局部最优解的情况,即在算法进行的早期,个别染色体适应度远远超过其他染色体,从而控制了进化趋势,使得在后续的进化过程中降低继续优化的潜能。为此,可以采用比例变换的方法,如线性比例方法:$\mathrm{Fit}(x)=af(x)+b$,$a$、$b$ 为系数;幂比例变换法:$\mathrm{Fit}(x)=f^{k}(x)$,$k$ 为幂指数;指数变换法:$\mathrm{Fit}(x)=\mathrm{e}^{-af(x)}$,系数 $a$ 决定了复制操作的强制性,其值越小,复制的强制性就越趋向于具有较大适应度的染色体(个体)。

### 3. 选择复制

此过程通常采用轮盘赌选择策略,轮盘赌选择策略是依据个体的适应度计算个体在子代中出现的概率,以此概率为依据随机选择个体构成子代种群。其设计思路是适应度值越

大的个体被选择的概率越大。

**例 10-1**　假设有 9 个个体,其适应度值如表 10-2 所示,通过适应度值计算出个体的选择概率和累积概率,产生一个[0,1]区间的随机数,假定为 0.41,它落在区间(0.4,0.52],则选择个体 5 号进入子代种群。

表 10-2　9 个个体的适应度值

| 个体序号 | 1 | 2 | 3 | 4 | 5 | 6 | 7 | 8 | 9 |
| --- | --- | --- | --- | --- | --- | --- | --- | --- | --- |
| 适应度值 | 8 | 2 | 7 | 3 | 6 | 5 | 9 | 2 | 8 |
| 选择概率 | 0.16 | 0.04 | 0.14 | 0.06 | 0.12 | 0.1 | 0.18 | 0.04 | 0.16 |
| 累积概率 | 0.16 | 0.20 | 0.34 | 0.40 | 0.52 | 0.62 | 0.80 | 0.84 | 1.00 |

**4. 交叉操作**

交叉就是互换两个染色体某些位置上的基因,如设染色体 $s_1 = 01001011$, $s_2 = 10010101$,交换其后四位基因,交换后的染色体(可以看作原染色体的子代染色体)为: $s_1' = 01000101$, $s_2' = 10011011$。

**5. 变异操作**

变异就是改变染色体某些位置上的基因,如将染色体 $s = 10011011$ 上的第三位置上的 0 变为 1: $s' = 10111011$。

综合以上五项操作,基本遗传算法的具体操作步骤为:

**步骤 1**:在搜索空间 $U$ 定义一个适应度函数 $f(x)$。给定种群规模 $N$、交叉概率 $P_c$ 和变异概率 $P_m$、进化代数 $T$。

**步骤 2**:随机产生 $U$ 中的 $N$ 个个体 $s_1, s_2, \cdots, s_N$,组成初始种群 $S = \{s_1, s_2, \cdots, s_N\}$,置代数计数器 $t = 1$。

**步骤 3**:计算 $S$ 中每个个体的适应度值 $f(x)$。

**步骤 4**:若终止条件满足,则取 $S$ 中适应度值最大的个体为所求结果,算法结束。

**步骤 5**:按选择概率 $P(x_i)$ 所决定的选中机会,每次从 $S$ 中随机选中一个个体并将其染色体复制,共做 $N$ 次,然后将复制所得的 $N$ 个染色体组成种群 $S_1$。

**步骤 6**:按交叉概率 $P_c$ 所决定的参加交叉的染色体数 $c$,从 $S_1$ 中随机确定 $c$ 个染色体,配对交叉操作,并用新产生的染色体代替原染色体,得到种群 $S_2$。

**步骤 7**:按变异概率 $P_m$ 所决定的变异次数 $m$,从 $S_2$ 中随机确定 $m$ 个染色体,分别进行变异操作,并用新产生的染色体代替原染色体,得到种群 $S_3$。

**步骤 8**:将种群 $S_3$ 作为新一代种群,即将 $S_3$ 代替 $S$,$t := t + 1$,转步骤 3。

遗传算法实现流程如图 10-1 所示。

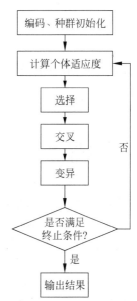

图 10-1　遗传算法实现流程

# 10.3　遗传算法的特点与优势

遗传算法的主要特点有以下几点。①遗传算法一般是直接在解空间搜索,而不像图搜索那样一般是在问题空间搜索,最后才找到解。②遗传算法的搜索随机地始于搜索空间的一个点集,而不像图搜索那样固定地始于搜索空间的初始节点或终止节点,所以遗传算法是一种随机搜索算法。③遗传算法总是在寻找最优解,而不像图搜索那样并非总是要求最优解,而一般是设法尽快找到解,所以遗传算法又是一种优化搜索算法。④遗传算法的搜索过程是从空间的一个点集(种群)到另一个点集(种群)的搜索,而不像图搜索那样一般是从空间的一个点到另一个点的搜索。因而它实际是一种并行搜索,适合大规模并行计算,而且这种种群到种群的搜索有能力跳出局部最优解。⑤遗传算法的适应性强,除需知适应度函数外,几乎不需要其他的先验知识。⑥遗传算法擅长进行全局搜索,它不受搜索空间的限制性假设的约束,不要求连续性,能以很大的概率从离散的、多极值的、含有噪声的高维问题中找到全局最优解。

# 10.4　遗传算法的调用

MATLAB 工具箱中的 ga 函数可以求解如下约束优化问题。

$$\min_{x} f(x)$$

$$\text{s. t.}\quad \boldsymbol{A} \cdot \boldsymbol{x} \leqslant \boldsymbol{B}, \boldsymbol{Aeq} \cdot \boldsymbol{x} = \boldsymbol{Beq}\quad (\text{线性约束})$$

$$\boldsymbol{C}(\boldsymbol{x}) \leqslant 0, \boldsymbol{Ceq}(\boldsymbol{x}) = 0\quad (\text{非线性约束})$$

$$\boldsymbol{lb} \leqslant \boldsymbol{x} \leqslant \boldsymbol{ub}\quad (\text{边界约束})$$

$$\boldsymbol{x}(i) \text{ 取整}\quad (i \text{ 为取整的指标向量 intcon,整数约束})$$

对以上问题进行遗传计算,如果 $x$ 没有取整分量,其完整的调用格式为

```
[x,fval,exitflag,output,population,scores] =
ga(fitnessfun,nvars,A,b,Aeq,beq,lb,ub,nonlcon,options)
```

如果 $x$ 存在取整分量,其完整的调用格式为

```
[x,fval,exitflag,output,population,scores] =
ga(fitnessfun,nvars,A,b,[],[],lb,ub,nonlcon,intcon,options)
```

以上两个调用格式的等式左端:x 为经过遗传进化后自变量最佳染色体返回值;fval 为最佳染色体的适应度;exitflag 为算法终止的原因;output 为输出的算法结构;population 为最终得到种群适应度的列向量;scores 为最终得到的种群。以上两个调用格式的等式右端:fitnessfun 为适应度句柄函数;nvars 为目标函数自变量的个体;options 为算法的属性设置,该属性通过函数 gaoptimset 赋予。gaoptimset 是设置遗传算法的参数和句柄函数,其格式为

```
options = gaoptimset('param1',value1, 'param2',value2, … ).
```

**注意**:如果 intcon 非空,则线性等式和非线性等式约束必须为空,即不允许有等式约束存在。

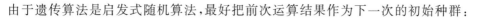

由于遗传算法是启发式随机算法,最好把前次运算结果作为下一次的初始种群:

> [x,fval,reason,output,final_pop] = ga(@fitnessfun,nvars)。

这里的 final_pop 就是返回本次运行得到的最后种群。这样,调用格式可调整为

```
options = gaoptimset('InitialPopulation',final_pop);
[x,fval,reason,output,final_pop2] = ga(@fitnessfun,nvars, options);
```

在遗传算法工具箱中,还可以用 gaoptimget 函数得到遗传算法参数结构中的参数具体值,格式为

> val = gaoptimget(options,'name')。

其中,options 为结构变量;name 为需要得到的参数名称,返回值为 val。

**例 10-2**　求函数 $f(x) = \dfrac{\cos(x_1^2 + x_2^2) - 0.1}{1 + 0.3(x_1^2 + x_2^2)^2} + 3$ 的最大值。

**解**　编制脚本适应度句柄函数,存储文件名为 ga1.m:

```
function y = ga1(x)
y = (cos(x(1)^2 + x(2)^2) - 0.1)/(1 + 0.3 * (x(1)^2 + x(2)^2)^2) + 3;
```

在命令窗口调用 ga 函数:

```
[x,fval] = ga(@ga1,2)
```

或者直接在命令窗口编写无名氏函数调用 ga 函数运行:

```
fun = @(x)(cos(x(1)^2 + x(2)^2) - 0.1)/(1 + 0.3 * (x(1)^2 + x(2)^2)^2) + 3;
[x,fval,reason,output,final_pop] = ga(fun,2);
options = gaoptimset('InitialPopulation',final_pop);
[x,fval,reason,output,final_pop2] = ga(fun,2,options)
```

运行后得到最大值 fval=2.6839,相应的点为 $x = [1.2158 \quad -1.0669]^T$。

遗传算法在人工智能的众多领域都有应用。例如聚类、机器学习、控制、规划(如生产任务规划)、调度(如作业车间调度、机器调度、运输问题)、配置(分配问题、机器配置)、布局设计、组合优化(如 TSP、背包问题)、求解函数的最大值以及图像信号处理等。另外,遗传算法还可以与其他智能算法和技术结合使用,使问题求解能力更强。比如将遗传算法与模糊技术、神经网络相结合。

# 10.5　遗传算法求解车间设备布局问题

## 10.5.1　问题描述

制造系统物理布局优化设计是在系统设计初期必须解决的重要问题。据统计,在一个产品中,等待的时间占的比例达到 $90\%\sim95\%$,真正用于产品加工的时间所占的比例很小,其中车间物流流动的时间是影响效率的主要原因之一。因此,需要改变车间设备的布局使设备尽可能按照产品的工艺流程顺序布置,可有效地减少搬运时间和降低生产成本。从数

学角度来看,设备布局优化问题属于非线性规划问题,由于约束条件较多,对较多设备的布局优化问题求解时,用传统的数学方法将很难找到一种最优解。近年来,使用智能算法解决设备布局设计的趋势迅速增加。

车间设备布局优化问题可简述为以下问题。

假设车间中共有 $n$ 个机床设备 $M=[m_1,\cdots,m_n]$,工件在各设备间的传输次数如表 10-3 所示。

表 10-3　工件在各设备间的传输次数　　　　　　　　　　　　　　次

| 工件传输次数 | $m_1$ | $m_2$ | $\cdots$ | $m_n$ |
| --- | --- | --- | --- | --- |
| $m_1$ | $a_{11}$ | $a_{12}$ | $\cdots$ | $a_{1n}$ |
| $m_2$ | $a_{21}$ | $a_{22}$ | $\cdots$ | $a_{2n}$ |
| $\cdots$ | $\cdots$ | $\cdots$ | $\cdots$ | $\cdots$ |
| $m_n$ | $a_{n1}$ | $a_{n2}$ | $\cdots$ | $a_{nn}$ |

其中,$a_{ij}$ 表示由设备 $m_i$ 传输至 $m_j$ 的次数,显然 $a_{ii}=0$。工件在各设备间的距离如表 10-4 所示。

表 10-4　工件在各设备间的传输距离　　　　　　　　　　　　　　米

| 工件传输次数 | $m_1$ | $m_2$ | $\cdots$ | $m_n$ |
| --- | --- | --- | --- | --- |
| $m_1$ | $d_{11}$ | $d_{12}$ | $\cdots$ | $d_{1n}$ |
| $m_2$ | $d_{21}$ | $d_{22}$ | $\cdots$ | $d_{2n}$ |
| $\cdots$ | $\cdots$ | $\cdots$ | $\cdots$ | $\cdots$ |
| $m_n$ | $d_{n1}$ | $d_{n2}$ | $\cdots$ | $d_{nn}$ |

其中,$d_{ij}$ 表示由设备 $m_i$ 传输至 $m_j$ 的距离,显然 $d_{ii}=0$。

(1)约束条件:分为硬约束(必须被满足)和软约束(一定程度上应当被满足),主要包括目标约束、模式约束和形状位置约束等。

目标约束:车间设备布局的目标是最高的物流效率,是软约束。

模式约束:布局方案中间各个设备之间的相互关系,是硬约束。

形状位置约束:设备之间不能相互干涉,有安全距离,在车间内,有障碍物和禁止使用的区域等,是硬约束。其他约束:一些主观约束,如对齐、美观、安全通道等软约束。

(2)车间设备布局方案的评价标准,包括客观的布局评价和主观的布局评价。

客观的布局评价是指物流效率、车间面积占用率等,是可以用数学表达式进行计算和求解的指标。

主观的布局评价包括操作者对于车间的环境光效、色彩、美观等主观人机工程因素的评价,无法或很难量化。

车间物流是指原材料或半成品进入车间,经储存、加工、制造、装配、包装、运输,直到完成车间内所有工序而出车间的整个生产过程中,物料在每个环节流动、储存的全过程。

物流效率是车间布局方案的主要评价指标,其分析包括确定物料在各个加工设备之间的流动顺序以及单位时间内流动的强度,用"次数×距离×费用/时间"表示。

车间面积占用率也是车间布局方案的主要评价指标,其分析包括确定物料在各个加工设备之间的运输距离,用"次数×距离"表示。

## 10.5.2　问题分析

车间设备布局最优设计应使各设备间的运输距离最短,即 $\min\limits_{d_{ij}}\sum\limits_{i=1}^{n}\sum\limits_{j=1}^{n}a_{ij}d_{ij}$。另外,各

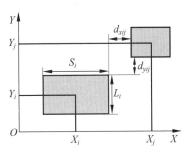

设备在车间中均占有一定的面积,设备间还需要为操作人员留有一定的活动空间,因此在车间设备布局设计中还要考虑一些约束条件。 设备 $i$、$j$ 间的相对位置如图 10-2 所示。

其中,$d_{xij\min}$、$d_{yij\min}$ 分别表示设备 $i$、$j$ 在 $X$ 方向和 $Y$ 方向的最小间距,$S_i$、$L_i$ 分别表示设备 $i$ 在 $X$ 方向和 $Y$ 方向的宽度。实现车间布局的最优设计所需要的约束条件包括:

**图 10-2　设备 $i$、$j$ 间的相对位置**

(1) 间距约束:设备应保持一定的间距,即

$$|\,X_i-X_j\,|\geqslant\frac{S_i+S_j}{2}+d_{xij\min}$$

$$|\,Y_i-Y_j\,|\geqslant\frac{L_i+L_j}{2}+d_{yij\min}$$

(2) 边界约束:设备在 $X$ 方向和 $Y$ 方向的布置不应超过车间的长度尺寸,即

$$\sum_{i=1}^{n-1}\left(|\,X_i-X_{i+1}\,|+\frac{S_i+S_{i+1}}{2}\right)\leqslant h$$

$$\sum_{i=1}^{n-1}\left(|\,Y_i-Y_{i+1}\,|+\frac{L_i+L_{i+1}}{2}\right)\leqslant g$$

其中,$h$、$g$ 分别表示车间在 $X$ 方向和 $Y$ 方向上的宽度。

## 10.5.3　模型建立

根据以上分析,可建立如下车间设备布局优化模型:

$$\min_{d_{ij}}\sum_{i=1}^{n}\sum_{j=1}^{n}a_{ij}d_{ij}$$

$$\text{s.t.}\quad|\,X_i-X_j\,|\geqslant\frac{S_i+S_j}{2}+d_{xij\min}$$

$$|\,Y_i-Y_j\,|\geqslant\frac{L_i+L_j}{2}+d_{yij\min}$$

$$\sum_{i=1}^{n-1}\left(|\,X_i-X_{i+1}\,|+\frac{S_i+S_{i+1}}{2}\right)\leqslant h$$

$$\sum_{i=1}^{n-1}\left(|\,Y_i-Y_{i+1}\,|+\frac{L_i+L_{i+1}}{2}\right)\leqslant g$$

### 10.5.4　模型求解

为调用遗传算法 ga 函数,现转换以上车间设备布局问题模型为可调用格式。

$$\min_{x,y} \sum_{i=1}^{n} \sum_{j=1}^{n} a_{ij} \sqrt{(x_i - x_j)^2 + (y_i - y_j)^2}$$

$$\text{s. t.} \quad -|x_i - x_j| + \frac{S_i + S_j}{2} + d_{xij\min} \leqslant 0, \quad i,j = 1,2,\cdots,n$$

$$-|y_i - y_j| + \frac{L_i + L_j}{2} + d_{yij\min} \leqslant 0, \quad i,j = 1,2,\cdots,n$$

$$\sum_{i=1}^{n-1} |x_i - x_{i+1}| + \sum_{i=1}^{n-1} \frac{S_i + S_{i+1}}{2} - h \leqslant 0$$

$$\sum_{i=1}^{n-1} |y_i - y_{i+1}| + \sum_{i=1}^{n-1} \frac{L_i + L_{i+1}}{2} - g \leqslant 0$$

现假设车间大小为 5 米×5 米,放置 5 台设备,工件在各设备间的传输次数如表 10-5 所示。

表 10-5　工件在各设备间的传输次数　　　　　　　　　　　　　　　　次

| 工件传输次数 | $m_1$ | $m_2$ | $m_3$ | $m_4$ | $m_5$ |
| --- | --- | --- | --- | --- | --- |
| $m_1$ | 0 | 572 | 1559 | 157 | 0 |
| $m_2$ | 15 | 0 | 26 | 0 | 2 |
| $m_3$ | 6 | 54 | 0 | 64 | 36 |
| $m_4$ | 0 | 14 | 37 | 0 | 38 |
| $m_5$ | 7 | 4 | 0 | 22 | 0 |

$$\boldsymbol{a} = \begin{bmatrix} 0 & 572 & 1559 & 157 & 0 \\ 15 & 0 & 26 & 0 & 2 \\ 6 & 54 & 0 & 64 & 36 \\ 0 & 14 & 37 & 0 & 38 \\ 7 & 4 & 0 & 22 & 0 \end{bmatrix}$$

设备的尺寸如表 10-6 所示。

表 10-6　设备的尺寸　　　　　　　　　　　　　　　　　　　米

| $m_1$ | $m_2$ | $m_3$ | $m_4$ | $m_5$ |
| --- | --- | --- | --- | --- |
| 3×3 | 1×0.8 | 1.5×0.8 | 1.5×0.8 | 0.8×0.7 |

$$\boldsymbol{S} = \begin{bmatrix} 3 & 1 & 1.5 & 1.5 & 0.8 \end{bmatrix}^{\mathrm{T}}; \quad \boldsymbol{L} = \begin{bmatrix} 3 & 0.8 & 0.8 & 0.8 & 0.7 \end{bmatrix}^{\mathrm{T}}$$

假设

$$d_{xij} = 0.8, \quad d_{yij} = 0.5; \quad h = 5, \quad g = 5$$

针对车间布局的遗传算法,在运行过程中具体改进策略有以下几点。

### 1. 采用浮点数编码方式策略

每个可能的布局方式用一个长度为 $2n$ 的浮点数串 $(x_1, y_1, \cdots, x_n, y_n)$。其中,每两位基因$(x_i, y_i)$表示机床$i$的中心点坐标。采用这种编码的优点是编码解码过程简单、精确直观,每个个体的基因直接表示设备的位置,避免了烦琐的编码和解码过程。

### 2. 定义适应度函数

由于遗传算法在本质上是一种无约束优化方法,故须对约束条件进行一定的转化。本例采用罚函数法将约束优化问题转化为一个无约束最优化问题,带罚项的目标函数作为适应度函数进行求解,惩罚值设为500。

### 3. 确定遗传参数

本例的遗传参数中,种群中的个体数目$N=10$、最大代数$T=100$、交叉概率$P_c=0.9$、变异概率$P_m=0.04$。

### 4. 随机初始化生产群体 P

由算法函数随机产生初始染色体群体的个体,然后检验是否满足约束条件,去除不满足条件的个体,直到初始群体个数达到$N$。

### 5. 选择运算

把序号在前面的$m$个个体复制两份,中间的$n-2m$个个体复制一份,淘汰序号在后面的$m$个个体。$m$的值根据群体$n$的大小确定。这样可在保持群体规模不变的同时防止出现局部最优情况。

### 6. 交叉运算

按照遗传策略,运用交叉算子作用于群体。可参考二进制的交叉操作方式进行浮点数编码交叉操作,即从交配池中取出一对个体,随机选择$[1, h-1]$的整体作为交叉位置,根据交叉概率$P_c$实施交叉操作,也就是在交叉位置两个配对个体互换基因。

### 7. 变异运算

为使群体摆脱陷入搜索空间的局部最优区域,常常采用变异运算。按照变异概率$P_m$对个体上的每个基因位用取值范围内的随机值代替。

### 8. 判断

判断群体性能是否满足终止条件,已完成预定迭代次数则结束操作,输出结果;不满足则返回步骤5,继续进行下一次的迭代操作。

# 本 章 小 结

生产车间设备布局问题是一个组合优化问题,具有非线性、NP-hard等特性。遗传算法是一类借鉴生物界的进化规律(适者生存,优胜劣汰遗传机制)演化而来的随机化搜索方法。本章详细阐述遗传算法的基本思想及原理,并将其应用于生产车间设备布局,即如何使设备在给定的空间内进行布局,同时要求满足一定限制条件(如车间的面积、几何形状要求等),并使目标函数得到优化。

# 复习思考题

1. 求下列函数最小值。

$$f(x) = \sum_{i=1}^{n} x_i^2, \quad -512 \leqslant x_i \leqslant 512$$

2. 求下列二元函数的最大值。

$$\max f(x_1, x_2) = x_1^2 + x_2^2$$
$$\text{s.t.} \quad x_1 \in \{1,2,3,4,5,6,7\}$$
$$x_2 \in \{1,2,3,4,5,6,7\}$$

3. 求解带线性约束条件的函数最小值。

$$\min f(x) = 2x_1 + 4x_2 + 6x_3$$
$$\text{s.t.} \quad x_1 - x_3 \leqslant 10$$
$$x_2 + x_3 = 12$$
$$x_1 + 2x_2 \geqslant 1$$

# 基于粒子群算法的
# 车辆路径问题

## 11.1 粒子群算法

　　1995年,受到鸟群觅食行为的规律性启发,James Kennedy 和 Russell Eberhart 提出的一种通过模拟鸟集群飞行觅食的行为、鸟之间的集体协作使群体达到最优目的的粒子群优化算法,又称粒子群算法。该算法同遗传算法相似,但并没有遗传算法用的交叉和变异,而是粒子在解空间追随最优的粒子进行搜索。PSO 是一种启发式的优化计算方法,其优势在于:简单、容易实现、速度快、易于描述和理解,同时又有深刻的智能背景;对优化问题定义的连续性无特殊要求,既适用于科学研究,又适合工程应用,并且没有许多参数需要调整,只需较小的演化群体;算法易于收敛,只需较少的评价函数计算次数就可达到收敛;无集中控制约束,不会因个体的故障影响整个问题的求解,确保了系统具备很强的鲁棒性。但是,对于有多个局部极值点的函数,PSO 容易陷入局部极值点中而得不到正确的结果。此外,由于缺乏精密搜索方法的配合,PSO 往往不能得到精确的结果。再者,尽管 PSO 提供了全局搜索的可能,但并不能严格证明它在全局最优点上的收敛性。因此,PSO 一般适用于一类高维的、存在多个局部极值点而并不需要得到很高精度结果的优化问题。

　　群鸟觅食其实是一个最佳决策的过程,在觅食的过程中,每只鸟的初始状态都是处于随机位置,且飞翔的方向也是随机的,每只鸟都不知道食物在哪里,但是随着时间的推移,这些初始位置处于随机状态的鸟类通过群内互相学习、信息共享和个体不断积累寻觅食物的经验,自发组成一个群落,并向着目标食物前进。每只鸟能够通过一定经验和信息估计目前所处的位置对于寻找到食物有多大的价值,即适应度值。每只鸟能记住自己所找到的最好位置,称为"局部最优";此外,还能记住鸟群中所有个体能找到的最好位置,称为"全局最优",整个鸟群的觅食中心都是趋向全局最优移动,这在生物学上称为"同步效应"。

　　每个优化问题的潜在解都是搜索空间的一只鸟,称为"粒子",所有的粒子都有一个被优化函数决定的适应值(fitness value),每一个粒子还有一个速度决定它飞翔的方向和距离。然后粒子们就追随当前的最优粒子在解空间中搜索。PSO 先初始化为一群随机粒子(即随机解),然后通过迭代找到最优解。在每一次迭代过程中,粒子通过跟踪两个"极值"来更新自己:一个是粒子本身所找到的最优解,称为"个体极值";一个是整个种群目前找到的最优值,称为"全局极值"。另外,也可以不用整个种群而只是用其中一部分作为粒子的邻居,那么在所有邻居中的极值就是局部极值。

　　在应用粒子群算法的模型中,每个个体都被看作一个粒子,所有的个体组成粒子群。假

设在一个 $D$ 维的目标搜索空间中,有 $m$(通常取值为 $20\sim40$)个个体组成粒子群,第 $i(i=1,2,\cdots,m)$ 个粒子的位置表示为向量 $\boldsymbol{X}_i=(x_i^1,x_i^2,\cdots,x_i^D)$。将 $i$ 个粒子"飞行"历史中经过的最优位置(即该位置对应解最优)记为 $P_i=(p_i^1,p_i^2,\cdots,p_i^D)$,其中第 $g$ 个粒子的过去最优位置 $P_g$ 为所有 $P_i(i=1,2,\cdots,D)$ 中的最优;第 $i$ 个粒子的位置变化率(速度)为向量 $\boldsymbol{V}_i=[v_i^1,v_i^2,\cdots,v_i^D]$。粒子群算法采用式(11-1)、式(11-2)对粒子所在的位置不断更新:

$$v_i^d(t+1)=wv_i^d(t)+c_1r_1(p_i^d(t)-x_i^d(t))+c_2r_2(p_g^d(t)-x_i^d(t)) \tag{11-1}$$

$$x_i^d(t+1)=x_i^d(t)+\alpha v_i^d(t+1) \tag{11-2}$$

其中,$i=1,2,\cdots,m,d=1,2,\cdots,D,t$ 为当前迭代次数,$t+1$ 为下一步迭代次数。$w$ 是非负数,称为惯性因子,具有维护全局和局部搜索能力的平衡作用,可以使粒子保持惯性运动,使其有扩展搜索空间的趋势,有能力探索新的区域。较大的 $w$ 能够提高粒子的全局搜索能力,适于对解空间进行大范围探查(exploration),有利于提高优化的成功率;较小的 $w$ 则有利于粒子群在迭代运算时的快速聚集,适于进行小范围开挖(exploitation),有利于加快寻优的速度。如果将 $w$ 设定为变量,通常在迭代开始阶段设置较大的 $w$,然后在迭代过程中逐步减小。这样可以使粒子群在开始阶段优化时搜索较大的解空间,得到合适的种子,然后在后期逐渐搜索到较好的区域进行更精细的搜索,以加快收敛速度和提高目标精度。为此,可将 $w$ 设定为随着进化而线性减少的值。如果将 $w$ 设置为定值,建议取 $0.6\sim0.75$ 区间的合适值,但也有些学者在研究中曾论证出 $w$ 的最佳值在 $0.8$ 附近;$c_1$、$c_2$(非负常数)称为加速因子或学习因子,是调整自身和社会经验在运动过程中所起作用的权重。对于简单的常规问题,通常取 $c_1=c_2=2$,也可以依据实际自己设定;$r_1$、$r_2$ 是 $(0,1)$ 区间的随机数,$\alpha$ 是约束因子,目的是控制速度的权重。此外,第 $d(1\leqslant d\leqslant D)$ 维的位置变化范围为 $[-X_{\mathrm{max}d},X_{\mathrm{max}d}]$,速度的变化范围为 $[-V_{\mathrm{max}d},V_{\mathrm{max}d}]$,迭代过程中,若位置和速度超过边界范围则取边界值。粒子群初始位置和速度随机产生,然后按式(11-1)和式(11-2)进行迭代,直到找到满意的解,每个粒子的位置都是一个潜在解。将 $\boldsymbol{X}_i$ 代入目标函数求出其适应度值,依据适应度值判断其优劣。目前常用的粒子群算法将全部粒子群(Global)分成若干个有部分粒子重叠的相邻子群,每个粒子根据子群(Local)内历史最优 $P_l$ 调整位置,即式(11-1)中的 $p_g^d$ 换为 $p_l^d$。

采用式(11-1)和式(11-2)的带惯性权重的粒子群算法称为标准粒子群算法,对 $w=1$ 的特殊情况称基本粒子群算法。式(11-1)的第一部分 $wv_i^d(t)$ 为粒子先前的速度;第二部分 $c_1r_1(p_i^d(t)-x_i^d(t))$ 为"认知"部分,它仅考虑了粒子自身的经验,表示粒子本身的思考;第三部分 $c_2r_2(p_g^d(t)-x_i^d(t))$ 为"社会"部分,表示粒子间的社会信息共享。式(11-2)表示粒子在不同时刻的位置主要是由飞行速度和约束因子 $\alpha$ 共同决定的,二者直接影响算法的全局收敛性。与基本粒子群算法相比,标准粒子群算法将惯性权重和飞行速度结合起来,使粒子可以尽快地向最优解区域靠拢,而又不至于在到达最优解区域附近时飞越最优解。

PSO 算法流程如图 11-1 所示。

**步骤 1**:初始化粒子群(速度和位置)、惯性因子、加速常

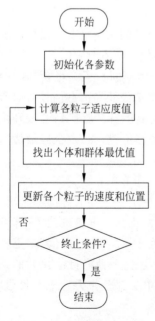

**图 11-1　PSO 算法流程**

数、最大迭代次数和算法终止的最小允许误差。

**步骤 2**：评价每个粒子的初始适应值。

**步骤 3**：将初始适应值作为当前每个粒子的局部最优值，并将各适应值对应的位置作为每个粒子的局部最优值所在的位置。

**步骤 4**：将最佳初始适应值作为当前全局最优值，并将最佳适应度值对应的位置作为全局最优值所在的位置。

**步骤 5**：依据式(11-1)更新每个粒子当前的速度。

**步骤 6**：对每个粒子的飞翔速度进行限幅处理，使之不能超过设定的最大飞翔速度。

**步骤 7**：依据式(11-2)更新每个粒子当前坐标所在的位置。

**步骤 8**：比较当前每个粒子的适应度值是否比历史局部最优值好。如果好，则将当前粒子适应度值作为粒子的局部最优值，其对应的位置作为每个粒子的局部最优值所在的位置。

**步骤 9**：在当前种群中找出全局最优值，并将当前全局最优值对应的位置作为粒子群全局最优值所在的位置。

**步骤 10**：重复步骤 5～9，直到满足设定的最小误差或达到最大迭代次数。

**步骤 11**：输出粒子群全局最优值和其对应的位置以及每个粒子的局部最优值和其对应的位置。

# 11.2　遗传算法与粒子群算法的比较

遗传算法和粒子群算法的演化过程如下。

(1) 种群随机初始化。

(2) 对种群内的每一个个体计算适应度值，适应度值与最优解的距离直接相关。

(3) 种群根据适应度值进行复制。

(4) 如果终止条件满足，就停止；否则转步骤(2)。

从上述步骤可以看到遗传算法和粒子群算法有很多共同之处：两者都随机初始化种群、使用适应度值评价系统，并且根据适应度值进行一定程度的随机搜索，都是概率搜索算法。两个系统都不能保证一定找到最优解。但是，粒子群算法没有遗传算法的一些操作，如交叉和变异，而是根据自己的速度决定搜索。粒子还有一个重要特点：有记忆。

与此同时，相比遗传算法，粒子群的信息共享机制有很大的不同。首先，遗传算法是对生物演化中适者生存的模拟，不好的个体在竞争中被淘汰，模拟的是生物系统的进化过程，其最基本的单位是基因(gene)。在遗传算法中，染色体互相共享信息，所以整个种群是比较均匀地向最优区域移动，最好的个体通过产生更多的后代来传播自己的基因。粒子群算法是对粒子群体通过协作解决问题行为的模拟，模拟的是社会系统的变化，其最基本的单位是"敏因"(Meme)。敏因是一种思想文化传播中的基本单位，由 Dawkins 在 *The Selfish Gene* 一书中提出，是个体在社会中会根据环境来改变自身的思想，Meme 的传播途径是在个体与个体之间。在实际人类社会中，它还可以在人脑与书本之间、人脑与计算机之间、计算机与计算机之间传播。它主要强调对社会系统中个体之间相互协同作用的模拟，不好的个体通过学习向好的方向转变，不好的个体被保留还可以增强群体的多样性，最佳个体通过吸引其他个体向它靠近来传播自己的敏因。在粒子群算法中，只有 gBest(或者 pBest)发送信息给其他的粒子,这是单向的信息流动,整个搜索更新过程是跟随当前最优解的过程。在大多数情况下,粒子群算法可能更快地收敛于最优解。遗传算法中的上一代到下一代的转移概率只与上一代的状态相关,而与历史无关,其个体只包含当前信息,其群体的信息变化过程是一个马尔可夫过程,而 PSO 中的个体除了有位置和速度外,还有过去的历史信息(pBest、gBest),也就是具有记忆能力,上一代到下一代转移概率不仅与上一代的状态相关,而且与过去的历史相关,如果仅从群体的位置及速度信息来看,群体的信息变化过程不是一个马尔可夫过程。遗传算法的迭代由选择、变异和交叉重组操作组成,而 PSO 的迭代中的操作是"飞行"。在某种程度上看,PSO 的操作中隐含选择、变异和交叉重组操作,gBest 和 pBest 的更新可以类似一种弱选择;而粒子位置更新则类似于 3 个父代:$x_i$、gBest、pBest 之间的重组,其中还包含变异的成分。PSO 中所隐含的变异是有偏好的,而并非通常的完全随机变异,这与对实际生物变异行为的新研究成果相符。

# 11.3　粒子群算法求解车辆路径问题

## 11.3.1　问题描述

车辆路径问题(vehicle routing problem,VRP)由 Dantzig 和 Ramser 于 1959 年首次提出,它是指对一系列发货点(或收货点)组成适当的行车路径,使车辆有序地通过它们,在满足一定约束条件的情况下,达到一定的目标(诸如路径最短、费用最少、耗费时间尽量少等)。车辆路径问题属于完全 NP(非确定性多项式)问题,在运筹、计算机、物流、管理等学科均有重要意义。

**例 11-1**　一个中心仓库序号为 0,7 个需求点序号为 1~7,其位置坐标见表 11-1,中心有 3 辆车,容量均为 1,由这 3 辆车向 7 个需求点配送货物,出发点和收车点都是中心仓库。求满足需求的距离最小的车辆行驶路径。

表 11-1　仓库中心坐标和需求点坐标及需求量

| 序号 | 0 | 1 | 2 | 3 | 4 | 5 | 6 | 7 |
|---|---|---|---|---|---|---|---|---|
| 坐标 | (18,54) | (22,60) | (58,69) | (71,71) | (83,46) | (91,38) | (24,42) | (18,40) |
| 需求量 | 0 | 0.89 | 0.14 | 0.28 | 0.33 | 0.21 | 0.41 | 0.57 |

## 11.3.2　问题分析与模型建立

现假定中心仓库以及各个需求点之间均是直线连接的,两点之间距离即为坐标系中两点坐标间距离;不因天气及失火等原因导致车辆停止运输;每个需求点都有一辆车供应货物。

这样,车辆路径问题可以描述为有一个中心仓库,拥有 $K$ 辆车,容量分别为 $q_k(k=1,2,\cdots,K)$,负责向 $L$ 个需求点配送货物,货物需求量为 $g_i(i=1,2,\cdots,L)$ 且 $\max\limits_{1\leqslant i\leqslant L} g_i \leqslant \max\limits_{1\leqslant k\leqslant K} q_k$;$c_{ij}$ 表示从 $i$ 到 $j$ 的运输成本,求满足需求的距离最小的车辆行驶路径。

现将中心仓库编号为 0,需求点编号为 $1,2,\cdots,L$,令 $x_{ijk}$ 是 0-1 决策变量,表示如果由第 $k$ 辆车从 $i$ 到 $j$ 送货,值为 1,否则为 0,$y_{ki}$ 为 0-1 变量,表示需求点 $i$ 由 $k$ 车配送,则其数

学模型为

$$\min_{x=(x_{ijk})} z = \sum_{i=0}^{L} \sum_{j=0}^{L} \sum_{k=1}^{K} c_{ij} x_{ijk}$$

$$\text{s. t.} \quad \sum_{i=0}^{L} g_i y_{ki} \leqslant q_k, \quad k=1,2,\cdots,K$$

$$\sum_{k=1}^{K} y_{ki} = 1, \quad i=1,2,\cdots,L$$

$$\sum_{i=0}^{L} x_{ijk} = y_{kj}, \quad j=0,1,\cdots,L; k=1,2,\cdots,K$$

$$\sum_{j=0}^{L} x_{ijk} = y_{kj}, \quad i=0,1,\cdots,L; k=1,2,\cdots,K$$

$$x=(x_{ijk})$$

$$x_{ijk} = 0 \ \text{或} \ 1, \quad i,j=0,1,\cdots,L; k=1,2,\cdots,K$$

$$y_{ki} = 0 \ \text{或} \ 1, \quad i=0,1,\cdots,L; k=1,2,\cdots,K$$

模型中,优化目标为所有车辆运往各地的总运输成本最小,第一个约束表示每辆车运送到各需求点的总装载量不能超过该车的容量,第二个约束表示配送点只允许一辆车配送,第三个约束和第四个约束分别表示每辆车只允许一次运送到某需求点和从某需求点离开。

## 11.3.3　算法求解

如何找到一个合适的表达方法使粒子与解对应是实现算法的关键问题之一。构造一个 $2L$ 维的空间对应有 $L$ 个发货点任务的 VRP,每个发货点任务对应两维:完成该任务车辆的编号为 $k$,该任务在 $k$ 车行驶中的次序为 $r$。为表达和计算方便,将每个粒子对应的 $2L$ 维向量 $\boldsymbol{X}$ 分成两个 $L$ 维向量: $\boldsymbol{X}_v$ (表示各任务对应的车辆)和 $\boldsymbol{X}_r$ (表示各任务在对应的车辆路径中的执行次序);粒子速度向量 $\boldsymbol{V}$ 分成的两个 $L$ 维向量与之对应,表示为 $\boldsymbol{V}_v$ 和 $\boldsymbol{V}_r$。例如,设 VRP 中发货点任务数为 7,车辆数为 3,若某粒子的位置向量 $\boldsymbol{X}$ 如表 11-2 所示。

表 11-2　某粒子的位置向量 $\boldsymbol{X}$

| 发货点任务号 | 1 | 2 | 3 | 4 | 5 | 6 | 7 |
| --- | --- | --- | --- | --- | --- | --- | --- |
| $\boldsymbol{X}_v$ | 1 | 2 | 2 | 2 | 2 | 3 | 3 |
| $\boldsymbol{X}_r$ | 1 | 4 | 3 | 1 | 2 | 2 | 1 |

该粒子对应解路径为:车 1:0→1→0;车 2:0→4→5→3→2→0;车 3:0→7→6→0。

该表示方法的最大优点是使每个发货点都得到车辆的配送服务,并限制每个发货点的需求仅能由某一辆车来完成,使解的可行化过程计算大大减少。虽然该表示方法的维数较高,但由于 PSO 算法在多维寻优问题有非常好的特性,维数的增加并未增加计算的复杂性,这一点在实验结果中可以看出来。

VRP 为整数规划问题,利用粒子群优化算法,经过初始化粒子群,将初始的适应值作为每个粒子的个体最优解,并寻找子群内的最优解以及全局的最优解。重复以上步骤,直到满足终止条件。求解 VRP 的算法设计如下。

**步骤1**：初始化粒子群。

（1）粒子群划分成若干个两两相互重叠的相邻子群。

（2）每个粒子位置向量 $X_v$ 的每一维随机取 $1\sim K$（车辆数）的整数，$X_r$ 的每一维随机取 $1\sim L$（发货点任务数）之间的实数。

（3）每个速度向量 $V_v$ 的每一维随机取 $-(K-1)\sim(K-1)$（车辆数）的整数，$V_r$ 的每一维随机取 $-(L-1)\sim(L-1)$ 的实数。

（4）用评价函数 Eval 评价所有粒子。

（5）将初始评价值作为个体历史最优解 $P_i$，并寻找各子群内的最优解 $P_l$ 和总群体内最优解 $P_g$。

**步骤2**：重复执行以下步骤，直到满足终止条件或达到最大迭代次数。

（1）对每一个粒子，根据式（11-1）计算 $V_v$、$V_r$；根据式（10-2）计算 $X_v$、$X_r$；其中 $X_v$ 向上取整；当 $V$、$X$ 超过其范围时按边界取值。

（2）用评价函数 Eval 评价所有粒子。

（3）若某个粒子的当前评价值优于其历史最优评价值，则记当前评价值为该历史最优评价值，同时将当前位置向量记为该粒子历史最优位置 $P_i$。

（4）寻找当前各相邻子群内最优解和总群体内最优解，若优于历史最优解则更新 $P_l$、$P_g$，对于子群内有多个体同为最优值的情况，则随机取其中一个为子群内当前最优解。

在算法中的评价函数 Eval 完成以下任务。

（1）根据公式计算该粒子所代表路径方案的行驶成本 $z$，在计算中发货点任务的执行次序要根据对应的 $X_r$ 值的大小顺序由小到大进行。

（2）将 $X_r$ 按照执行顺序进行重新整数序规范。例如，某粒子迭代一次后的结果如下：

$$X_v:\quad 1\quad 2\quad 2\quad 2\quad 2\quad 3\quad 3$$
$$X_r:\quad 5\quad 3.2\quad 6.2\quad 1.2\quad 2.5\quad 0.5\quad 4.2$$

则评价后重新规范的 $X_r$ 是：1 3 4 1 2 1 2。

（3）求解结果。对于例11-1，令粒子群数 $n=40$；分为2个子群，子群规模为22，子群间重叠的粒子数为2个（子群规模的 1/10）；$w=0.729$；$c_1=c_2=1.49445$；最大代数200。通过粒子群算法计算的结果为：达到最优路径的次数为50次，未达到最优路径的次数为0，达到最优路径的平均代数为28.36，达到最优路径的平均时间为3.04秒，最优路径的距离为217.81。

# 本 章 小 结

粒子群算法是通过模拟鸟群觅食行为而发展起来的一种基于群体协作的随机搜索算法。车辆路径优化是现代物流系统优化中最关键的一环，已经应用到收发快递、垃圾车路线以及连锁商店的送货线路优化等众多社会领域。本章详细阐述了粒子群算法的基本思想及原理，在车辆路径优化问题中，配送中心根据现有的资源和信息（如车辆、客户、距离等），在某些约束条件下（如客户服务时间要求、车辆容积限制等），如何运用粒子群算法为一系列客户安排送货车辆并选择合适的行车路线，以达到某些目标的最优（如总成本最低、总路线最短）。

# 复习思考题

1. 利用 Matlab 编写粒子群算法程序来求解它们以验证粒子群算法在解决函数优化问题中的有效性。

2. 求解函数 $f(x) = \sum\limits_{i=1}^{30} x_i^2 + x_i - 6$ 最小值。

3. 用自适应权重法求解函数
$$y = \frac{(\sin(x_1^2 + x_2^2))^2 - \cos(x_1^2 + x_2^2) + 1}{[1 + 0.1 \times (x_1^2 + x_2^2)]^2 - 0.7}$$
其中,粒子数为 50,学习因子均为 2,惯性权重取值 $[0.6, 0.8]$,迭代步数为 100。

4. 计算如下函数的最小值:
$$z = 0.4 \times (x-2)^2 + 0.3 \times (y-4)^2 - 0.7, \quad x \in [-40, 40], y \in [-40, 40]$$

# 参 考 文 献

［1］ 孙小明.生产系统建模与仿真［M］.上海：上海交通大学出版社,2006.

［2］ 周泓,邓修权,高德华.生产系统建模与仿真［M］.北京：机械工业出版社,2012.

［3］ 罗亚波.生产系统建模与仿真［M］.武汉：华中科技大学出版社,2014.

［4］ 温正.精通 MATLAB 智能算法［M］.北京：清华大学出版社,2015.

［5］ BALA B K,ARSHAD F M,NOH K M. System dynamics modelling and simulation［M］. Singapore：Springer Science＋Business Media,2017.

［6］ LIU J K. Intelligent control design and MATLAB simulation［M］. Beijing：Tsinghua University Press,2018.

［7］ 刘思峰.系统建模与仿真［M］.北京：科学出版社,2011.

［8］ CURRY G L,FELDMAN R M. Manufacturing systems modeling and analysis［M］. 2nd ed. Berlin：Springer-Verlag,2011.

［9］ 段海滨.蚁群算法原理及其应用［M］.北京：科学出版社,2005.

# 附　　录

## 1. 蚁群算法求解 TSP 编制的 MATLAB 程序

```
function f = ACOTSP                          % 求经过 n 个城市使走过的距离最小。
% C 表示 n 个城市的坐标,nX2 的矩阵; NC_max 表示最大迭代次数; m 表示蚂蚁个数; Alpha 表示表征
信息素重要程度的参数; Beta 表示表征启发式因子
% 重要程度的参数; Rho 表示信息素蒸发系数; Q 表示信息素增加强度系数; R_best 表示各代最佳路
线; L_best 表示各代最佳路线的长度
x = [41 37 54 25 7 2 68 71 54 83 64 18 22 83 91 25 24 58 71 74 87 18 13 82 62 58 45 41 44 4]';
y = [94 84 67 62 64 99 58 44 62 69 60 54 60 46 38 38 42 69 71 78 76 40 40 7 32 35 21 26 35 50]';
% 系数默认位置(x(n),y(n))为第 n 个点
C = [x y];
NC_max = 50;
m = 30;
Alpha = 1.4;
Beta = 2.2;
Rho = 0.15;
Q = 10^6;                                    % 变量初始化
n = size(C,1);                               % n 表示问题的规模(城市个数)
D = zeros(n,n);                              % D 表示完全图的赋权邻接矩阵
for i = 1:n
    for j = 1:n
        if i~ = j
            D(i,j) = ((C(i,1) - C(j,1))^2 + (C(i,2) - C(j,2))^2)^0.5;
        else
            D(i,j) = eps;     % i = j 时为 0,但后面要取倒数,故用浮点相对精度或机器精度表示
        end
        D(j,i) = D(i,j);                     % 对称矩阵
    end
end
Eta = 1./D;                                  % 启发因子,这里设为距离的倒数
Tau = ones(n,n);                             % 信息素矩阵
Tabu = zeros(m,n);                           % 存储并记录路径的生成
NC = 1;                                      % 迭代计数器,记录迭代次数
R_best = zeros(NC_max,n);                    % 各代最佳路线
L_best = inf. * ones(NC_max,1);             % 各代最佳路线的长度
L_ave = zeros(NC_max,1);                     % 各代路线的平均长度
while NC < = NC_max                          % 停止条件之一:达到最大迭代次数,停止
%%%%%%% 将 m 只蚂蚁放到 n 个城市 %%%%%%%%
    Randpos = [];                            % 随机存取
    for i = 1:(ceil(m/n))
        Randpos = [Randpos,randperm(n)];
    end
    Tabu(:,1) = (Randpos(1,1:m))';
```

185

```
%%%%%%% m 个蚂蚁按概率函数选择下一个城市,完成各自的周游 %%%%%%%%%%
for j = 2:n                          % 所在城市不计算
    for i = 1:m
        visited = Tabu(i,1:(j-1))    % 记录已访问的城市,避免重复访问
        J = zeros(1,(n-j+1));        % 待访问的城市
        P = J;                       % 待访问城市的选择概率分布
        Jc = 1;
        for k = 1:n
            if length(find(visited == k)) == 0    % 开始时为 0
                J(Jc) = k
                Jc = Jc + 1          % 访问次数个数自加 1
            end
        end
        % 下面计算待选城市的概率分布
        for k = 1:length(J)
            P(k) = (Tau(visited(end),J(k))^Alpha) * (Eta(visited(end),J(k))^Beta);
        end
        P = P/(sum(P));              % 按概率原则选取下一个城市
        Pcum = cumsum(P);            % 累加
        Select = find(Pcum >= rand); % 选择计算大于原来的概率的路线
        to_visit = J(Select(1));
        Tabu(i,j) = to_visit;
    end
end
if NC >= 2
    Tabu(1,:) = R_best(NC-1,:);
end
%%%%% 记录本次迭代的最佳路线 %%%%%%%%%
L = zeros(m,1); % 开始
for i = 1:m
    R = Tabu(i,:);
    for j = 1:(n-1)
        L(i) = L(i) + D(R(j),R(j+1)); % 原距离加 j 到 j+1 个城市的距离
    end
    L(i) = L(i) + D(R(1),R(n));       % 一轮下来后走过的距离
end
L_best(NC) = min(L);                  % 最佳距离取最小
pos = find(L == L_best(NC));
R_best(NC,:) = Tabu(pos(1),:);        % 此轮迭代后的最佳距离
L_ave(NC) = mean(L);                  % 此轮迭代后的平均距离
NC = NC + 1;                          % 迭代继续
%%%%%%% 更新信息素
Delta_Tau = zeros(n,n);               % 开始
for i = 1:m
    for j = 1:(n-1)
        Delta_Tau(Tabu(i,j),Tabu(i,j+1)) = Delta_Tau(Tabu(i,j),Tabu(i,j+1)) + Q/L(i);
                                % 此次循环在路径(i,j)的信息素增量
    end
    Delta_Tau(Tabu(i,n),Tabu(i,1)) = Delta_Tau(Tabu(i,n),Tabu(i,1)) + Q/L(i);
                                % 此次循环在整个路径的信息素增量
end
```

```matlab
        Tau = (1 - Rho). * Tau | Delta_Tau;        % 考虑信息素挥发,更新后的信息素
        Tabu = zeros(m, n);                         % 直到最大迭代次数
end
%%%%%% 展示结果
Pos = find(L_best == min(L_best));                  % 找到最佳路径(非 0 为真)
Shortest_Route = R_best(Pos(1), :)                  % 最大迭代次数最佳路径
Shortest_Length = L_best(Pos(1))                    % 最大迭代次数最短路径
figure
subplot(1, 2, 1);                                   % 绘制第一个子图形
DrawRoute(C, Shortest_Route);                       % 画路线图的子函数
xlabel('{\it\fontname{Time New Roman}X}/公里'), ylabel('{\it\fontname{Time New Roman}Y}/公里')
subplot(1, 2, 2);                                   % 绘制第二个子图形
plot(L_best);
hold on
plot(L_ave, 'r');
legend('最短距离', '平均距离');
title('平均距离和最短距离')
xlabel('迭代次数/次'), ylabel('经过路径的长度/公里')


function DrawRoute(C, R)                             % 画路线图的子函数
N = length(R);
scatter(C(:, 1), C(:, 2));
hold on
plot([C(R(1), 1), C(R(N), 1)], [C(R(1), 2), C(R(N), 2)], 'g');
hold on
for ii = 2:N
    plot([C(R(ii - 1), 1), C(R(ii), 1)], [C(R(ii - 1), 2), C(R(ii), 2)], 'g');
    hold on
end
title('旅行商问题优化结果')
```

## 2. 遗传算法求解 TSP 的 MATLAB 程序代码

```matlab
% 初始化种群:
function[s] = chromo2(N, l)
n = 1;
while n < = 20
    s(n, 1) = random('unif', 1.5, (l - 1.5), 1, 1);
    s(n, 2) = random('unif', 1.5, (l - 1.5), 1, 1);
    s(n, 3) = random('unif', 0.5, (l - 0.5), 1, 1);
    s(n, 4) = random('unif', 0.4, (l - 0.4), 1, 1);
    s(n, 5) = random('unif', 0.75, (l - 0.75), 1, 1);
    s(n, 6) = random('unif', 0.4, (l - 0.4), 1, 1);
    s(n, 7) = random('unif', 0.75, (l - 0.75), 1, 1);
    s(n, 8) = random('unif', 0.4, (l - 0.4), 1, 1);
    s(n, 9) = random('unif', 0.4, (l - 0.4), 1, 1);
    s(n, 10) = random('unif', 0.35, (l - 0.35), 1, 1);
% 适应值函数
function[f1] = fitness1(s, N)
c = [0 572 1559 157 0;
    15 0 26 0 2;
```

```
        6 54 0 64 36;
        0 14 37 0 38;
        7 4 0 22 0];
m = [3,3,1,0.8,1.5,0.8,1.5,0.8,0.8,0.7];
for n = 1:N
    for i = 1:5
        for j = 1:5
            a = s(n,2 * i − 1) − s(n,2 * j − 1);
            b = s(n,2 * i) − s(n,2 * j);
            d(i,j) = abs(a) + abs(b);
        end
    end
    f1(n) = 1/sum(sum((c. * d)));
    D = 0;
    for i = 1:5
        for j = 1:5
            if i~ = j
                if (abs(s(2 * i − 1) − s(2 * j − 1))<((m(2 * i − 1) + m(2 * j − 1))/2 + 0.8))&&
(abs(s(2 * i) − s(2 * j))<((m(2 * i) + m(2 * j))/2 + 0.5))
                    D = D + d(i,j);
                end
            end
        end
    end
    if D == 0
        f1(n) = 1/sum(sum((c. * d)));
    else
        f1(n) = 1/(sum(sum((c. * d))) + 10000/D);
    end
End

% 复制
function[news] = select2(s,f1)
totalfit1 = sum(f1);                  % 求适应值之和
fitval1 = f1/totalfit1;               % 单个个体被选择的概率
fitvalue1 = cumsum(fitval1);          % 如 fitvalue = [1 2 3 4],cumsum(fitvalue) = [1 3 6 10]
[px,py] = size(s);
ms = sort(rand(px,1));
fitin = 1;
news = zeros(px,py);
newin = 1;
while newin < = px
    if ms(newin)< fitvalue1(fitin)
        news(newin,:) = s(fitin,:);
        newin = newin + 1;
    else
        fitin = fitin + 1;
    end
End
% 交叉
function[news] = cross2(s,pc,N)
```

```matlab
news = s;
for n = 1:2:N
    for i = 1:5
        if rand < pc
            news(n,(2 * i - 1):2 * i) = s(n + 1,(2 * i - 1):2 * i);
            news(n + 1,(2 * i - 1):2 * i) = s(n,(2 * i - 1):2 * i);
        end
    end
End
% 变异
function[news] = muta2(s,pm,N)
news = s;
for n = 1:20
    for i = 1:5
        if rand < pm
            if i == 1
                news(n,(2 * i - 1):2 * i) = random('unif',1.5,3.5,1,2);
            elseif i == 2
                news(n,2 * i - 1) = random('unif',0.5,4.5,1,1);
                news(n,2 * i) = random('unif',0.4,4.6,1,1);
            elseif i == 3
                news(n,2 * i - 1) = random('unif',0.75,4.25,1,1);
                news(n,2 * i) = random('unif',0.4,4.6,1,1);
            elseif i == 4
                news(n,2 * i - 1) = random('unif',0.75,4.25,1,1);
                news(n,2 * i) = random('unif',0.4,4.6,1,1);
            elseif i == 5
                news(n,2 * i - 1) = random('unif',0.4,4.6,1,1);
                news(n,2 * i) = random('unif',0.35,4.65,1,1);
            end
        end
    end
End
% 最优个体的选择
function[bestindivi,min] = best2(s,f1,N)
bestindivi = s(1,:);
bestf = f1(1);
for n = 2:N
    if f1(n)> bestf
        bestindivi = s(n,:);
        bestf = f1(n);
    end
end
min = 1/bestf;
主程序(子程序调用)
N = 20;pc = 0.6;pm = 0.1;l = 5;
[s] = chromo2(N,l);
for i = 1:500
    [f1] = fitness1(s,N);
    [news] = select2(s,f1);
    [news] = cross2(news,pc,N);
```

```
        [news] = muta2(news,pm,N);
        [bestindivi,min] = best2(s,f1,N);
        f(i) = min;
        s = news;
    end
end
```

### 3. 遗传算法求解车间设备布局优化问题的 MATLAB 程序

```
function [sol,eval] = f554(sol,options)
x(1:5) = sol(1:5);
y(1:5) = sol(6:10);
% 传输次数矩阵
a = [0    572 1559 157 0;
     15 0    26   0    2;
      6 54   0    64   36;
      0 14   37   0    38;
      7 4    0    22   0];
% x方向尺寸向量
S = [3 1 1.5 1.5 0.8];
% y方向尺寸向量
L = [3 0.8 0.8 0.8 0.7];
% 设备 x,y 在 x 方向上的最小间距
dxijmin = 0.8;
% 设备 x,y 在 y 方向上的最小间距
dyijmin = 0.5;
% 车间尺寸
H = 5;
G = 5;

for i = 1:5
    for j = 1:5
        delta1(i,j) = abs(x(i) - x(j)) - (S(i) + S(j))/2 - dxijmin;
        delta2(i,j) = abs(y(i) - y(j)) - (L(i) + L(j))/2 - dyijmin;
        % 设备 i,j 之间的距离
        d(i,j) = sqrt((x(i) - x(j)).^2 + (y(i) - y(j)).^2);
    end
end

% 约束 1
delta11 = min(min(delta1));
% 约束 2
delta22 = min(min(delta2));
summ1 = 0;
for i = 1:4
summ1 = summ1 + abs(abs(x(i) - x(i + 1)) + (S(i) + S(i + 1))/2);
end
% 约束 3
summ11 = H - summ1;

summ2 = 0;
```

```
for i = 1:4
    summ2 = summ2 + abs(abs(y(i) - y(i + 1)) + (L(i) + L(i + 1))/2);
end
% 约束4
summ22 = G - summ2;

if ((delta11 > = 0)&(delta22 > = 0)&(summ11 > = 0)&(summ22 > = 0))
    fsum = 0;
    for i = 1:5
        for j = 1:5
            fsum = fsum + a(i, j) * d(i, j);
        end
    end
    eval = fsum;
else
    % 惩罚项
    eval = -500;
end
eval = -eval;
=========
```

求解程序为

```
% 维数 n = 5
% 车间尺寸
H = 5;
G = 5;
%x 方向尺寸向量
S = [3 1 1.5 1.5 0.8];
smin = min(S)/2;
% y 方向尺寸向量
L = [3 0.8 0.8 0.8 0.7];
lmin = min(L)/2;
% 设备 x,y 在 x 方向上的最小间距
dxijmin = 0.8;
% 设备 x,y 在 y 方向上的最小间距
dyijmin = 0.5;
% 设置参数边界
bounds = [smin H; smin H; smin H; smin H; smin H;
lmin G; lmin G; lmin G; lmin G; lmin G];
% 生成初始种群,大小为10,且满足约束条件
flag = 0;
while flag < 11
    init = initializega(1, bounds, 'f554');
    x(1:5) = init(1:5);
    y(1:5) = init(6:10);

    for i = 1:5
        for j = 1:5
            delta1(i, j) = abs(x(i) - x(j)) - (S(i) + S(j))/2 - dxijmin;
            delta2(i, j) = abs(y(i) - y(j)) - (L(i) + L(j))/2 - dyijmin;
        end
    end
```

```
    % 约束 1
    delta11 = min(min(delta1));
    % 约束 2
    delta22 = min(min(delta2));

    summ1 = 0;
    for i = 1:4
        summ1 = summ1 + abs(x(i) - x(i + 1)) + (S(i) + S(i + 1))/2;
    end
    % 约束 3
    summ11 = H - summ1;

    summ2 = 0;
    for i = 1:4
        summ2 = summ2 + abs(y(i) - y(i + 1)) + (L(i) + L(i + 1))/2;
    end
    % 约束 4
    summ22 = G - summ2;

    if ((delta11 > = 0)&(delta22 > = 0)&(summ11 > = 0)&(summ22 > = 0))
        flag = flag + 1;
        initPop(flag, :) = init;
    else
        continue;
    end
end
% 调用遗传函数
[p endPop bpop trace] = ga(bounds, 'f554', [], initPop, [1e - 5 1 1], 'maxGenTerm', 100, ...
'normGeomSelect', [0.08], ['arithXover'], [20], 'nonUnifMutation', [2 1 3]);
```

## 4. 粒子群优化算法求解车辆调度问题的 MATLAB 程序

```
function ff = f(x);
% load c.mat
c = [];
s = [18 54;22 60;58 69;71 71;83 46;91 38;24 42;18 40];
for i = 1:8
    for j = 1:8
        c(i, j) = sqrt((s(j, 2) - s(i, 2))^2 + (s(j, 1) - s(i, 1))^2);
    end
end
sum = 0;
[y ind] = sort(x);
for i = 1:7
    if y(i) == inf
        j = i - 1;
        break;
    else
        j = 7;
    end
end
```

```
if j < 1
    sum = inf;
elseif j == 1
    sum = sum + 2 * c(1, ind(j) + 1);
else
    sum = sum + c(1, ind(j) + 1) + c(1, ind(1) + 1);
    for i = 1:j − 1
        sum = sum + c(ind(i) + 1, ind(i + 1) + 1);
    end
end
ff = sum;
function result1 = fitness1(x1, x2, D)
aa = [inf inf inf inf inf inf inf];
bb = [inf inf inf inf inf inf];
cc = [inf inf inf inf inf inf inf];
for i = 1:D
    if x1(i) == 1
        aa(i) = x2(i);
    elseif x1(i) == 2
        bb(i) = x2(i);
    else
        cc(i) = x2(i);
    end
end
result1 = f(cc) + f(bb) + f(aa);
```
主程序
```
c1 = 1.4962;                                    % 学习因子 1
c2 = 1.4962;                                    % 学习因子 2
w = 0.7298;                                     % 惯性权重
MaxDT = 100;                                    % 最大迭代次数
D = 7;                                          % 搜索空间维数(未知数个数)
N = 40;                                         % 初始化群体个体数目
for i = 1:N
    for j = 1:D
        x1(i, j) = ceil(3 * rand());            % 随机初始化位置
        x2(i, j) = ceil(7 * rand());
        v1(i, j) = 2 * (2 * rand() − 1);        % 随机初始化速度
        v2(i, j) = 6 * (2 * rand() − 1);
    end
end
for i = 1:N
    y1(i, :) = x1(i, :);
    y2(i, :) = x2(i, :);
    pbest(i) = fitness1(y1(i, :), y2(i, :), D);
end
pg1 = x1(1, :);                                 % pg 为全局最优
pg2 = x2(1, :);
for i = 2:N
    if fitness1(x1(i, :), x2(i, :), D) < fitness1(pg1, pg2, D)
        pg1 = x1(i, :);
        pg2 = x2(i, :);
```

```
                gbest = fitness1(pg1, pg2, D);
            end
        end
    for t = 1:MaxDT
        for i = 1:N
            v1(i, :) = w * v1(i, :) + c1 * rand * (y1(i, :) - x1(i, :)) + c2 * rand * (pg1 - x1(i, :));
            x1(i, :) = x1(i, :) + v1(i, :);
            x1(i, :) = ceil(x1(i, :));
            for j = 1:D
                if x1(i, j) < 1
                    x1(i, j) = 1;
                end
                if x1(i, j) > 3
                    x1(i, j) = 3;
                end
            end
            for j = 1:D
                x2(i, j) = ceil(7 * rand());
            end
            if fitness1(x1(i, :), x2(i, :), D) < pbest(i)
                y1(i, :) = x1(i, :);
                y2(i, :) = x2(i, :);
                pbest(i) = fitness1(y1(i, :), y2(i, :), D);
            end
            if pbest(i) < fitness1(pg1, pg2, D)
                pg1 = x1(i, :);
                pg2 = x2(i, :);
            end
        end
    end
disp('车辆选择: ')
pg1
disp('任务顺序: ')
pg2
disp('最优路径距离: ')
fitness1(pg1, pg2, D)
```

## 仿真结果
车辆选择:

```
pg1 =
    2   3   3   3   3   1   1
```

任务顺序:

```
Pg2 =
    5   6   3   2   1   6   6
```

最优路径距离:

```
ans =
    2.1781e + 002
```

## 5. 粒子群算法求解车间设备布局问题 MATLAB 程序

```
%%%% 问题数据
DeviceL = [3 1 1.5 1.5 0.8];                    % 设备长度
DeviceW = [3 0.8 0.8 0.8 0.7];                  % 设备宽度
x = size(DeviceL, 2);                            % 设备的数量
Freq = [0 572 1599 157 0;...
15 0 26 0 2;...
6 54 0 64 36;...
0 14 37 0 38;...
7 4 0 22 0];                                     % 搬运频率
L = 5;                                           % 车间长度
W = 5;                                           % 车间宽度
dx = 0.8;                                        % 各设备最小水平间距
dy = 0.5;                                        % 各设备最小垂直间距
%%%%%%%%%% 参数设置 %%%%%%
MAXGEN = 10000;                                  % 最大循环次数
gen = 1;                                         % 初始代数
c1 = 1.4962;                                     % 学习因子 1
c2 = 1.4962;                                     % 学习因子 2
w = 0.7298;                                      % 惯性权重
N = 6;                                           % 粒子数量
%%%%%%%%% 初始化种群 %%%%%%
Xv = zeros(N, L);                                % 代表设备的横坐标
Xr = zeros(N, L);                                % 代表设备纵坐标
Vv = zeros(N, L);
Vr = zeros(N, L);

for i = 1:N
for j = 1:x
    Xv(i, j) = rand * (L - DeviceL(1, j)) + 0.5 * DeviceL(1, j);
    Xr(i, j) = rand * (W - DeviceW(1, j)) + 0.5 * DeviceW(1, j);
end
end
%%%%%%%%%% 计算各个粒子的适应度,初始化 Pbest 和 Gbest %%%%%%%
PbestF = zeros(N, 1);
Pbest1 = zeros(N, x);
Pbest2 = zeros(N, x);

for i = 1:N
  Pbest1(i, :) = Xv(i, :);
  Pbest2(i, :) = Xr(i, :);
  PbestF(i, 1) = fitness(Pbest1(i, :), Pbest2(i, :), Freq, DeviceL, DeviceW, L, W, dx, dy); % 记录个
体最优值
end
Gbest1 = Xv(1, :);
Gbest2 = Xr(1, :);
for i = 2:N
  if fitness(Xv(i, :), Xr(i, :), Freq, DeviceL, DeviceW, L, W, dx, dy) < fitness(Gbest1, Gbest2, Freq,
DeviceL, DeviceW, L, W, dx, dy)                  % 记录全局最优值
```

```
            Gbest1 = Xv(i,:);
            Gbest2 = Xr(i,:);
            GbestF = fitness(Gbest1,Gbest2,Freq,DeviceL,DeviceW,L,W,dx,dy);
        end
    end

    for i = 1:N
        for j = 1:x,
            Vv(i,j) = (rand - 0.5) * (L - DeviceL(1,j)) * 2;
            Vr(i,j) = (rand - 0.5) * (W - DeviceW(1,j)) * 2;
        end
    end
%%%%%%% 主循环 %%%%%
while gen < = MAXGEN
p = 1;
while p < 2
    for i = 1:N
        Vv(i,:) = w * Vr(i,:) + c1 * rand * (Pbest2(i,:) - Xr(i,:)) + c2 * rand * (Gbest2 - Xr(i,:));
        Xv(i,:) = Xv(i,:) + Vv(i,:);
        % Xv(i,:) = ceil(Xv(i,:));
    end

    for i = 1:N
        Vr(i,:) = w * Vr(i,:) + c1 * rand * (Pbest2(i,:) - Xr(i,:)) + c2 * rand * (Gbest2 - Xr(i,:));
        Xr(i,:) = Xr(i,:) + Vr(i,:);
        % Xr(i,:) = ceil(Xr(i,:));
    end

    for i = 1:N
        for j = 1:x
        if Xv(i,j)>(L - 0.5 * DeviceL(1,j))||Xv(i,j)<(0.5 * DeviceL(1,j))||Xr(i,j)>(W - 0.5 *
DeviceW(1,j))||Xr(i,j)<(0.5 * DeviceW(1,j))
            p = p;
            break
            else
            p = p + 1;
            end
        end
    end
end
end

%% 更新个体最优和全局最优
    for i = 1:N
        if fitness(Xv(i,:),Xr(i,:),Freq,DeviceL,DeviceW,L,W,dx,dy)< PbestF(i,1),
            Pbest1(i,:) = Xv(i,:);
            Pbest2(i,:) = Xr(i,:);
            PbestF(i,1) = fitness(Pbest1(i,:),Pbest2(i,:),Freq,DeviceL,DeviceW,L,W,dx,dy);
        end
        if PbestF(i,1)< GbestF,
            Gbest1 = Xv(i,:);
            Gbest2 = Xr(i,:);
```

```
        GbestF = fitness(Gbest1, Gbest2, Freq, DeviceL, DeviceW, L, W, dx, dy);
     end
   end
gen = gen + 1;
end


%%%% 编辑结果
for j = 1:x
   t1 = Gbest1(1, j) + 0.5 * DeviceL(1, j);
   t2 = Gbest1(1, j) - 0.5 * DeviceL(1, j);
   v1 = Gbest2(1, j) + 0.5 * DeviceW(1, j);
   v2 = Gbest2(1, j) - 0.5 * DeviceW(1, j);
   u1 = [t1, t1, t2, t2, t1];
   u2 = [v1, v2, v2, v1, v1];
   plot(u1, u2, 'r - ');
   hold on
end


%%%%%%%%% fitness
function fit = fitness(popm1, popm2, Freq, DeviceL, DeviceW, L, W, dx, dy)
x = size(popm1, 2);                         % 设备的数量
% N = size(popm1, 1);                        % 种群数量
% fit = zeros(N, 1);
h1 = 0;
h2 = 0;
% for i = 1:N
   D = zeros(x, x);                          % 记录搬运频率与距离的乘积
   for j = 1:x
      for k = 1:x
         D(j, k) = Freq(j, k) * sqrt((popm1(1, j) - popm1(1, k))^2 + (popm2(1, j) - popm2(1, k))^2);
      end
   end
   [Xni, Xli] = min(popm1(1, :));
   [Xnj, Xlj] = max(popm1(1, :));
   [Yni, Yli] = min(popm2(1, :));
   [Ynj, Ylj] = max(popm2(1, :));
   g1 = L - (Xnj - Xni) - 0.5 * (DeviceL(1, Xlj) + DeviceL(1, Xli));
   g2 = W - (Ynj - Yni) - 0.5 * (DeviceW(1, Ylj) + DeviceW(1, Yli));
   for j = 1:x
      for k = j + 1:x
         h1(j, k) = abs(popm1(1, j) - popm1(1, k)) - 0.5 * (DeviceL(1, j) + DeviceL(1, k)) - dx;
         h2(j, k) = abs(popm2(1, j) - popm2(1, k)) - 0.5 * (DeviceW(1, j) + DeviceW(1, k)) - dy;
         if h1(j, k) <= 0&&h2(j, k) <= 0,
            h = h + 100000 * (min(0, h1(j, k)))^2 + 1000 * (min(0, h2(j, k)))^2;
         end
      end
   end
   F = 0;
   for j = 1:x
      F = F + sum(D(j, :));
   end
```

```
    F2 = F + h;
    fit(i,1) = 1/F2;
end
% end
```

## 6. 粒子群算法求解目标函数：$\max f(x) = 2.1(1-x+2x^2)\exp\left(-\dfrac{x^2}{2}\right)$，$x \in [-5,5]$ 的 MATLAB 程序：

```
Function main()
clc;clear all;
tic;                                    % 程序运行计时
E0 = 0.001;                             % 允许误差
maxnum = 100;                           % 粒子最大迭代次数
narvs = 1;                              % 目标函数的自变量个数
particlesize = 30;                      % 粒子群规模
c1 = 2;                                 % 每个粒子的个体学习因子,也称之为加速常数
c2 = 2;                                 % 每个粒子的社会学习因子,也称之为加速常数
w = 0.6;                                %  惯性因子
vmax = 0.8;                             % 粒子的最大飞翔速度
x = -5 + 10 * rand(particlesize,narvs); % 粒子所在的位置
v = 2 * rand(particlesize,narvs);       % 粒子的飞翔速度
% 用 inline 定义适应度函数以便于将子函数文件与主程序文件放在一起
% 目标函数是: y = 1 + (2.1 * (1 - x + 2 * x.^2). * exp(- x.^2/2))
% inline 命令定义适应度函数如下
fitness = inline'1/(1 + (2.1 * (1 - x + 2 * x.^2). * exp(- x.^2/2)))','x';
%  inline 定义的适应度函数会使程序运行速度大大降低
for i = 1:particlesize
    for j = 1:narvs
        f(i) = fitness(x(i,j));
    end
end
persinalbest_x = x;
persinalbest_faval = f;
[globalbest_best i] = min(persinalbest_faval);
globalbest_x = persinalbest_x(i,:);
k = 1;
while k < maxnum
    for i = 1:particlesize
        for j = 1:narvs
            f(i) = fitness(x(i,j));
        end
        if f(i)< personalbest_faval(i)    % 判断当前位置是否是历史最佳位置
            personalbest_faval(i) = f(i);
            personalbest_x(i,:) = x(i,:);
        end
    end
    [globalbest_best i] = min(persinalbest_faval);
    globalbest_x = persinalbest_x(i,:);
    for i = 1:particlesize                % 更新粒子群中每个粒子的最新位置
```

```
            v(i,:) = w * v(i,:) + c1 * rand * (personalbest_x(i,:) - x(i,:))...
                    + c2 * rand * (globalbest_x - x(i,:));
            for j = 1:narvs              % 判断粒子的飞行速度是否超过了最大飞翔速度
                if v(i,j) > vmax
                        v(i,j) = vmax;
                elseif v(i,j) < - vmax
                        v(i,j) = - vmax;
                end
            end
            x(i,:) = x(i,:) + v(i,:);
        end
        if abs(globalbest_faval) < E0
            break;
        end
        k = k + 1;
end
value1 = 1/globalbest_faval - 1;
value1 = num2str(value1);
% strcat 指令可以实现字符的组合输出
disp(strcat('the maximum value',' = ',value1));
% 输出最大值所在的横坐标所位置
value2 = globalbest_x;
value2 = num2str(value2);
disp(strcat('the corresponding coordinate',' = ',value2));
x = - 5:0.01:5;
y = 1 + (2.1 * (1 - x + 2 * x.^2). * exp( - x.^2/2));
plot(x,y,'m - ','linewidth',3);
hold on;
plot(globalbest_x,1/globalbest_faval - 1,'kp','lindwidth',4);
legend('目标函数','搜索到的最大值');
xlabel('x');ylabei('y');
grid on;toc;
```

## 命令窗口输出数值解为

```
the maximum value = 5.1985
the corresponding coordinate = - 1.1617
Elapsed time is 2.012000 seconds
```